Entre Palavras e Números

Violência, Democracia e Segurança Pública no Brasil

Entre Palavras e Números

Violência, Democracia e Segurança Pública no Brasil

Entre Palavras e Números

Violência, Democracia e Segurança Pública no Brasil

Renato Sérgio de Lima

Com a co-autoria de

Cristina Neme
Jacqueline Sinhoretto
Wagner de Melo Romão
Frederico de Almeida
Juvelino Strozake

Copyright © 2011 Renato Sérgio de Lima

Publishers: Joana Monteleone/ Haroldo Ceravolo Sereza/ Roberto Cosso
Edição: Joana Monteleone
Editor assistente: Vitor Rodrigo Donofrio Arruda
Revisão: Paula Carolina de Andrade Carvalho
Projeto gráfico, capa e diagramação: Patrícia Jatobá U. de Oliveira
Assistente de produção: Sami Reininger

CIP-BRASIL. CATALOGAÇÃO-NA-FONTE
SINDICATO NACIONAL DOS EDITORES DE LIVROS, RJ

L696e

Lima, Renato Sérgio de
ENTRE PALAVRAS E NÚMEROS: VIOLÊNCIA, DEMOCRACIA E SEGURANÇA PÚBLICA NO BRASIL
Renato Sérgio de Lima.
São Paulo: Alameda, 2011.
308p.

Inclui bibliografia
ISBN 978-85-7939-058-6

1. Segurança pública – Brasil. 2. Segurança pública – Aspectos sociais – Brasil.
3. Sociologia jurídica. 4. Violência – Brasil. 5. Justiça – Brasil. I. Título.

10-4523.

CDD: 363.20981
CDU: 351.742(81)

ALAMEDA CASA EDITORIAL
Rua Conselheiro Ramalho, 694 – Bela Vista
CEP 01325-000 – São Paulo – SP
Tel. (11) 3012-2400
www.alamedaeditorial.com.br

Liana, Lígia e Clara,
Pelo sentido que dão à nossa vida cotidiana...

SUMÁRIO

Prefácio   9

Introdução   15

PARTE I – A CONSTRUÇÃO DE UM CAMPO DE PESQUISA   25

Capítulo 1- Segurança pública e os 20 anos da Constituição Cidadã   27

Capítulo 2 – Produção acadêmica e segurança pública no Brasil   37

Renato Sérgio de Lima e Cristina Neme

Capítulo 3 – Sociologia, sínteses teóricas e estatísticas públicas no Brasil   73

Capítulo 4 – Contar crimes e criminosos no Brasil   91

Capítulo 5 – Diálogo México-Brasil sobre polícia e crime organizado   119

Capítulo 6 – Qualidade da democracia e polícias no Brasil   129

Renato Sérgio de Lima e Jacqueline Sinhoretto

PARTE II – OS NÚMEROS COMO ALIADOS DO CONHECIMENTO   153

Capítulo 7 – Como medir a adesão ao novo paradigma   155
proposto pela organização da 1ª Conferência
Nacional de Segurança Pública?
Renato Sérgio de Lima e Wagner de Melo Romão

Capítulo 8 – Homicídios em São Paulo   173
Renato Sérgio de Lima

Capítulo 9 – Visões de política criminal em São Paulo   193
Renato Sérgio de Lima, Frederico de Almeida e Jacqueline Sinhoretto

Capítulo 10 – Os estudos do fluxo de justiça criminal e   231
o tratamento integrado de informações
Renato Sérgio de Lima e Jacqueline Sinhoretto

Capítulo 11 – Garantias constitucionais e prisões   267
motivadas por conflitos agrários
Renato Sérgio de Lima e Juvelino Strozake

Bibliografia   287

Agradecimentos   305

Prefácio

Nem sedução pelo discurso competente, nem sujeição aos poderes constituídos

Este livro reúne resultados de pesquisas realizadas, durante uma década, no campo da segurança pública. Abordam distintos aspectos, tanto relacionados à produção de conhecimentos no domínio das ciências sociais quanto pertinentes à formulação de tais políticas, à organização das agências que compõem o sistema de justiça criminal e às estratégias dos operadores e gestores encarregados de aplicar lei e ordem. Sem abdicar do espaço onde foi produzido – o espaço acadêmico – está escrito em linguagem clara e direta, capaz de atender tanto às expectativas de pesquisadores quanto dos operadores técnicos da justiça assim como públicos amplos, sequiosos por entender problemas relacionados ao controle do crime e da violência na sociedade brasileira contemporânea.

O foco central repousa nas relações entre conhecimento e suas implicações práticas. Como demonstrado no livro, a constituição do campo de estudos sobre violência e segurança, no Brasil, é recente se comparada com a tradição de estudos europeus, norte-americanos e canadenses. Realizei no início dos anos 90 (Adorno, 1993) um primeiro balanço dos estudos, mencionado no texto. Dez anos mais tarde, Zaluar (1999) e Kant de Lima, Misse e Miranda (2000) realizaram, cada qual a seu modo, extensos balanços e revisões de literatura especializada que demonstravam não apenas o crescimento dos títulos, bem como a diversidade de temas abordados, a pluralidade de perspectivas teóricas e de estratégias metodológicas. Neste livro, um novo levantamento vem não apenas confirmar essas tendências como também sugerir maior maturidade e densidade científica. Trata-se de um campo intelectual (no sentido de Bourdieu) que adquiriu reconhecimento acadêmico. Seus pesquisadores recebem financiamento de agências públicas e privadas de fomento à pesquisa. Cada vez mais tem presença assegurada nos principais fóruns científicos nacionais e internacionais. Ocupam lugar destacado nas linhas de investigação dos programas de pós-graduação. Por todo o país constituíram-se grupos de referência e redes de investigadores associados. Multiplicaram-se as publicações em veículos científicos.

Ainda assim, suspeita-se que as pesquisas sobre segurança pública não respondem às principais perguntas que todos querem saber: por que os crimes cresceram? Por que as polícias se revelam tão ineficientes no combate ao crime, especialmente os violentos? Por que a maior parte dos crimes não chega a ser punida, tampouco merece investigação policial? Mais do que isto, profissionais da lei penal e sobretudo policiais acreditam que os pesquisadores fazem investigações de gabinete, não têm noção do que se passa nas ruas, não sabem o que é verdadeiramente enfrentar o criminoso cada vez mais violento e com armas cada vez mais potentes. Muitos desses profissionais seguem acreditando que o saber prático é superior ao saber acadêmico e não veem razões para se fiar em informações que não lhes parecem confiáveis porque não produzidas por gente estranha ao *métier*.

Esses sentimentos não correspondem à verdade como apontam os capítulos deste livro. Em primeiro lugar porque sugerem o quanto parte substantiva do conhecimento produzido no campo das ciências sociais sempre esteve voltado para responder, senão a questões decorrentes da prática profissional, ao menos aquelas indagações pertinentes ao desenho das políticas públicas de segurança pública. Não é sem razão que os estudos tenham conferido ênfase ao exame da estrutura e das condições de funcionamento e organização das agências do sistema de justiça criminal, em particular das agências policiais. No mesmo sentido, situam-se preocupações para com a qualidade das informações estatísticas e administrativas, ou mesmo para com o tratamento de temas recém-incorporados tanto à investigação científica quanto à policial – isto é, o crime organizado e seu impacto seja na sociedade seja sobre as estratégias de ação institucional.

A despeito das desconfianças, o diálogo entre acadêmicos e operadores técnicos da lei penal tem se estreitado há pelo menos uma década. Por um lado, os pesquisadores têm sido convidados para participar de seminários, proferir palestras, ministrar aulas e cursos nas acadêmicas corporativas. Na mesma direção, têm atendido apelos para oferecer consultorias e assessorias para programas de gestão da segurança pública, quando não convocados para colaborar na formulação de programas de ação governamental. De outro, as universidades e os centros de pesquisa têm aberto seus cursos para operadores técnicos do sistema de justiça criminal, desenvolvido projetos de sociologia aplicada em colaboração com os operadores e suas agências, preparado publicações e documentos técnicos capazes de atender expectativas por conhecimentos passíveis de serem incorporados aos curricula de formação profissional. O estranhamento entre profissionais e pesquisadores, muito acentuado no passado, parece amenizado no presente. O intercâmbio é crescente e o esforço para que ambos – pesquisadores e profissionais – cedam um pouco de suas convicções e se habilitem para ouvir seus interlocutores não pode ser ignorado.

Este livro é um bom testemunho de que iniciativas bem-sucedidas de investigação sociológica podem ser apropriadas pelos saberes práticos e profissionais. Sem abdicar das exigências de rigor e de objetividade inerentes ao modo de ser e à lógica do campo científico, os capítulos abordam o papel estratégico das estatísticas como instrumento de gestão pública, os desafios propostos pela emergência e disseminação do crime organizado nas sociedades latino-americanas, o papel da polícia na sociedade democrática, as novas políticas de segurança em curso formuladas pelos governos federal e estaduais, tendências da evolução dos homicídios bem como imagens e visões sobre a política criminal em São Paulo, estudos sobre fluxo dos crimes no sistema de justiça criminal. Concisos e destituídos do hermetismo próprio do discurso acadêmico, os capítulos demonstram sim que é possível aliar números à eficiência administrativa e profissional. Mais do que isso, é possível traduzir resultados de investigações em fonte de inspiração para a profissionalização das atividades de controle do crime dentro dos marcos do estado de direito.

É claro que tudo isso não é tão simples quanto possa parecer. Há também perigos. Por um lado, o de capturar o conhecimento científico pelas demandas de lei e ordem e pelos interesses políticos e corporativos do mundo profissional. Quando isso acontece, o conhecimento se enreda em rotinas, se torna burocrático e repetitivo, perde sua dimensão crítica e criativa. Por outro, há o perigo da sociologização de toda e qualquer atividade prática. Quando os fins almejados não são alcançados é preciso buscar explicações em estruturas e processos sociais cuja força avalassadora se sobrepõe à vontade dos profissionais da lei. Temos visto recentemente falas de policiais que justificam o fracasso da polícia no controle legal do crime em virtude da persistência da pobreza, das desigualdades, da baixa escolarização e profissionalização da população brasileira. É o mesmo que dizer: os policiais querem ser eficientes, mas a sociedade não quer ou nada faz para torná-los eficientes. Assim, "enquanto as estruturas não mudam..., nada há o que fazer".

Por isso, uma máxima deve ser perseguida: nem sedução pelo discurso competente, nem sujeição aos poderes constituídos. Nada indica que este livro venha a cair na armadilha da sedução. Ao contrário, é justamente o esforço por inovar no tratamento de questões e temas por assim dizer clássicos da segurança pública que o faz oportuno e pertinente.

Sérgio Adorno, Professor Titular de Sociologia (FFLCH-USP), coordenador do NEV-USP, coordenador do INCT-CNPq Violência, Democracia e Segurança Cidadã, Coordenador da Cátedra UNESCO Educação para a Paz, Direitos Humanos, Democracia e Tolerância.

Introdução[1]

Tema central na agenda de preocupações da população brasileira, sobretudo nos últimos 30 anos, a violência tem sido tema de não poucos estudos, pesquisas e, com destaque, políticas públicas. Várias são as pessoas e instituições que procuram identificar os sentidos da violência no país e, com isso, compreender os mecanismos culturais, sociais, econômicos e/ou demográficos envolvidos. O avanço na circulação de dados e informações sobre o tema é inegável e tem diversas origens.

Uma delas, sem dúvida, é o interesse acadêmico pela violência: dos pioneiros trabalhos das Ciências Sociais de Alba Zaluar, Edmundo Campos Coelho, Paulo Sérgio Pinheiro, Luis Antonio Paixão, Sérgio Adorno, entre outros, o país saltou para mais de oito mil teses na área, em 2007, conforme o capítulo 11 irá detalhar. Segundo proposta de mesa-redonda apresentada à ANPOCS (Associação Nacional de Pós-Graduação e Pesquisa em Ciências Sociais), em 2006, comparativamente à tradição de estudos na América do Norte (Estados Unidos e Canadá) e na Europa ocidental (particularmente na Grã-Bretanha, na França e na Alemanha), a produção brasileira de estudos sobre violência e crime urbano é ainda tímida, o

---

1 A primeira parte deste item reproduz, em parte, discussões publicadas em Lima, R. S. "A violência entre espetáculos e praxes". Revista Eletrônica Polêmica, v. 16, p. 1, 2006 (UERJ), e retrabalhadas, com maior detalhamento, na proposta aprovada para a organização de mesa-redonda no âmbito do 31º Encontro Anual da Associação Nacional de Pós-Graduação e Pesquisa em Ciências Sociais – ANPOCS, elaborada por mim e por Sérgio Adorno.

que demanda a continuidade dos esforços seja da comunidade científica para explorar temas ainda pouco conhecidos, seja das agências encarregadas de fomento em manter vivo o interesse concentrado nesta área de investigação científica. De qualquer modo, se comparado com o estoque de conhecimento científico disponível há três décadas, sabe-se hoje muito mais e de modo muito mais consistente do que há 30 anos.

A pesquisa brasileira incorporou não poucos temas, como demonstraram revisões de literatura publicadas (Adorno, 1993; Zaluar, 1999; Kant de Lima e outros, 2001). Entre tais temas pode-se mencionar: modalidades de violência; perfis dos agressores e das vítimas; evolução do crime; características da organização social do crime e da violência; meios e modos empregados nas ações criminais; as relações entre medo, insegurança e violência; mídia e violência; violência e situação social/ desigualdade social. Entre o acervo de estudos disponíveis é notória a ênfase no estudo de políticas públicas de segurança e justiça criminal, estrutura e funcionamento das agências encarregadas de controle do crime, desempenho dos operadores técnicos e não-técnicos do direito na aplicação das leis penais, especialmente o foco dado ao desempenho dos agentes policiais. Ao mesmo tempo, foram sendo incorporados novos temas, como o crime organizado e o tráfico de drogas; a tensão permanente entre direitos humanos, de um lado, e políticas de segurança, punição e controle social, de outro; além de questões relacionadas à impunidade e ao funcionamento do sistema judicial.

A esses recortes, foram sendo incorporados temas que gravitam em torno do crime, mas que não necessariamente são dele derivados, como a violência doméstica; a violência nas relações de gênero; os conflitos interpessoais, sobretudo entre adolescentes e jovens adultos; a violência nas escolas; a violência das ruas. Importância não menos significativa pode ser atribuída aos estudos que focalizam a violência durante a ditadura militar

(1964-1985) e seus reflexos ainda hoje, por exemplo, na organização das polícias militares. Nesse mesmo movimento de expansão do campo de estudos, é igualmente significativo a atenção dos sociólogos urbanos para o tema das "cidades inseguras", buscando estabelecer, por exemplo, nexos entre déficits de infra estrutura urbana e a existência de segmentos populacionais mais vulneráveis a situações de risco de qualquer espécie, em especial aqueles que colocam em risco vidas humanas.

A pesquisa brasileira, no domínio da violência e do crime, também revela ganhos em termos teóricos e metodológicos. É flagrante o esforço da produção científica nacional por ir além de modelos consagrados, como o proporcionado pelas teorias da organização social, do interacionismo simbólico, do marxismo estruturalista ou mesmo da hermenêutica. Esse esforço exigiu e tem exigido permanente exercício de reflexão crítica no sentido de explorar e atualizar as contribuições da sociologia clássica e contemporânea, porém reinterpretando-as segundo as características de organização e de sistemas culturais próprios e vigentes na sociedade brasileira contemporânea. Resultados desse exercício crítico podem ser observados no labor acadêmico de submeter à prova hipóteses que, por largo tempo, compareceram no senso comum e influenciaram a pesquisa científica, como o debate – hoje superado – sobre a determinação da pobreza e sobre a violência, ou as tensões entre políticas distributivas versus políticas retributivas. Do mesmo modo, é notório o esforço para refinar conceitos, como o de segurança cidadã, o qual procura retirar tal problemática exclusivamente do domínio clássico do direito penal ou da criminologia para compreendê-la em termos mais propriamente sociológicos, referentes às formas de vida, de associação e de poder correntes na sociedade brasileira contemporânea.

Por fim, foram feitos enormes avanços no domínio da pesquisa empírica. Por um lado, um permanente cuidado para com a qualidade de dados primários e secundários que informam os estudos, mediante múltiplas metodologias e distintas técnicas que incluem investigação documental, estudos de carreiras morais e histórias de vida, surveys e pesquisas de vitimização, técnicas projetivas que exploram distintos ângulos de representações sociais e culturais. Por outro lado, sofisticaram-se os métodos de análise e interpretação, com apoio quer no tratamento estatístico cada vez mais refinado, quer em análises qualitativas também cada vez mais consistentes com apoio em softwares especializados, como o NVivo, citado no capítulo 1.

Sinal dos tempos é a frequência com que os pesquisadores desta área são convocados para o debate público, para a divulgação de pesquisas e de pontos de vista através da mídia eletrônica e impressa e para a não menos relevante consultoria para organizações governamentais e não-governamentais. Não menos significativo é o esforço dos governos federal e estaduais em melhorar a qualidade das estatísticas oficiais, resultado não apenas das pressões da sociedade civil por mais e maior transparência nas ações praticadas pelas agências de leis e ordem, mas também das pressões da comunidade acadêmico-científica.

A despeito dos progressos e das conquistas, são ainda muito tensas as relações entre produtores de conhecimento e os atores encarregados de formular e implementar políticas de segurança pública e justiça criminal. A desconfiança mútua permanece acentuada, principalmente quando a ocorrência de um evento com forte impacto na consciência coletiva e na opinião pública enseja críticas e reações. Nestes momentos, é comum que os pesquisadores persistam criticando as autoridades e os formuladores dessas políticas como incapazes de compreender a natureza dos problemas aos quais pretendem intervir; e, em contrapartida, é comum que os agentes públicos encarregados de aplicar as leis penais julguem os pesquisadores como românticos e desinformados.

Em outras palavras, novamente recuperando a proposta de mesa apresentada à ANPOCS e na contramão do que pensava Foucault, parece não haver identidade entre saber e poder, porém contrapontos permanentes. Sabe-se mais hoje do que no passado; mas a sabedoria não implicou necessariamente em mudanças e rupturas nos estilos e hábitos de enfrentar, do ponto de vista do poder público, o crime e a violência, e sequer conduziu à formulação de diretrizes técnicas e políticas capazes de fazer face à natureza da violência na contemporaneidade brasileira. Embora haja certo consenso a respeito de como combater a violência, esse consenso não tem se traduzido em ação e intervenção competente. Certamente, este não é um problema exclusivo do campo da segurança pública. Mas, neste campo, as resistências parecem muito poderosas e eficientes no sentido de limitar o alcance das mudanças.

De modo correlato, tal fenômeno também ocorre na formulação e execução das políticas públicas de justiça e segurança que deveriam intervir no cenário da violência. Muito já foi discutido e experimentado no campo do planejamento e execuções das ações de prevenção e repressão à violência, mas ao custo de um baixo nível de informação e conhecimento – não de dados, que, ao contrário do que mídia e opinião pública propagam, foram produzidos e são preocupações desde o Império.

Violência e a segurança pública deixaram de ser temas de fronteira e transformaram-se em assunto amplamente investigado, mas que ainda oferece dilemas teóricos consideráveis. Como exemplo, a inflexão da tendência de crescimento de homicídios no país, que, em várias Unidades da Federação, começam a cair em 1999, traz à tona uma série de possíveis causas para tal comportamento, mas a única certeza dos analistas é que nenhuma causa em particular pode ser isolada como responsável pela redução de tais crimes. Conseguimos selecionar um conjunto de fatores associados à redução da violência fatal no Brasil, mas ainda não sabemos dizer ao certo qual desses fatores têm ou não maior peso na inversão de uma tendência de quase 25 anos, por melhores que sejam os recursos técnicos e metodológicos à disposição na atualidade.

Entre as razões para esse aparente paradoxo, que reúne grande produção acadêmica e baixa aderência de referenciais técnicos ou metodológicos na formulação de políticas públicas na área, podemos considerar que não existe no Brasil um canal de disseminação que consiga dar um retrato nacional das políticas de segurança pública e, de igual modo, fazer um balanço do impacto que cada um dos atores institucionais, aqui incluídas as universidades e centros de pesquisa, na geração de conhecimento sobre a área.

Nessa direção, o desconhecimento das relações entre policias e políticas de segurança publica tem comprometido nossa capacidade de entender, inovar e aperfeiçoar as práticas policias e as políticas de segurança pública no país. Há, neste sentido, uma tendência à generalização a partir de um número relativamente pequeno de experiências e, paradoxalmente, grande de reflexões. Consequentemente, há uma tendência de tratar igualmente policias e políticas de segurança pública de estados e regiões muito diferentes.

Além disso, este desconhecimento também tem comprometido a nossa capacidade de entender a maneira pela qual as polícias e as políticas de segurança pública são relacionadas, construídas e reconstruídas, assim como distinguir as consequências ou impactos de ações e práticas policiais e políticas de segurança pública. Em particular, este desconhecimento tem comprometido nossa capacidade de entender as condições e fatores que contribuem para uma inserção positiva ou, alternativamente, negativa da polícia na política de segurança publica.

Finalmente, estas carências têm deixado pesquisadores e profissionais que trabalham com polícia e segurança pública isolados acadêmica e politicamente, na medida em que não se consegue transformar os resultados de estudos e pesquisas em conhecimento capaz de subsidiar revisões teóricas e metodológicas da literatura existente e, principalmente, promover inovações e aperfeiçoamentos em organizações e práticas policiais e em políticas de segurança pública.

A existência no Brasil de uma estrutura federativa que distribui e, ao mesmo tempo, restringe, em diferentes níveis de governo as atribuições de justiça e segurança pública, também condiciona as estratégias de planejamento e de avaliação dos programas e ações propostas, na medida em que estabelece padrões e modelos de atuação. As recentes reformas (propostas ou implementadas) na legislação existente são condição institucional para um planejamento público em novos moldes: proposição de ações públicas para o médio prazo; promoção de ações governamentais integradas; articulação entre esferas de governo e com a sociedade civil organizada e o setor privado; redução de gastos públicos superpostos etc.

Da mesma maneira, faço um destaque ao papel da Fundação Ford para a consolidação de um campo de estudos e de intervenção na área de justiça e segurança pública no Brasil. A Fundação Ford apoiou, nos anos 90, parte significativa das iniciativas da sociedade civil e da academia que tinham por objeto aumentar o conhecimento desses temas. Ainda hoje ela é a responsável por garantir a existência e/ou crescimento de inúmeras organizações. A Fundação Ford e a Secretaria Nacional de Segurança Pública – Senasp podem, nos anos 2000, serem identificadas como os dois principais eixos de fomento à pesquisa e disseminação de novos modelos de policiamento e de políticas de segurança pública.

Dito isso, o presente livro conta, em sua versão em inglês, com o decisivo apoio da Fundação Ford. Ele reúne textos de minha autoria e/ou co autoria, escritos nos últimos dez anos, e que tentam refletir sobre as políticas de segurança pública no Brasil e a incorporação dos requisitos democráticos de transparência e controle público do poder. Nesse processo, o debate feito nos parágrafos anteriores é retomado, quase sempre, a partir de dois grandes referenciais. O primeiro foca a investigação sobre os papéis políticos assumidos pelas informações estatísticas no interior das instituições que compõem o sistema de justiça criminal brasileiro e, num olhar da sociologia política, de que forma tais informações são apropriadas pelas redes de saber e poder que atuam nas instituições da área.

Já o segundo concentra esforços na discussão metodológica em torno de pesquisas e medidas de fenômenos sociais associados a violência, criminalidade e segurança pública, muitos dos quais invisíveis aos mecanismos formais de funcionamento do sistema de justiça do país. Esse é o caso, por exemplo, da discussão feita no capítulo 10, quando, em co autoria com Juvelino Strozake, tento estimar o número de casos envolvendo conflitos agrários no país que chegam ao conhecimento oficial e público.

Seja como for, as discussões feitas nos textos aqui reunidos possuem, a meu ver, um único fio condutor que se materializa na preocupação teórica e metodológica com a produção de dados sobre segurança pública no Brasil e, mais notadamente, com o uso que deles é feito, pelo Estado, em suas múltiplas esferas e poderes, e pela sociedade.

Por certo, pensar sobre conceitos, categorias, sistemas de monitoramento, governança democrática e/ou metodologias conformam um campo tributário da minha origem profissional na Fundação Seade, que é a agência estadual de estatística de São Paulo. Todavia, por trás dessa origem, das palavras e dos números, há a inquietude sobre os rumos e sentidos contemporâneos das políticas públicas de justiça e segurança. Não à toa, nos últimos quatro anos, fiz a opção de contribuir na construção do Fórum Brasileiro de Segurança Pública, que busca fazer a ponte entre diferentes segmentos profissionais e fazer circular conhecimento sobre polícias e políticas de segurança pública.

E é em torno dessa dupla inserção que os capítulos deste livro foram escritos e podem ser mais bem contextualizados. Estou ciente, no entanto, que, ao reunir textos já escritos, publicados ou não, corro o risco de alguns deles parecerem datados e/ou me repetir. Porém, ao fazê-lo, minha expectativa é reconstituir algumas linhas do tempo tanto do meu programa de pesquisa quanto, sobretudo, de como o campo de estudos em torno de violência, democracia e segurança pública vai se construindo e consolidando.

PARTE I

A CONSTRUÇÃO DE UM CAMPO DE PESQUISA

Capítulo 1

Segurança pública e os 20 anos da Constituição Cidadã[1]

Após 56 emendas promulgadas e as despesas da União, dos Estados e do Distrito Federal atingirem o patamar de 27 bilhões de reais gastos na função segurança pública em 2005 (Fórum Brasileiro de Segurança Pública, 2007), falar sobre como a Constituição de 1988 lidou com o tema implica contextualizar o papel da Carta Magna no ordenamento desta sensível esfera da vida da população brasileira e, sobretudo, refletir sobre os desdobramentos contemporâneos dela derivados. Significa discutir aspectos sobre políticas democráticas e eficientes de segurança pública e de garantia de direitos e separar, de um lado, a atuação pública e, de outro, o modo como a questão foi sendo incorporada na sociedade brasileira em termos técnicos, políticos e sociais.

---

1 Texto elaborado com contribuições feitas por Ana Sofia S. de Oliveira. Alguns trechos repetem discussões que serão feitas no capítulo 5, porém optei por mantê-los nos dois capítulos para que seja possível contextualizar os pontos de vistas defendidos. Originalmente publicado em "Segurança pública e os 20 anos da Constituição Cidadã". Cadernos Adenauer: Ano IX, volume 1, 2008.

Como ponto de partida, é necessário reconhecer que a Constituição de 1988 foi a primeira a definir o conceito de segurança pública como distinto do de segurança nacional, a partir do qual todas as demais Constituições brasileiras disciplinavam, de algum modo, as atividades de enfrentamento ao crime e à violência. Seu capítulo III, que trata do tema, é inédito no ordenamento constitucional brasileiro e, digno de destaque, sua redação sobrevive às 56 Emendas Constitucionais citadas.

Em termos políticos, o contexto brasileiro entre 1987 e 1988 colocava ao constituinte o desafio de superar o paradigma da segurança nacional, que aparelhou as polícias para o combate aos inimigos da ditadura instaurada em 1964, e inserir o tema da segurança pública no processo de democratização das instituições. Afinal, por trás desse movimento, percebia-se que na vigência do paradigma da "segurança nacional" seria difícil conceber a atividade policial como exercício de uma atividade de proteção ao indivíduo e, menos ainda, como o exercício de atividade-meio para a consecução dos direitos e garantias individuais. Os traumas provocados pelo regime autoritário obrigavam a uma nova declaração de princípios, um novo arcabouço jurídico.

Assim, a Constituição de 1988, de forma emblemática, abandona a expressão "segurança nacional" e passa a tratar da "segurança pública", numa mudança não só terminológica, mas indicativa da premência de uma teoria da atividade policial, com a qual o monopólio do uso legítimo da violência, que caracteriza o Estado Moderno, estivesse nas mãos de organizações que não provocassem medo na população e sim fossem vistas como instrumentos de garantia de direitos e de paz.

Porém, ainda em razão dos traumas do período autoritário, o tema era bastante indigesto, em especial para os intelectuais de esquerda, não assumindo relevância política e a consequente centralidade legislativa. A discussão sobre reformas nas polícias e do sistema de justiça criminal ficou para um segundo plano, talvez subsumida pela força da ênfase nas reformas macroeconômicas e das tensões e fricções inerentes ao tema, que carecia de consensos mínimos em torno de modelos e parâmetros de trabalho. Dito de outra forma, a cf de 1988 avançou na construção de um novo conceito de segurança pública, mas, ao que tudo indica, apenas em oposição ao de segurança nacional, na tentativa instrumental de fornecer ao Estado condições e requisitos democráticos de acesso à justiça e garantia de direitos. Na prática, pouco alterou a estrutura normativa e burocrática responsável por mediar e solucionar conflitos.

Já em termos técnicos, como exemplo, num eloquente e revelador silêncio da Constituição de 1988, o aparato de segurança e justiça criminal manteve-se, basicamente, com as mesmas estruturas e práticas institucionais desenhadas pelo regime militar de 1964 e herdeiras de políticas criminais pautadas no direito penal forte e absoluto. Os avanços nessa área foram residuais e cuidaram de dar caráter civil ao policiamento, retirando-o, como já destacado, do campo da "defesa nacional" e das forças armadas. Os ruídos no pacto federativo e no modelo bipartido de organização policial (civil e militar) não foram alterados e, ao contrário, novas situações foram criadas com a cada vez mais presente introdução dos municípios na formulação e execução de políticas de prevenção e combate à violência (Muniz e Zacchi, 2004).

Ou seja, a Constituição de 1988 acabou reproduzindo aquilo que Theodomiro Dias Neto afirma como sendo a redução de políticas de segurança ao espaço da política criminal notadamente marcada pela intervenção penal (Dias Neto, 2005: 114), num processo de reificação e supremacia de um ponto de vista criminalizador na interpretação dos conflitos sociais, concentrador da segurança pública no universo jurídico e policial, e deslegitimador da participação social e da contribuição de outros profissionais que não os do campo jurídico.

Como resultado dessa redução, a pressão por ações efetivas de redução da insegurança acaba reapropriada no sentido da manutenção desse quadro, na medida em que novos recursos humanos, financeiros e materiais são alocados pelos dirigentes políticos mais em função daquilo que é entendido empiricamente e/ou normativamente como prioritário do que aquilo que seria fruto de diagnósticos e de planejamento estratégico, bem como do debate republicano de posições e construção de consensos. Ações espetaculosas são mobilizadas e os principais problemas do modelo de organização do sistema de justiça criminal e da pouca participação da sociedade deixam de ser considerados urgentes e politicamente pertinentes.

Em outras palavras, o debate sobre segurança pública é reduzido, mesmo após 1988, quase que exclusivamente ao debate legal e normativo, abrindo margens para a emergência da chamada "legislação do pânico", toda vez que uma tragédia ganha as manchetes da mídia impressa e eletrônica (Lei de crimes hediondos, etc). Na tentativa de aplacar as pressões da população, leis nem sempre coerentes e quase sempre supressoras de direitos e com a marca do rigor penal tornam ainda mais complexo o funcionamento do sistema de justiça criminal brasileiro, e as políticas de segurança pública ficam como que num pêndulo entre os tempos de gestão e os tempos políticos, quase sempre inviabilizando processos de médio e longo prazo. A atribuição de responsabilidades e o monitoramento das políticas públicas se diluem num rol de múltiplas esferas de Poder e de Governo, cabendo às Polícias o papel de vidraça da ineficiência de um sistema bem mais amplo.

Paradoxalmente, voltando à premência de uma teoria de polícia, a crença no campo político era que, com as mudanças iniciadas pela Constituição, seria possível uma polícia que respeitasse os direitos civis e não retroalimentasse a espiral de violência e impunidade existente. Nesse sentido, a relegitimação, nos termos weberianos, da burocracia entrou na pauta do dia. Esse será o mesmo pressuposto que permaneceu vigente nos anos 90 e culminou com a criação do Fundo Nacional de Segurança Pública, em 2000, e dos Planos Nacionais de Segurança Pública dos governos Fernando Henrique Cardoso e Luiz Inácio Lula da Silva (Segurança para o Brasil e Pronasci).

Os planos nacionais e políticas estaduais específicas, como as que foram adotadas em São Paulo e que, em maior ou menor grau, são responsáveis por parcela importante do sucesso deste estado em reduzir em cerca de 70% os homicídios cometidos entre 1999 e 2008, são a tradução de uma nova aposta, pela qual as políticas de segurança pública que começaram a ser desenhadas tomaram os fenômenos do crime, da violência, da desordem e do desrespeito aos direitos humanos como resultantes de múltiplos determinantes e causas e, portanto, compreenderam que não cabe apenas ao sistema de justiça criminal a responsabilidade por enfrentá-los. Condições socioeconômicas e demográficas, fatores de risco, políticas sociais, estratégias de prevenção, programas de valorização dos policiais, entre outras ações foram mobilizadas.

O problema é que, ao serem operacionalizadas, muitas dessas políticas enfrentam as resistências técnicas e organizacionais acima destacadas e, com isso, perdem eficácia e eficiência, reforçando as permanências em detrimento das mudanças. Entretanto, não obstante esse pêndulo de forças e, mesmo, o jogo de soma zero que parece ser o jogado na área, serão os discursos construídos em torno da agenda de direitos humanos formulada ao longo das décadas de 1970 e 1980 que irão transformar o cenário político-ideológico do momento histórico e lançarão as bases para a entrada em cena dos pressupostos democráticos de transparência e controle público do poder.

Esse será, a meu ver, o principal legado da Constituição de 1988 para o debate acerca da segurança pública no país – o recente êxito de São Paulo, por exemplo, parece fortalecido na associação de múltiplos deter-

32　RENATO SÉRGIO DE LIMA

minantes para a queda dos homicídios, mas, entre eles, destacam-se os investimentos na criação da Ouvidoria de Polícia, na adoção de modelos de policiamento comunitário, da compatibilização de áreas das duas polícias estaduais e na adoção de ferramentas de geoprocessamento e de divulgação permanente de estatísticas criminais.

Significa dizer que o foco estava, nos anos 70, na proteção e luta pela defesa dos direitos políticos daqueles que faziam oposição ao regime autoritário e que eram violentamente reprimidos. Findada a ditadura, nos anos 80, os movimentos de luta pelos direitos humanos concentram suas energias na denúncia e mobilização contra a violência policial e contra a ausência de ações que dessem conta do crescimento das taxas de violência criminal. Nesse período, o Brasil viu diminuir a capacidade do Estado em impor lei e ordem, manifestada no crescimento da criminalidade e no número de rebeliões em presídios e nas Febem, na morosidade da justiça para julgar processos criminais, entre outros indicadores (Adorno, 2003: 111). Isso sem contar nas novas configurações do crime organizado em torno das drogas, das armas de fogo e das prisões superlotadas, que vários dos estudos de Alba Zaluar (1999) cuidaram de detalhar seus processos constituintes e suas consequências nas formas de sociabilidade.

Nesse contexto, a sociedade assume proeminência na conformação das agendas de políticas públicas do período. A década de 1990 inicia-se, portanto, com a consolidação do deslocamento do olhar sobre crimes e criminosos, iniciado nos anos 80, para os processos sociais e simbólicos de construção de discursos sobre ordem, medo, crime e violência (Zaluar, 1984).

O foco vai mudando do Estado para a sociedade. Os estudos sobre o tema na década de 90 cuidam de enfatizar mudanças na arquitetura das cidades e alterações na paisagem e comportamento dos indivíduos, provocadas pelo crescimento das taxas de criminalidade urbana (Adorno, 1994a; Caldeira, 2000; Feiguin & Lima, 1995; Lima, 2002, Zaluar, 1984;

1994 e 1998). Ao mesmo tempo, cuidam de discutir os aspectos de legitimidade e reconhecimento das polícias e dos tribunais como foros adequados de medição e resolução de conflitos sociais (Tavares dos Santos e Tirelli, 1999; Adorno, 1996; Lima, 1997).

Em termos da política de segurança pública como um todo, um dos maiores desafios postos foi, em resumo, o de aliar um sistema de justiça criminal que ao mesmo tempo garantisse respeito aos direitos humanos e atendesse às demandas por maior eficiência policial (Adorno, 2002: 291-293). Isso num ambiente político e social no qual, vale ressaltar, a estabilização da economia iniciada no governo Itamar Franco (1992-1993) trazia a preocupação com instrumentos de ajuste fiscal e com a reestruturação do Estado, tanto em termos funcionais quanto gerenciais. Durante o período FHC (1994-2002), o Brasil começou a presenciar mudanças significativas no modo de gestão das políticas públicas, em especial nas áreas da saúde, da educação, do meio ambiente e do consumidor. Ao que parece, tais áreas ganham destaque e dinamismo democrático ao terem mecanismos de controle criados ou sofisticados (conselhos municipais de educação, de saúde, maior destaque ao trabalho do Ministério Público, entre outros).

Como resultado, a agenda de direitos humanos no Brasil consolidou-se nos dois mandatos do presidente Fernando Henrique Cardoso, que tomaram boa parte da década de 1990, na perspectiva de que sua implementação só seria contemplada se fossem atacadas, tática e vigorosamente, as graves violações de direitos econômicos, sociais e políticos. O plano macroeconômico criaria as condições para a consolidação do ambiente de respeito à cidadania e acesso à justiça da população brasileira. Não obstante esse diagnóstico, a execução fiscal das parcelas dos orçamentos públicos voltados ao cumprimento da agenda de direitos humanos ficou muito aquém daquilo que foi inicialmente programado (Adorno 2003: 119). Mais recentemente, programas de transferência de renda, como o Bolsa Família, já no Governo Lula, transformaram o cenário socioeconômico do país, diminuindo as desigualdades e melhorando o ambiente para a construção de políticas de inclusão social e defesa da cidadania – não à toa o Programa de Segurança Pública com Cidadania – Pronasci propõe-se a aliar a dimensão do investimento no aparato de segurança pública, em termos ampliados, com a necessidade de salvaguardar e estimular direitos e garantias individuais.

E é exatamente na atuação do Estado na configuração desses direitos que, segundo José Murilo de Carvalho (2001), há, no caso brasileiro, uma mudança na ordem dos direitos estabelecida pelos modelos europeu e norte-americano, onde os direitos civis precedem os demais. Para Carvalho, a história do País conta como os direitos políticos foram os primeiros a serem assumidos como bandeira nacional e os direitos sociais foram, mesmo em tempos autoritários, utilizados para negociar o apoio aos projetos de poder de cada época. Ainda segundo esse autor, foi exatamente apenas após a Constituição de 1988 que os direitos civis ganham destaque e começam a constituir um novo campo de demandas, para além da universalização do voto, da redemocratização, da educação e da saúde – que deram o tom das agendas políticas do século passado.

A defesa dos direitos difusos (direitos humanos, meio ambiente, cultura, consumidor) foi se caracterizando como o elemento de mudança no cenário sociopolítico do País, inclusive dinamizando o crescimento do chamado Terceiro Setor e de um novo espaço público, e foi recolocando a temática dos direitos civis na agenda política. Entretanto, a discussão sobre esses direitos envolve outros fatores decisivos e delicados na produção da violência (impunidade, corrupção de operadores do sistema de justiça criminal, violência policial e desrespeito aos Direitos Humanos, superpopulação carcerária, maus tratos e torturas em prisões e nas instituições de tutela de adolescentes em conflito com a lei, inexistência de programas permanentes de valorização dos profissionais da área), que ajudam a criar o quadro atual da insegurança no Brasil e nos lembra que somente com a articulação de várias esferas e poderes é que saídas poderão surgir, recolocando a agenda de reformas técnicas e burocráticas como essencial, mas somente se associada a uma corajosa pactuação na esfera política que transforme segurança pública numa pauta de e para todos.

A Constituição de 1988, em conclusão, teve o mérito de representar a ruptura simbólica com um modelo pouco democrático de segurança pública e desafiar o estado brasileiro a repensar a forma como formula e executa as suas políticas públicas. Porém, não conseguiu viabilizar por completo a incorporação de valores democráticos nas práticas de funcionamento das instituições encarregadas de garantir lei, ordem e cidadania, atribuindo publicamente responsabilidades e mensurando processos e resultados (Avritzer e Costa, 2004: 02-03; Bobbio: 2000:395). Para tanto, o desafio contemporâneo obriga-nos a observar as condições nas quais os mecanismos institucionais operam e se não se tornaram por demais opacos aos controles democráticos, sob o risco de acreditarmos que tudo mudou para, na prática, nada mudar na forma como a sociedade brasileira concebe e garante direitos e cidadania. Em suma, a agenda do constituinte de 1988, no campo da segurança pública, continua em aberto e sujeita às fricções que paralisam mudanças substantivas... Para superá-la, cabe perguntar: há consensos mínimos possíveis?

Capítulo 2

Produção acadêmica e segurança pública no Brasil[1]

Renato Sérgio de Lima
Cristina Neme

Como destacado na introdução, o interesse acadêmico em torno dos temas associados ao fenômeno da violência cresceu de forma muito intensa da década de 1980 para cá. Durante o período de 1983 a 2006, verificou-se a produção de 8.205 teses e dissertações que versavam sobre a temática da violência e da segurança pública. Essa produção desenvolveu-se em um conjunto de 168 universidades brasileiras e envolveu, além dos 8.205 autores, 3.232 professores orientadores.[2]

---

1 Capítulo baseado no relatório final da pesquisa "Mapeamento das conexões teóricas e metodológicas da produção acadêmica brasileira em torno dos temas da violência e da segurança pública e as suas relações com as políticas públicas da área adotadas nas duas últimas décadas (1990-2000)", realizada pelo Fórum Brasileiro de Segurança Pública, com apoio da Fundação de Amparo à Pesquisa do Estado de São Paulo – Fapesp.

2 Entre esses últimos, destacam os professores Dirceu de Melo, com mais de uma centena de teses ou dissertações orientadas na área do Direito, e o professor Sérgio Adorno, com 47 teses ou dissertações orientadas na Sociologia.

Mas qual o significado desse crescimento? E, mais, como esse crescimento vincula-se às estratégias do país no campo das políticas de ciência e tecnologia, e de fomento à produção de conhecimento sobre os principais temas da agenda política do Brasil. Essas são algumas das questões que nortearam a pesquisa realizada pelo Fórum Brasileiro de Segurança Pública e que deu origem a esse capítulo.

Se o capítulo anterior tratou da contextualização da violência enquanto tema da agenda de políticas públicas e dos dilemas teóricos e metodológicos advindos desse processo, o presente capítulo busca apresentar os resultados da análise dos dados produzidos a partir da tabulação e cruzamento dos resumos de teses e dissertações disponíveis na Capes e das informações do Diretório de Grupos de Pesquisa, do CNPq.

Para identificar a produção nacional sobre violência e segurança pública partiu-se do levantamento, no Banco de Teses e Dissertações da Capes, de estudos e pesquisas que apresentavam as seguintes palavras-chave: conflitualidade, crime, criminalidade, direitos humanos, guardas municipais, justiça criminal, polícia, prisão, segurança municipal, segurança urbana, tráfico de drogas e violência.

O levantamento permitiu a caracterização da produção nacional segundo a área de conhecimento, o grau da produção, o perfil (sexo) dos autores e orientadores das dissertações e teses, o tipo de administração da instituição de ensino superior onde esses estudos se desenvolveram e o período em que foram realizados.

De forma complementar, foram entrevistados alguns dos cientistas sociais reconhecidos como pioneiros no campo de estudo, no intuito de analisar os resultados do levantamento e as percepções por eles manifestadas. Foram ouvidos Alba Zaluar, José Vicente Tavares dos Santos, Michel Misse, Sérgio Adorno e Roberto Kant de Lima.

Os grupos de pesquisa

Dos 255 grupos de pesquisa identificados com as temáticas aqui analisadas, 232 estão diretamente vinculados à Universidade, doze configuram-se como equipamentos públicos, dez como sociedade civil – aqui incluído o Fórum Brasileiro de Segurança Pública – e um organismo internacional (Ilanud).

Em termos de divisão entre grandes áreas do conhecimento utilizadas pelo CNPq, as Ciências Sociais Aplicadas (67 grupos do Direito, 21 do Serviço Social, entre outros) são as responsáveis pela maioria dos grupos de pesquisa cadastrados no CNPq (42%). Logo na sequência, com 39%, vem as Ciências Humanas, nas quais a Sociologia destaca-se como a subárea com maior quantidade de grupos de pesquisa (40). Em sentido oposto, as Ciências Exatas e da Terra e as Ciências Biológicas são as área com menor número de grupos de pesquisa cadastrados.

Por ora, para tentar conhecer um pouco mais do trabalho desses grupos, foi elaborado um questionário eletrônico e enviado para todos os líderes de grupo indicados pelo CNPq. Desses, 18 devolveram questionários, sendo que um deles foi invalidado, pois não se tratava de um grupo de pesquisa vinculado oficialmente ao CNPq.[3]

Treze entrevistados afirmaram serem orientadores de pós-graduação, três responderam que não e uma pessoa não respondeu. Quanto aos que responderam afirmativamente, as áreas de conhecimento citadas foram: Administração e Políticas Públicas, Educação, Direitos Humanos, Biometria, Criminologia, Controle Social, Filosofia, Segurança, Sociologia, Sociologia da Violência, Segurança Pública, Serviço Social e Psicologia Social.

---

3 Após a tabulação dos dados do Diretório de Grupos de Pesquisa do CNPq, foram revisadas todas as informações colocadas à disposição, de modo a conferir a exatidão e, especialmente, o funcionamento desses grupos.

Alguns dos temas citados entre as principais linhas de pesquisa foram Educação, Segurança Pública, Políticas Públicas, Violência e Criminalidade, Sistema Penitenciário, Organizações Policiais, Computação Aplicada, Estatística Aplicada e Matemática Aplicada.

As áreas de atuação mais citadas pelos núcleos de pesquisa foram Ensino, Pesquisa e Extensão, seguidas de Desenvolvimento, Análise e Avaliação de Políticas Públicas, Computação, Estatística e Direito.

Dentre os projetos em andamento, os principais temas verificados foram: Controle e Combate ao Crime, Violência, Gestão de Segurança Pública, Sistematização de Estatísticas Criminais, Desigualdade Social, Direitos Humanos, Sistema Penitenciário e Instituições Policiais.

Na questão metodológica, percebe-se que as instituições utilizam técnicas quantitativas e qualitativas, apropriando-se de recursos como grupos focais, observação participante, surveys e análises estatísticas. Os autores citados como referenciais teóricos foram, entre outros: Michel Foucault, Otto Kirchheimer, Georg Rusche, Dario Mellossi, Massimo Pavarini, Louk Hulsman, Nils Christie, Jock Young, David Garland, Serge Moscovici, Lapassade, Lourau, Pichon-Riviere, Kaes, Revillas Castro.

Dez grupos de pesquisa afirmaram terem projetos de apoio relacionados diretamente à formulação, execução e avaliação de políticas públicas, tais como assessoria e consultorias para o governo, pesquisas sobre violência escolar, juventude, desenvolvimento de sistemas computacionais para registros criminais e metodologia para análise de indícios de atividades de navegação na internet aplicada à área forense.

As teses e dissertações

Segundo as grandes áreas do conhecimento definidas pela Capes, observa-se que a produção de teses e dissertações está concentrada nas grandes áreas de Ciências Sociais Aplicadas (44,1%) e Ciências Humanas (39,1%), seguidas pelas Ciências da Saúde (9,3%). Dentre as áreas do conhecimento, destaca-se a produção em Direito (34,9%), Ciências Sociais (12,7%),[4] Psicologia (7,8%), História (7,7%), Educação (7,1%) e Saúde Coletiva (4,2%), como indica a tabela abaixo.

TABELA 1 — TESES E DISSERTAÇÕES POR ÁREA DO CONHECIMENTO BRASIL 1983-2006

Grande área	Área	Teses e Dissertações	
		Nº Absoluto	%
Total		8.205	100,0
Ciências Humanas	Total	3.209	39,1
	Ciências Sociais	1.046	12,7
	História	633	7,7
	Psicologia	638	7,8
	Educação	580	7,1
	Outras	312	3,8
Ciências Sociais Aplicadas	Total	3.619	44,1
	Direito	2.867	34,9
	Serviço Social	287	3,5
	Administração	127	1,5
	Comunicação	170	2,1
	Outras	168	2,0

---

4   Em Ciências Sociais estão agregadas as seguintes áreas: Sociologia, Ciência Política e Antropologia.

Ciências da Saúde	Total	760	9,3
	Saúde Coletiva	347	4,2
	Medicina	176	2,1
	Enfermagem	159	1,9
	Outras	78	1,0
Linguística, Letras e Artes	Total	312	3,8
	Letras	240	2,9
	Outras	72	0,9
Engenharias		57	0,7
Ciências Exatas e da Terra		46	0,6
Ciências Agrárias		22	0,3
Ciências Biológicas		24	0,3
Multidisciplinar		156	1,9

Fonte: Capes, 2007-2008.

Pelos dados da Capes contidos na Tabela 1, temas como perícias forenses, técnicas de identificação por DNA, análise de materiais e de explosivos, também fundamentais no planejamento de políticas de segurança pública, não têm sido associados diretamente com as palavras-chave aqui analisadas. Há, ao que tudo indica, um descolamento entre produção acadêmica e pesquisa aplicada na segurança pública. Num exemplo, as Ciências Biológicas respondem por 0,3% da produção acadêmica sobre segurança e violência e, na mesma direção, as Engenharias são responsáveis por apenas 0,7% dessa produção.

Já as Ciências Sociais Aplicadas e as Ciências Humanas concentram, como já foi dito, não só o maior número de teses e dissertações como também a maioria dos 255 grupos de pesquisa registrados no Diretório do CNPq, seguidas pelas Ciências da Saúde. Observa-se ainda que a proporção de grupos por grande área corresponde à proporção da produção de teses e dissertações por grande área.

TABELA 2 – GRUPOS DE PESQUISA E TESES E DISSERTAÇÕES, POR GRANDE ÁREA DO CONHECIMENTO BRASIL (1983-2006)

Área do Conhecimento	Grupos de Pesquisa		Teses e Dissertações	
	Nº Absoluto	%	Nº Absoluto	%
Total	**255**	**100,0**	**8.205**	**100,0**
Ciências Humanas	99	38,8	3.209	39,1
Ciências da Saúde	26	10,2	760	9,3
Ciências Sociais Aplicadas	106	41,6	3.619	44,1
Ciências Biológicas	1	0,4	24	0,3
Ciências Exatas e da Terra	4	1,6	46	0,6
Linguística, Letras e Artes	1	0,4	312	3,8
Outras	18	7,1	235	2,9

Fonte: Capes, 2007-2008

No que diz respeito às disciplinas isoladamente, o gráfico 6, mostra que o Direito responde por quase 35% da produção acadêmica nacional sobre a área, seguido pelas Ciências Sociais, com 12,7%, num movimento muito influenciado, como veremos com maior detalhe mais à frente, pela produção em torno das palavras-chave "direitos humanos" e "crime".

GRÁFICO 1 – TESES E DISSERTAÇÕES POR ÁREA DO CONHECIMENTO (%)
BRASIL (1983-2006)

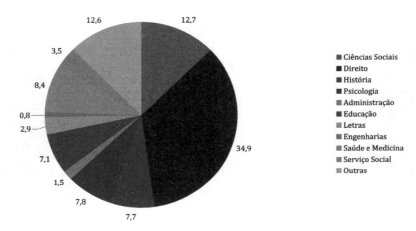

Fonte: Capes, 2007-2008

Em termos regionais, observa-se que 60% dos estudos foram desenvolvidos em universidades da região sudeste, seguidas pelas universidades localizadas nas regiões sul (20,2%), nordeste (11,4%), centro-oeste (7,3%) e norte (1,4%). Entre as unidades da federação, o estado de São Paulo apresenta a maior parte da produção (34,6%), seguido por Rio de Janeiro (17,9%), Rio Grande do Sul (9,7%), Minas Gerais (6,1%) e Paraná (5,6%).

GRÁFICO 2 – TESES E DISSERTAÇÕES POR REGIÃO E
UNIDADE DA FEDERAÇÃO (%) – BRASIL (1983-2006)

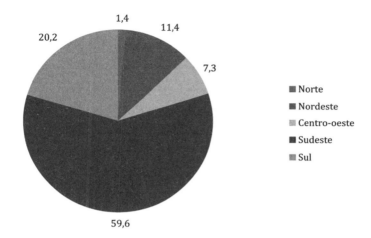

GRÁFICO 3 – TESES E DISSERTAÇÕES POR UNIDADE DA FEDERAÇÃO
(%) BRASIL – 1983-2006

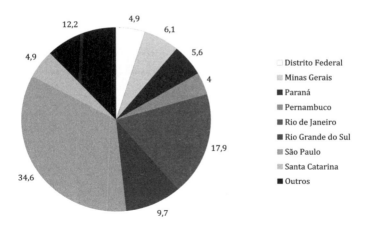

Fonte: Capes, 2007-2008

46   RENATO SÉRGIO DE LIMA

A comparação entre os grupos de pesquisa e a produção por áreas do conhecimento, segundo a unidade da federação, indica que o estado de São Paulo possui 16,1% dos grupos de pesquisa cadastrados no CNPq, representando 34,6% da produção geral de teses e dissertações e 32,4% da produção na área de Ciências Sociais, que será objeto de análise mais detida nesse relatório. Em sentido inverso, o Rio de Janeiro possui 20,8% dos grupos de pesquisa e representa 17,9% da produção geral e 17% da produção na área de Ciências Sociais. O Rio Grande do Sul, com 11,8% dos grupos de pesquisa, responde por 9,7% da produção geral de teses e dissertações e 10,7% da produção em Ciências Sociais. Por fim, Ceará, Minas Gerais, Pernambuco e Distrito Federal representam entre 5% e 7,5% da produção acadêmica em Ciências Sociais. Com exceção de São Paulo, Ceará e do Distrito Federal, nota-se que a proporção de teses e dissertações defendidas é semelhante à de grupos de pesquisa existentes nesses estados.

No caso paulista, é possível supor que o sistema estadual de pesquisa, liderado pela FAPESP, seja o responsável pelo fato da produção geral e nas Ciências Sociais em particular ser quase o dobro do percentual do estado na composição dos grupos de pesquisa do país. Outro destaque é o Ceará, que muito provavelmente está influenciado pela produção em torno do Laboratório de Estudos da Violência, coordenado pelo professor César Barreira, e que completou, em 2009, quinze anos de existência.

TABELA 3 — GRUPOS DE PESQUISA, TESES E DISSERTAÇÕES EM TODAS AS ÁREAS
E PRODUÇÃO EM CIÊNCIAS SOCIAIS, POR UNIDADE DA FEDERAÇÃO
BRASIL (1983-2006)

UF	Grupos de Pesquisa CNPq		Teses e Dissertações		Teses em Ciências Sociais	
	N° Absoluto	%	N° Absoluto	%	N° Absoluto	%
Total	255	100,0	8.205	100,0	1046	100,0
AC	1	0,4	3	0,0	0	0,0
AL	2	0,8	17	0,2	3	0,3
AM	0	0,0	16	0,2	3	0,3
BA	25	9,8	219	2,7	27	2,6
CE	4	1,6	184	2,2	52	5,0
DF	9	3,5	403	4,9	78	7,5
ES	9	3,5	85	1,0	1	0,1
GO	3	1,2	138	1,7	11	1,1
MA	2	0,8	16	0,2	10	1,0
MG	16	6,3	503	6,1	57	5,4
MS	4	1,6	19	0,2	0	0,0
MT	1	0,4	38	0,5	0	0,0
PA	6	2,4	99	1,2	10	1,0
PB	9	3,5	87	1,1	19	1,8
PE	13	5,1	331	4,0	64	6,1
PI	0	0,0	10	0,1	1	0,1
PR	12	4,7	461	5,6	23	2,2
RJ	53	20,8	1.465	17,9	178	17,0
RN	2	0,8	51	0,6	15	1,4
RO	1	0,4	0	0,0	0	0,0
RS	30	11,8	798	9,7	112	10,7
SC	9	3,5	398	4,9	35	3,3
SE	2	0,8	19	0,2	8	0,8
SP	41	16,1	2.832	34,5	339	32,4
TO	1	0,4	0	0,0	0	0,0
Outros	0	0,0	13	0,2	0	0,0

Fonte: Capes, 2007-2008; Diretório de Grupos de Pesquisa – CNPq

Em relação aos temas desenvolvidos nas teses e dissertações, prevalece o da violência, que representa 33,1% dos estudos. Seguem-se os temas crime (18,5%), direitos humanos (15,1%), criminalidade (14,1%), polícia (10%), prisão (6,5%) e tráfico de drogas (1,3%); e os demais – conflitualidade, guardas municipais, justiça criminal, segurança municipal e segurança urbana – representam conjuntamente 1,5% da produção.

TABELA 4 – TESES E DISSERTAÇÕES POR PALAVRA-CHAVE
BRASIL (1983-2006)

Palavras-Chave	Teses e Dissertações	
	N° Absoluto	%
Total	8.205	100,0
Conflitualidade	38	0,5
Crime	1.521	18,5
Criminalidade	1.153	14,1
Direitos Humanos	1.237	15,1
Guardas Municipais	7	0,1
Justiça Criminal	65	0,8
Polícia	822	10,0
Prisão	531	6,5
Segurança Municipal	1	0,0
Segurança Urbana	5	0,1
Tráfico de Drogas	107	1,3
Violência	2.718	33,1

Fonte: Capes, 2007-2008

Observando-se a evolução da produção no tempo, verifica-se um crescimento expressivo nos anos 2000, que passam a concentrar 81,6% dos estudos iniciados em 1983, num indício importante de que, nessa década, o sistema de pós-graduação brasileiro universaliza-se, fato corroborado pelos relatos das entrevistas realizadas para o projeto. A produção corresponde majoritariamente ao nível de mestrado (82,9%) e distribui-se entre universidades federais (40%), particulares (37,2%) e estaduais (22,7%). As univer-

ENTRE PALAVRAS E NÚMEROS   49

sidades municipais iniciaram sua produção em 2005, apresentando apenas quatro estudos na área (que correspondem a 0,05% do total). Por um lado, a produção de doutorado ocorre majoritariamente nas instituições públicas, visto que quase 80% das teses são desenvolvidas em universidades estaduais e federais; por outro, a produção de mestrado concentra-se nas universidades particulares e federais, cada qual respondendo por 40,2% das dissertações. Esse quadro não chega a surpreender e parece vinculado mais à dinâmica da pós-graduação brasileira, que tem nas Universidades Públicas seu eixo estruturador mais antigo e tradicional.

TABELA 5 – TESES E DISSERTAÇÕES POR PERÍODO
BRASIL (1983-2006)

Período	Teses e Dissertações	
	Nº Absoluto	%
Total	8.205	100,0
1983-1989	101	1,23
1990-1999	1.405	17,12
2000-2006	6.697	81,62
Não informa	2	0,02

Fonte: Capes, 2007-2008

TABELA 6 – TESES E DISSERTAÇÕES, SEGUNDO NÍVEL DE PÓS-GRADUAÇÃO
BRASIL (1983-2006)

Nível de Pós-Graduação	Teses e Dissertações	
	Nº Absoluto	%
Total	8.205	100,0
Mestrado	6.800	82,88
Doutorado	1.404	17,11
Não informa	1	0,01

Fonte: Capes, 2007-2008

50   RENATO SÉRGIO DE LIMA

TABELA 7 — TESES E DISSERTAÇÕES, SEGUNDO TIPO DE ADMINISTRAÇÃO DA IES
BRASIL (1983-2006)

Tipo de Administração	Teses e Dissertações	
	Nº Absoluto	%
Total	8.205	100,0
Municipal	4	0,05
Estadual	1.859	22,66
Federal	3.285	40,04
Particular	3.052	37,20
Não informa	5	0,06

Fonte: Capes, 2007-2008

TABELA 8 — TIPO DE ADMINISTRAÇÃO, SEGUNDO NÍVEL DE PÓS-GRADUAÇÃO
BRASIL (1983-2006)

Tipo de Administração	Mestrado	Doutorado	Total
Total	100,0	100,0	100,0
Municipal	0,06	0,0	0,05
Estadual	19,50	38,03	22,67
Federal	40,21	39,32	40,06
Particular	40,21	22,65	37,21
Não informa	0,01	0,0	0,01

Fonte: Capes, 2007-2008

A Universidade de São Paulo e a Pontifícia Universidade Católica de
São Paulo são as instituições que apresentam o maior número de teses e
dissertações (superior a 850), sendo responsáveis por 21,8% da produção
nacional. Outras 20 universidades (11,9%) apresentam produção superior a 100 teses e dissertações, sendo responsáveis por 50,6% da produção;
e as restantes (86,9%) apresentam produção inferior a 100, representando
27,6% da produção nacional.

TABELA 9 − TESES E DISSERTAÇÕES POR INSTITUIÇÃO DE ENSINO SUPERIOR − IES
BRASIL (1983-2006)

Grupo de Produção	IES		Teses e Dissertações	
	Nº Absoluto	%	Nº Absoluto	%
Total	168	100,0	8.205	100,0
De 850 a 950	2	1,2	1.789	21,8
De 100 a 350	20	11,9	4.154	50,6
Menos de 100	146	86,9	2.262	27,6

Fonte: Capes, 2007-2008

Os autores das teses e dissertações são do sexo feminino em sua maioria (53,5%), enquanto entre os orientadores prevalece o sexo masculino (57,7%), novamente muito influenciado pela produção do Direito sobre crime.

TABELA 10 − TESES E DISSERTAÇÕES, SEGUNDO SEXO DO AUTOR E ORIENTADOR
BRASIL (1983-2006)

Sexo	Autor		Orientador	
	Nº Absoluto	%	Nº Absoluto	%
Total	8.205	100,0	8.205	100,0
Feminino	4.387	53,5	3.201	39,0
Masculino	3.760	45,8	4.735	57,7
Vários	0	0,0	51	0,6
Não informa	58	0,7	218	2,7

Fonte: Capes, 2007-2008

Não se verifica diferença por sexo do autor segundo o grau da produção: tanto no mestrado quanto no doutorado mantém-se a proporção de autores do sexo feminino e do sexo masculino (Tabela 11).

Em relação ao tipo de administração da IES, nas universidades particulares há maior concentração de autores do sexo masculino (52,5%), enquanto nas municipais, estaduais e federais as mulheres estão mais representadas (100%, 58,5% e 57,1%, respectivamente). Entre as unidades da federação, a presença feminina é forte na maioria dos estados da região

52 RENATO SÉRGIO DE LIMA

nordeste – representam entre 65% e 84,2% dos autores em sete dos nove estados -, assim como em Goiás, Mato Grosso, Espírito Santo e Amazonas. Os homens destacam-se nos estados do Acre, Pará, Minas Gerais e Paraná, onde representam entre 52,9% e 66,7% dos autores.

TABELA 11 – SEXO DO AUTOR, SEGUNDO NÍVEL DE PÓS-GRADUAÇÃO
BRASIL (1983-2006)

Sexo	Mestrado	Doutorado
Total	100,0	100,0
Feminino	53,9	53,6
Masculino	46,1	46,4

Fonte: Capes, 2007-2008

As mulheres dedicaram-se mais ao tema da violência, tanto como autoras como orientadoras dos estudos. 40,5% das autoras desenvolveram estudos sobre violência, aos quais se seguem estudos sobre crime (16,4%), direitos humanos (14,7%), criminalidade (10,6%) e polícia (9%). Já entre os homens, os estudos estão mais distribuídos entre esses temas: 24,1% dos autores versaram sobre violência, 21,3% sobre crime, 18,2% sobre criminalidade, 15,3% sobre direitos humanos e 11,3% sobre polícia. Curiosamente, a distribuição temática da produção segundo o sexo do orientador segue a mesma tendência, de forma que 44,5% das orientadoras orientaram estudos sobre violência, enquanto 25,1% dos orientadores o fizeram (Tabela 12).

ENTRE PALAVRAS E NÚMEROS   53

TABELA 12 – PALAVRA-CHAVE SEGUNDO SEXO DO AUTOR E ORIENTADOR
BRASIL (1983-2006)

Palavra-Chave	Sexo do Autor			Sexo do Orientador		
	Feminino	Masculino	Total	Feminino	Masculino	Total
Total	100,0	100,0	100,0	100,0	100,0	100,0
Conflitualidade	0,5	0,4	0,5	0,7	0,3	0,5
Crime	16,4	21,3	18,6	14,1	21,7	18,6
Criminalidade	10,6	18,2	14,1	9,7	17,1	14,2
Direitos Humanos	14,7	15,3	15,0	12,5	17,2	15,3
Guardas Municipais	0,1	0,1	0,1	0,1	0,1	0,1
Justiça Criminal	0,8	0,9	0,8	0,6	0,9	0,8
Polícia	9,0	11,3	10,1	9,9	9,9	9,9
Prisão	5,8	7,3	6,5	6,1	6,6	6,4
Segurança Municipal	0,0	0,0	0,0	0,0	0,0	0,0
Segurança Urbana	0,1	0,0	0,1	0,1	0,0	0,1
Tráfico de Drogas	1,5	1,1	1,3	1,7	1,0	1,3
Violência	40,5	24,1	32,9	44,5	25,1	32,9

Fonte: Capes, 2007-2008

Em todos os tipos de administração prevalecem os orientadores do sexo masculino, mas as universidades particulares apresentam a maior concentração desse sexo (68,3%). Tráfico de drogas, violência, segurança urbana e municipal são temas preponderantemente femininos, visto que de 60% a 100% desses estudos foram desenvolvidos por mulheres. Nos estudos sobre polícia, prisão, crime, guardas municipais e criminalidade, os autores do sexo masculino estão mais representados (de 51,7% a 59,7%). Os estudos sobre polícia, prisão, direitos humanos, crime, justiça criminal e criminalidade foram orientados sobretudo por professores do sexo masculino (de 60% a 72,2%), enquanto os estudos sobre tráfico de drogas, violência, conflitualidade e segurança urbana foram orientados por professoras (54,4% a 60%). Violência é o tema mais desenvolvido em todos os tipos de instituição, com exceção das municipais. Representa 38,6% da produção das universidades estaduais, 36,6% das federais e 26,1% das particulares.

Além dessa distribuição, se analisada a participação de cada tipo de IES na composição temática dos estudos, as universidades federais são responsáveis pela maior parte dos estudos sobre conflitualidade – aqui com um destaque para a UFRGS, tráfico de drogas, polícia e violência, e por mais de 80% da produção sobre segurança urbana e municipal. Já as universidades particulares respondem por mais de 40% da produção sobre crime, criminalidade, direitos humanos, guardas municipais, prisão e justiça criminal – condizente com o fato das universidades particulares concentrarem, numericamente, o maior número de cursos de Direito e, por conseguinte, tratarem dos temas mais afeitos a essa disciplina. As universidades estaduais produzem quase 30% dos estudos sobre tráfico de drogas e guardas municipais, os quais são liderados pelas federais e particulares, respectivamente, e entre um quinto e um quarto dos demais temas.

TABELA 13 — PRODUÇÃO POR PALAVRA-CHAVE, SEGUNDO TIPO DE
ADMINISTRAÇÃO — BRASIL (1983-2006)

Palavra-Chave	Municipal	Estadual	Federal	Particular	Total
Total	100,0	100,0	100,0	100,0	100,0
Conflitualidade	0,0	0,5	0,7	0,2	0,5
Crime	0,0	17,6	17,1	20,7	18,5
Criminalidade	0,0	12,5	12,3	17,0	14,1
Direitos Humanos	0,0	12,6	13,1	18,6	15,0
Guardas Municipais	25,0	0,1	0,0	0,1	0,1
Justiça Criminal	0,0	0,7	0,7	1,0	,8
Polícia	50,0	9,8	12,1	7,9	10,0
Prisão	0,0	5,9	5,7	7,6	6,5
Segurança Municipal	0,0	0,0	0,0	0,0	0,0
Segurança Urbana	0,0	0,1	0,1	0,0	0,1
Tráfico de Drogas	0,0	1,7	1,6	0,8	1,3
Violência	25,0	38,6	36,6	26,1	33,1

Fonte: Capes, 2007-2008

Observando-se a evolução da produção ao longo do tempo, verifica-se um aumento de 101 para 8.205 teses e dissertações entre os anos de 1983 e 2006. Como se viu, mais de 80% de toda a produção desenvolveu-se durante os anos 2000 e todos os temas apresentaram forte crescimento. Verifica-se que a violência manteve-se como tema dominante durante as três décadas, embora nos anos 2000 tenha sofrido redução de 10% em relação à década anterior.

Entre os anos 1980 e 2000, os temas polícia e prisão têm sua proporção reduzida no conjunto dos estudos em cerca de 5%, enquanto os estudos sobre crime e direitos humanos ganham representatividade nos anos 2000 – especialmente direitos humanos, cuja produção dobrou entre os anos 1980 e 2000.

No caso das Ciências Sociais, esse movimento é coerente com os deslocamentos de temas de concentração ao longo do período. Todos os entrevistados são unânimes em afirmar que o campo de estudos sobre violência e segurança pública nasce no Brasil no início da década de 1970, muito dedicado ao tema das prisões – não que não tenham existido estudos pontuais antes disso. Somente a partir dos anos 80, do século passado, é que temas como polícia, criminalidade e direitos humanos foram ganhando centralidade na produção acadêmica da área. Por fim, os demais temas, em parte emergentes a partir dos anos 1990, não chegam a somar 3% do conjunto da produção.

De igual forma, também há de se considerar o fato de que será nos anos 80 e 90 que o sistema de pós-graduação atinge um maior grau de institucionalização, com a ampliação da oferta de bolsas de estudo, permitindo que os títulos de mestre e doutor deixassem de ser uma honraria e passassem a ser uma etapa de formação profissional. Não à toa, com a relativa universalização da oferta de cursos de pós-graduação no país e o crescimento vigoroso no número de alunos matriculados, algumas áreas passaram a adotar critérios cada vez mais rígidos e seletivos nos seus processos de recrutamento e oferta de trabalho. Num exemplo dessa realidade, as agências oficiais de fomento começaram, a partir dos anos 2000, a contemplar diversos auxílios a título de "pós-doutorado" (pós-doutorado, jovem doutor, recém doutor), organizando e regulando atividades que não correspondem a uma nova titulação e que dizem respeito à manutenção da pesquisa enquanto foco principal dos profissionais envolvidos ou ainda a políticas de desconcentração da produção da pesquisa científica e tecnológica no território brasileiro.

TABELA 14 – PRODUÇÃO POR PALAVRA-CHAVE, SEGUNDO PERÍODO
BRASIL (1983-2006)

Palavra-Chave	1983-1989	1990-1999	2000-2006	Total
Total	100,0	100,0	100,0	100,0
Conflitualidade	0,0	0,5	0,5	0,5
Crime	16,8	17,7	18,7	18,5
Criminalidade	15,8	11,5	14,6	14,1
Direitos Humanos	7,9	9,4	16,4	15,1
Guardas Municipais	0,0	0,0	0,1	0,1
Justiça Criminal	1,0	0,7	0,8	0,8
Polícia	14,9	10,3	9,9	10,0
Prisão	9,9	7,5	6,2	6,5
Segurança Municipal	0,0	0,0	0,0	0,0
Segurança Urbana	0,0	0,1	0,1	0,1
Tráfico de Drogas	0,0	0,8	1,4	1,3
Violência	33,7	41,6	31,3	33,1

Fonte: Capes, 2007-2008

GRÁFICO 4 – PRODUÇÃO POR TEMA, SEGUNDO O PERÍODO (%)

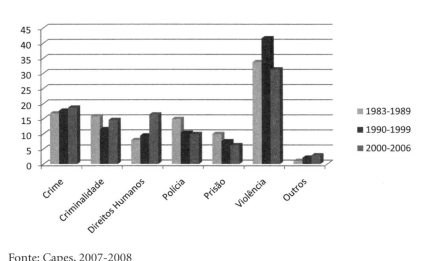

Fonte: Capes, 2007-2008

58   RENATO SÉRGIO DE LIMA

Geograficamente, a região Sudeste concentra quase 60% da produção nacional, seguida pelas regiões Sul (20%), Nordeste (11,4%), Centro-Oeste (7,3%) e Norte (1,4%). O tema da violência é predominante nas teses e dissertações de todas as regiões do país, com exceção da região Norte, onde prevalece a produção em direitos humanos (30,5%), seguida pela produção em violência (29,7%).

TABELA 15 – PRODUÇÃO POR PALAVRA-CHAVE, SEGUNDO REGIÃO
BRASIL (1983-2006)

Palavra-Chave	Norte	Nordeste	C-Oeste	Sudeste	Sul	Total
Total	100,0	100,0	100,0	100,0	100,0	100,0
Conflitualidade	0,8	0,3	0,5	0,3	0,9	0,5
Crime	17,8	16,4	16,7	19,0	19,2	18,6
Criminalidade	11,9	11,7	12,0	14,1	16,2	14,1
Direitos Humanos	30,5	12,8	18,1	14,1	17,2	15,1
Guardas Municipais	0,0	0,0	0,0	0,1	0,1	0,1
Justiça Criminal	0,8	0,9	0,5	0,8	0,8	0,8
Polícia	5,9	11,5	12,7	10,0	8,6	10,0
Prisão	2,5	6,7	5,0	6,4	7,5	6,5
Segurança Municipal	0,0	0,0	0,0	0,0	0,1	0,0
Segurança Urbana	0,0	0,0	0,2	0,0	0,2	0,1
Tráfico de Drogas	0,0	1,1	1,5	1,6	0,7	1,3
Violência	29,7	38,7	32,8	33,6	28,6	33,1

Fonte: Capes, 2007-2008

Como indica a tabela 16, na grande maioria das áreas do conhecimento, prevalece o tema da violência. As áreas em que esse tema mais se destaca são Educação, Saúde Coletiva e Enfermagem: considerando o conjunto de temas abordados nesta pesquisa, mais de 62% dos seus trabalhos versam sobre violência.

Por fim, nas Ciências Sociais, a produção sobre violência ocupa o primeiro lugar, com 36,3% das teses e dissertações, seguidas pelos estudos sobre crime (15,1%), criminalidade (13,3%), polícia (12,9%) e direitos humanos (12%). No Direito, os temas preponderantes estão distribuídos entre direitos humanos (27%), crime (25,6%) e criminalidade (22,1%). Na História, 29,2% dos trabalhos tratam de crime, seguidos pelos trabalhos sobre violência (26,7%) e polícia (19,9%). Na Administração e nas Engenharias, predominam os estudos sobre a polícia (38,6% e 43,9%,respectivamente).

TABELA 16 – PRODUÇÃO POR PALAVRA-CHAVE, SEGUNDO ÁREA DO CONHECIMENTO – BRASIL (1983-2006)

Palavra-Chave	Ciências Sociais*	História	Psicologia	Educação	Direito	Serviço Social	Administração	Comunicação	Saúde Coletiva	Medicina	Enfermagem	Letras	Engenharias	Outras	Total
Total	100,0	100,0	100,0	100,0	100,0	100,0	100,0	100,0	100,0	100,0	100,0	100,0	100,0	100,0	100,0
Conflitualidade	0,4	0,5	0,6	1,2	0,4	0,0	0,0	0,6	0,0	0,0	3,1	0,8	1,8	0,0	0,5
Crime	15,1	29,2	11,8	4,8	25,6	6,3	9,4	15,3	8,4	17,0	3,1	22,9	15,8	17,9	18,5
Criminalidade	13,3	12,2	8,2	4,0	22,1	9,1	11,8	7,6	5,5	9,7	0,6	3,3	17,5	13,4	14,1
Direitos Humanos	12,0	3,9	5,0	11,0	27,0	19,2	7,1	7,6	6,3	1,7	5,7	2,9	3,5	10,9	15,1
Guardas Municipais	0,2	0,0	0,0	0,2	0,0	0,3	0,8	0,0	0,0	0,0	0,0	0,0	0,0	0,1	0,1
Justiça Criminal	1,7	0,2	0,2	0,0	1,4	0,7	1,6	0,0	0,3	0,0	0,0	0,0	0,0	0,0	0,8
Polícia	12,9	19,9	8,6	7,9	6,1	7,0	38,6	6,5	9,5	9,7	6,9	7,9	43,9	11,4	10,0
Prisão	5,5	7,0	5,0	7,1	8,6	6,3	1,6	4,1	4,0	2,8	5,0	9,2	0,0	3,9	6,5
Seg. Municipal	0,1	0,0	0,0	0,0	0,0	0,0	0,0	0,0	0,0	0,0	0,0	0,0	0,0	0,0	0,0
Seg. Urbana	0,1	0,2	0,0	0,0	0,0	0,0	0,0	0,0	0,0	0,0	0,0	0,0	0,0	0,2	0,1
Tráfico de Drogas	2,3	0,3	2,7	1,4	0,3	2,1	0,8	1,2	3,5	2,3	3,8	0,0	0,0	1,7	1,3
Violência	36,3	26,7	58,0	62,4	8,4	49,1	28,3	57,1	62,5	56,8	71,7	52,9	17,5	40,4	33,1

Fonte: Capes, 2007-2008

* Ciências Sociais agrega sociologia, ciência política e antropologia

Papéis e representações no campo da segurança pública

Além do levantamento da produção acadêmica entre 1980 e 2008, para compreender papéis e representações existentes no campo dos estudos de segurança pública, as entrevistas com alguns dos cientistas sociais considerados pioneiros em linhas de pesquisa associadas à temática investigaram uma série de processos sobre a produção acadêmica e suas relações com as políticas públicas no campo da segurança e justiça no Brasil. Entre eles, é possível destacar:

a) papel da academia, da contribuição da sociologia e demais ciências sociais às políticas públicas de segurança no Brasil e do papel do intelectual em relação às políticas públicas.

Quando se trata do papel e das contribuições da academia, especialmente da sociologia e demais ciências sociais, e do intelectual às políticas públicas de segurança no Brasil, em primeiro lugar atribui-se à academia o papel de inovar ao produzir pesquisa, ensino e extensão. Trata-se de transformar em objeto das ciências sociais fenômenos como a (in)segurança e a violência, com objetivo de compreender como são socialmente produzidos. Cabe então à universidade formar pesquisadores e produzir dados, informações e conhecimentos sobre um campo ainda incipiente, como é o da segurança pública. Nota-se que os estudos sobre violência surgem em um contexto de reconstrução da democracia, em que simultaneamente a violência emerge como grave problema social, e de afirmação das ciências sociais no Brasil, com a criação da pós-graduação nessa área.

A partir desse consenso sobre o papel da academia, duas posições e/ou configurações são identificadas no que se refere à contribuição da sociologia e demais ciências sociais, assim como dos intelectuais, em relação às políticas públicas de segurança no Brasil. Na primeira, a violência se constitui em objeto sociológico e como tal será abordada segundo os rigores científicos na área das ciências sociais. A preocupação central é melhorar a qualidade das pesquisas e das abordagens, visando produzir bons trabalhos empíricos e teóricos sobre violência e seus temas correlatos. Na segunda, constata-se o desenvolvimento de uma abordagem mais normativa, que procura oferecer respostas aos problemas sociais, e que, portanto, visa à mudança ou à reforma, por exemplo, das instituições que compõem o sistema de justiça criminal.

Nesse ponto, identifica-se uma conexão entre a produção acadêmica e a arena das políticas públicas, visto se tratar de temática em que tanto a demanda social quanto a pesquisa aplicada são fortes. Reconhece-se a necessidade de produzir conhecimento qualificado e de transferi-lo à sociedade em forma de políticas públicas consequentes que venham contribuir para a transformação do cenário de violência existente. Estabelece-se o diálogo e a cooperação entre academia e instituições, entre pesquisadores e operadores do sistema de justiça e segurança, não obstante haver dificuldades para garantir que os trabalhos sejam levados em consideração quando da tomada de decisão em políticas públicas.

Note-se que se as duas abordagens são legítimas, no segundo caso não se trata de tomar decisões que cabem aos atores políticos, mas sim de oferecer subsídios e organizar o debate público. Nesse sentido, a contribuição da universidade foi substantiva, auxiliando na formação de quadros do Estado, na elaboração de programas e na produção e análise de dados e sistemas de informação.

Diante do reconhecimento de que essas duas categorias de cientistas sociais se afirmaram – aqueles cujo trabalho está orientado para a reforma das instituições e aqueles que se dedicam apenas à produção acadêmica – defende-se de forma consensual a necessidade de não confundir o papel do intelectual com o da autoridade política. Porém revela-se aqui uma ambiguidade ou dificuldade de traçar limites ao papel do intelectual frente às políticas públicas: se por um lado ele não deve assumir postos centrais de poder – visto que isso tende a comprometer sua independência como intelectual, sobretudo quando se trata de temas que evidenciam as contradições de um Estado ao mesmo tempo pacificador e perpetrador de violações –, por outro lado, avalia-se positivamente a construção de quadros de gestores com boa formação acadêmica, que sem dúvida vêm beneficiar o Estado brasileiro.

Diante de tais ambiguidades (ou dificuldades), sua tarefa parece ser antes produzir conhecimentos que contribuam para a formulação de políticas competentes. Se as instituições, como a polícia e o judiciário, abrirem-se para a reflexão a partir dos estudos sociológicos, o papel do intelectual, ainda que não normativo, passa a exercer uma influência transformadora. Enfim, seus estudos podem servir de referencial para os profissionais da segurança e da justiça, mas estes devem ser os condutores da mudança.

Por fim, em relação à avaliação das políticas de segurança existentes, sobressai-se basicamente a percepção de que predominam as políticas de caráter eminentemente repressivo, que não raramente promovem violações de direitos. Atenta-se para a permanência desse padrão na história brasileira, de forma que não se trata apenas de um problema policial, mas de uma questão política, visto que os governos não impõem a agenda da democracia e dos direitos humanos no que se refere às práticas de segurança.

Reconhece-se, no entanto, a existência de operadores do sistema de segurança e justiça que compreendem a complexidade de suas tarefas, de forma que a resolução dos problemas não seja atribuída exclusivamente ao campo policial. Mas estes representam uma minoria, visto que para a maioria, sobretudo os policiais que atuam nas ruas, em contato com a população, ainda prevalece a defesa de uma política repressiva como se fosse capaz de resolver os problemas no imediato. No limite, tal mentalidade, que encontra respaldo social e ainda é forte, apesar das mudanças, pode admitir a eliminação do outro.

b) em relação à qualidade da produção acadêmica e à produção de teoria

As ciências sociais vieram introduzir um novo olhar sobre o fenômeno da violência e da criminalidade, visto que os estudos sobre o tema eram tradicionalmente abordados a partir da perspectiva jurídica, especialmente do direito penal.

Em relação à qualidade da produção acadêmica e à produção de teoria, observa-se que houve uma profusão de estudos no campo da violência e da segurança. Destaca-se a grande quantidade de pesquisas empíricas produzidas nas últimas décadas, mas ainda são tímidas ou quase inexistentes as abordagens teóricas mais densas, capazes de avançar sobre essa produção empírica. São raros os exemplos brasileiros de contribuições teóricas e comparativas que inovaram (referências a Antonio Luiz Paixão, R. Kant de Lima e Alba Zaluar). Falta, portanto, produzir reflexão metodológica, teórica e epistemológica, de forma que novos marcos para a discussão teórica sejam apresentados, evitando-se a repetição.

Quanto à qualidade da produção, avalia-se que há um desequilíbrio no país, de forma que não se universalizou um padrão bom ou um padrão médio de qualidade. Ou seja, aquele em que a produção de mestres e doutores expresse um bom conhecimento tanto das teorias sociológicas clássicas como o domínio das técnicas básicas / dos métodos científicos básicos no campo das ciências sociais. Enfim, para desenvolver teoria de boa qualidade, é preciso considerar conjuntamente as abordagens micro e macro, os estudos qualitativos e quantitativos, em vez de privilegiar uma abordagem excludente.

Enfim, são ainda considerados autores pioneiros Julita Lemgruber, Elizabeth Sussekind, José Ricardo Ramalho, Roberto Da Matta, Evaristo de Moraes, Teotônio Vilela, Rosa Maria Fischer, Maria Vitória Benevides, Maria Lúcia Montes e Maria Cecília Minayo, com seus trabalhos sobre prisões, crimes, violência, violência contra a criança, homicídios na perspectiva epidemiológica da saúde pública.

c) temas atuais da agenda acadêmica

- Questão da desigualdade social: tem-se uma sociedade muito desigual, com sistemas classificatórios absolutamente marcados pela desigualdade social, onde a justiça é desigual, não só em seu funcionamento, mas também como representação coletiva. Trata-se de questionar: como fazer a regulação de condutas numa sociedade multicultural, heterogênea e desigual? Como construir o respeito numa sociedade desigual? Como fazer a cidadania, mesmo numa sociedade de classes?

- Tema da transição democrática incompleta permanece: o problema das prisões e a continuidade da tortura na democracia.

- Tema da violência como um problema central – violência que ameaça o direito à integridade, à vida das pessoas – porque está conectado com a questão da qualidade de vida, da consolidação democrática, e acima de tudo, com a possibilidade de se afirmar uma sociedade baseada nas leis, baseada na justiça.

d) desafios dos cientistas sociais que estudam os temas

- Desenvolver abordagens macro sociológicas dos problemas, por meio de métodos quantitativos em conjunto com estudos em nível micro, para que se possa compreender mais densamente os problemas e contribuir mais efetivamente com as políticas públicas na área da prevenção.

- Transformar os fenômenos da violência em objetos de ciência, para além da denúncia.

- Aumentar o investimento em pesquisa empírica sobre a criminalidade, que sempre foi muito reduzido.

- Superar os obstáculos à pesquisa de campo sobre criminalidade. Porém, trata-se de atividade muito difícil, pois envolve riscos ao pesquisador. A violência no Brasil não permite o mesmo tipo de observação participante empregada nas pesquisas sobre prisões ou quadrilhas, como se fez no contexto internacional, pois o risco é alto. Outro problema é que no Brasil as investigações policiais não oferecem resultados que podem servir de matéria para o trabalho sociológico, como também ocorre em outros países. Por consequência, muitos estudos se baseiam na imprensa, o que é bastante complicado, e outros temas mais acessíveis se impõem como o inquérito policial, o funcionamento do sistema de justiça, tendo em vistas os empecilhos para coletar dados primários sobre a criminalidade.

- Desenvolver estudos sobre o sistema penitenciário; sobre o crime organizado em sua complexidade, abordando suas diferentes modalidades; sobre as práticas judiciárias de condenação e sobre a delinquência juvenil – para os últimos não há séries históricas.

e) temas pioneiros que inauguraram o campo acadêmico nas Ciências Sociais

- Pesquisa sobre violência, quadrilha de traficantes, tráfico de drogas e jovens (Cidade de Deus), de Alba Zaluar – em que se constitui um novo objeto, um novo trabalho de campo;

- Estudo de Antonio Luiz Paixão, no início dos anos 80, que traz a metodologia americana de análise dos dados estatísticos;

- Constituição do Núcleo de Estudos da Violência, como grupo de pesquisa dedicado ao tema, nos anos 90, tornando-se uma referência sobre o tema da violência (e cujo impacto político se concretiza na elaboração do Plano Nacional dos Direitos Humanos sob sua coordenação);

- Estudos sobre o sistema penitenciário, provavelmente influenciados por Foucault. E também porque era mais fácil pesquisar o sistema penitenciário, visto que não havia tradição de pesquisa de campo sobre quadrilhas e gangues;

- Estudos sobre violência, política e direitos humanos, de Paulo Sergio Pinheiro e que, em seminários e trabalhos, tratou de temas como crime e política; crime e Estado no exercício do controle social; transições de regimes autoritários para democracias. Em conjunto com Guillermo O'Donnell, desenvolveu o conceito de autoritarismo socialmente implantado, que teve grande impacto: ideia de que a persistência do autoritarismo no Estado, após a redemocratização, é uma expressão do autoritarismo da sociedade.

Considerações finais

Não obstante os dados da Capes e do CNPq indicarem uma grande produção científica e acadêmica em torno do tema violência e segurança pública, ainda persistem obstáculos num efetivo relacionamento entre Universidade e Políticas Públicas. Como já frisado na introdução, não existe no Brasil um canal de disseminação que consiga dar um retrato nacional das políticas de segurança pública e das polícias e, de igual modo, fazer um balanço do impacto que cada um dos atores institucionais, aqui incluídas as universidades e centros de pesquisa, na geração de conhecimento sobre a área.

Os dados aqui compilados dão uma ideia do enorme campo de disputas existente e que a produção acadêmica passou a ser, em última instância, um elemento atual de primeira importância na reprodução dos procedimentos e das práticas burocráticas do sistema de segurança pública do Brasil. O desafio é identificar os significados e as formas como essa produção é assumida e incorporada.

O desconhecimento das relações entre policias e políticas de segurança pública tem comprometido nossa capacidade de entender, inovar e aperfeiçoar as práticas policiais e a segurança pública no país. Há, neste sentido, uma tendência à generalização a partir de um numero relativamente pequeno de experiências e, paradoxalmente, grande de reflexões. Além disso, este desconhecimento também tem comprometido a nossa capacidade de entender a maneira pela qual as polícias e as políticas de segurança pública são relacionadas, construídas e reconstruídas, assim como de distinguir as consequências ou impactos de ações e práticas policiais e políticas de segurança pública.

Finalmente, estas carências têm deixado pesquisadores e profissionais que trabalham com polícia e segurança pública isolados acadêmica e politicamente, na medida em que não se consegue transformar os resultados de estudos e pesquisas em conhecimento capaz de subsidiar revisões teóricas e metodológicas da literatura existente e, principalmente, promover inovações e aperfeiçoamentos em organizações e práticas policiais e em políticas de segurança pública.

Se é verdade que o horizonte das políticas públicas está presente em quase todos os grupos de pesquisa do CNPq e em boa parte da produção acadêmica de teses e dissertações, ainda mais após 2004, quando o Ministério da Justiça criou a Rede Nacional de Especialização em Segurança Pública – RENAESP, que por meio de convênios com Universidades repassa recursos para a formação de profissionais de segurança,[5] também é fato que a aproximação entre academia e instituições de justiça e segurança ainda é pautada por preconceitos e desconfianças mútuas.

Por certo, não cabe à Academia uma agenda exclusivamente aplicada às políticas públicas, por maiores que sejam a demanda de segmentos governamentais e da sociedade, bem como os recursos disponíveis. Todavia, os problemas da atualidade, os dilemas do desenvolvimento tencionam a tendência ao insulamento que a Universidade teima em reificar.

Como as entrevistas demonstraram, há um campo de disputas acerca do papel do intelectual, em especial aquele ligado às universidades e ao seu desafio de produzir teorias e métodos cientificamente robustos e socialmente relevantes. Do tema prisão, identificado por quase todos os entrevistados como sendo aquele que inaugurou a tradição de estudos nas Ciências Sociais, aos novos temas sobre o papel dos municípios na segurança e/ou sobre a produção de pesquisas aplicadas em segurança pública, há, ao que tudo indica, a delimitação e a negociação dos conteúdos e do alcance das agendas e programas de pesquisa.

Nesse processo, nota-se o embate de ao menos duas gerações de cientistas sociais em torno de como enfrentar tal desafio, pelo qual a geração pioneira nos estudos sobre o tema vê com maior distanciamento o engajamento de pesquisadores na execução da política pública e, uma segunda geração, talvez premida pela limitação dos espaços acadêmicos, que foram

---

5 A RENAESP repassa cerca de R$ 200 mil por curso para 50 alunos. Tais cursos são oferecidos por cerca de 80 universidades selecionadas, sobretudo as redes federal e particular.

ocupados pela primeira geração, não só aceita como também legitima a figura do intelectual formulador e executor da política.

A primeira geração compreende que o principal papel da Universidade é prover conhecimento e, nessa direção, os cursos financiados pelo Ministério da Justiça seriam um ótimo exemplo de parceria que atende aos interesses de todos e não descaracteriza as identidades institucionais. Já alguns gestores oriundos da academia,[6] e que fazem parte, em sua maioria, da segunda geração de pesquisadores acadêmicos, veem que, além da oferta de conhecimento qualificado por meio de cursos, o intelectual também reúne as condições para executar a política e, com isso, passaram a ocupar cargos e funções de natureza política e dirigente das instituições da área.

Seja como for, o sistema de pós-graduação brasileiro parece ter logrado êxito na incorporação da agenda sobre segurança pública e violência pela Universidade. Há um grande esforço de produção intelectual, com a consolidação de algumas grandes correntes teóricas e metodológicas em torno das posições acadêmicas dos principais nomes que têm orientado teses e dissertações – fato esperado e sem nenhuma grande novidade. Isso coloca o desafio, sobretudo para as novas gerações, do teste permanente dos modelos explicativos tradicionais, num movimento que tente fazer frente à reprodução de teorias de forma acrítica e sem embasamento empírico.

Em outras palavras, se há uma conclusão a que essa pesquisa pode chegar, com certeza ela diz respeito à necessidade de reconhecimento de que os temas aqui analisados são, na prática, referenciais empíricos de como os conflitos sociais são operados na atualidade e na contemporaneidade. E, nesse sentido, a produção acadêmica analisada deve ser vista como indício, por um lado, da grande centralidade política que os temas ganharam na atualidade e, por outro, como retrato de como a Universida-

---

6 À exceção de Luiz Eduardo Soares, que infelizmente não pôde ser entrevistado para o projeto.

de tem se apropriado de temas e agendas de políticas públicas, com todas as tensões e contribuições inerentes à sua identidade institucional e ao modelo de pós-graduação brasileiro.

A análise cruzada entre teses e dissertações e grupos de pesquisa confirma o esforço de institucionalização do tema no sistema de pós-graduação e pesquisa brasileiro e, indiretamente, nos autoriza a formular a hipótese de que o tema ganhou legitimidade e, consequentemente, canais de financiamento e disseminação cada vez mais amplos. Tal movimento seria, nesse sentido, o resultado da eficácia de ações dos Governos Federal e estaduais no campo da educação superior e da produção de base científica no Brasil. Segundo Schwartzman (2008), uma série de inovações políticas e institucionais na mudança das políticas nacionais de ciência e tecnologia no país e em quase toda a América Latina tem buscado fortalecer os vínculos entre universidades, indústrias, governos e sociedade.

Se assim o é, há uma nova aposta que o CNPq, em parceria com diversas agências de fomento, com forte peso da Fapesp, que pode mudar o patamar dos projetos da área. Trata-se dos Institutos Nacionais de Ciência, Tecnologia e Inovação – INCT's. Dos mais de 120 Institutos aprovados, ao menos quatro institutos ou têm o foco diretamente em torno dos temas aqui analisados (Institutos liderados por Sérgio Adorno, Roberto Kant de Lima e Alba Zaluar) ou os incorporam nos seus programas de pesquisa enquanto uma dimensão (CEM). Se ao final do ciclo inicial desses INCT's, o trabalho de sistematização e consolidação da produção nacional sobre violência, segurança pública e outras políticas públicas relacionadas terá alcançado um grau de maturidade que nos autorizará a comemorar a associação entre qualidade acadêmica e contribuição ao desenho não só eficaz mas eficiente de políticas públicas.

Capítulo 3

Sociologia, sínteses teóricas e estatísticas públicas no Brasil[1]

O seminário "Estatísticas Latino-Americanas em Perspectiva Histórica", realizado no IBGE, no Rio de Janeiro, em 10 de junho de 2009, como evento paralelo à reunião da LASA (Associação de Estudos Latino-Americanos) teve por objetivo, entre outros, analisar o "estado da arte" dos estudos sobre estatísticas públicas e agendas de trabalho tanto no Brasil quanto nos demais países da América Latina. Dos resultados alcançados, frutos da interação entre diferentes posições institucionais, formações profissionais e interesses temáticos, destaca-se, aqui, que o seminário parece ter caminhado para a construção consensual da necessidade de conformação de um campo epistêmico em torno desse tipo de investigação, bem como do aprofundamento de laços, sinergias e redes capazes de garantir junto às agências públicas de estatística a manutenção de um programa regular

---

1 Originalmente publicado com o título "Sociologia, sínteses teóricas e a conformação de uma agenda de pesquisas sobre estatísticas públicas no Brasil" em: *Estatísticas nas Américas*: por uma agenda de estudos históricos comparados. Nelson de Castro Senra; Alexandre de Paiva Rio Camargo (org.). 1ª ed. Rio de Janeiro: IBGE, 2010, v. , p. 333-344.

de pesquisas com perspectiva histórica e comparada. Minha participação, para além de descrever as atividades de pesquisa desenvolvidas individualmente no campo mais específico da sociologia das estatísticas, foi no sentido de nos indagarmos sobre a pertinência desse consenso alcançado e de propor um debate acerca dos seus significados teóricos, metodológicos e institucionais. Dito de outro modo, para concretizar um programa de pesquisas, cumpre-nos formular questões sobre os desdobramentos desse consenso e procurar antecipar cenários que porventura possam fortalecê-lo e/ou fragilizá-lo.

1. Sociologia e análise histórica: refletindo sobre teorias, métodos e técnicas

Sobre teorias

Antes de entrar nas especificidades da sociologia das estatísticas e sua relação com a história ou a filosofia, é válido recuperar alguns elementos do debate teórico da sociologia contemporânea, pois será a partir deles que muito do que se tem discutido sobre a objetividade do pensamento científico ganhará maior ou menor centralidade no debate sobre o papel das estatísticas públicas. Para tanto, retomo Gildo Marção Brandão (2007), que discute a dicotomia entre, de um lado, o que ele chama de "metodolatria" e, por outro, de "ensaísmo", que esconderia a dificuldade da sociologia conseguir construir modelos (modelos – não são universalmente aceitos – diferente de paradigmas – consenso contextual, revelando fragmentação) de análise que contemplem tanto a ação individual quanto as estruturas sociais. A teoria sociológica contemporânea enfrenta, por essa visão, o desafio de síntese que Florestan Fernandes enunciava desde os anos 50, quando defendia que a maturidade de uma disciplina científica deveria contemplar a dedução e a indução como dois movimentos parale-los na produção de evidências empíricas e de teoria (Fernandes, 1980).

Para Gildo Brandão, os princípios fundantes das ciências sociais ins-titucionalizadas (reconhecidas enquanto tal) são marcados pela compar-timentalização do saber, a ruptura entre o normativo e o empírico, a se-paração entre explicação científica e explicação histórica, e o antagonismo entre teoria social e história das ideias. A proposta dele é relativizar tais processos e propor um novo programa de pesquisas. Algo que Geoff Pay-ne, em artigo na revista *Sociology*, de outubro de 2007, retoma numa pers-pectiva empírica e demonstra como, no caso, a sociologia britânica carece de recursos empíricos, sobretudo métodos quantitativos. Essa é também a conclusão de Nelson do Valle Silva (1999), do IUPERJ, ao concluir seu texto para a série – *o que ler nas ciências sociais brasileiras* –, publicada pela ANPOCS (Associação Nacional de Pós-Graduação e Pesquisa em Ciências Sociais). Segundo ele, as Ciências Sociais brasileiras estariam marcadas pela dificuldade da maioria dos cientistas da área em lidar com aborda-gens quantitativas.

Isso parece mais verdade em razão de uma certa "inapetência" em relação às técnicas estatísticas por parte dos sociólogos brasileiros e euro-peus, que traria consigo limites e preconceitos sobre a adoção de progra-mas de pesquisa com fortes marcas empíricas. Porém, também, pode reve-lar um campo de disputas no qual a "sociotécnica" (sociotécnica, para Ira Cohen, ou metodolatria, para Gildo Brandão) não conseguiu legitimidade o suficiente para superar os modelos pré-existentes. Ao que tudo indica, retoma-se, aqui, a disputa por duas formas de se conceber a sociologia, num movimento pelo qual um grupo identifica-se a partir de um olhar "quantitativo", de tradição marcadamente norte-americana, e um segun-do grupo com uma abordagem "qualitativa", de matriz europeia.

Todavia, essa dicotomia é mais ampla. W. Mills protestava, nos anos 50, contra um modo de institucionalização da sociologia que, a seu ver, estava marcada pela "multinacional de pesquisa" fundada por Lazarsfeld e cujo enfoque era predominantemente positivista e empiricista. O pêndulo entre uma sociologia marcada pela aderência às características das ciências exatas, de um lado, e a tendência ensaística das ciências humanas, por outro, não parece ter se definido por um dos lados e indica uma agenda ainda não encerrada. Wolf Lepenies já havia chamado atenção para este fato em as *Três culturas* (1996), demonstrando o quão intenso esse debate permanece.

Para voltar ao esforço de síntese, Brasílio Sallum (2005), em texto publicado em *Sociologia*: problemas e práticas, inventaria as principais linhas de investigação sociológica na contemporaneidade e identifica, com base no balanço de Charles Camic e Neil Gross, oito grandes linhas, sendo que cinco delas preocupadas em buscar sínteses analíticas que consigam superar o hiato entre ação e estrutura. De acordo com esse autor, a produção sociológica contemporânea busca reduzir, de múltiplas formas, a fragmentação teórica vigente.

Ainda segundo Sallum (2005), seriam essas as cinco linhas de pesquisa e investigação:

— a dos sociólogos voltados para a construção de ferramentas analíticas gerais para serem usadas em investigações empíricas diversas (como a desenvolvida por Pierre Bourdieu (1989) por meio dos conceitos de habitus e campo);

— a dos que tentam construir uma síntese das várias teorias existentes (incluindo programas muito diversos, como os de Walter G. Runciman (1989), Jonathan Turner (1991), Jeffrey Alexander (1998), Anthony Giddens (1984) etc.);

— a dos sociólogos que lutam para superar a fragmentação da disciplina por meio do desenvolvimento sistemático de determinada orientação teórica, visando a difundi-la nas várias áreas da sociologia (incluem-se aqui os programas dos teóricos da escolha racional, do marxismo analítico, do interacionismo simbólico etc.);

— o programa de enriquecer a sociologia através da promoção do diálogo entre perspectivas teóricas diversas (como faz Levine (1991) ao examinar a conexão "dialética" entre as ideias de Parsons e Simmel),

— e o projeto de identificar e preencher lacunas conceituais e/ou metodológicas nas perspectivas teóricas disponíveis para, então, explorar as implicações disso na sua reconstrução e alargamento (inclui-se aqui, por exemplo, o conceito de ação comunicativa, que, introduzido por Jürgen Habermas (1984) para dar conta das circunstâncias em que as ações não são orientadas pelo cálculo do sucesso, lhe permitiu reconceituar a racionalidade, a organização do mundo social e até a evolução da sociedade) (Sallum, 2005).

Em paralelo, outros autores como Corcuff (2001) e José Maurício Rodrigues (2003) identificam uma certa hegemonia do enfoque individualista, pelo qual o indivíduo ganha centralidade e transforma-se em unidade de análise de parcela da literatura atual. Porém, a questão relacional, os perigos do relativismo metodológico e a construção sociológica não impedem a pertinência de se discutir verdade e justificação, que são associadas para a construção da objetividade do pensamento científico. Ao contrário dos defensores da pós-modernidade, creio que o olhar científico deve avançar na perspectiva de um novo esforço de síntese e ou aglutinação de posições intermediárias entre o olhar quantitativo puro, manifestado pela adoção de técnicas estatísticas, e o qualitativo, no qual a observação é fonte privilegiada de pesquisa.

Como costuma defender José Vicente Tavares dos Santos, da UFRGS, o olhar quantitativo pode ser traduzido na defesa do software SPSS e de uma visão "analógica" da análise de variáveis. Já o qualitativo seria reduzido, segundo ele, na análise de discursos e observações. O exercício de síntese, para Tavares dos Santos, poderia ser revelado, por exemplo, pela adoção de novos modelos informacionais, base de sistemas como o NVivo, programa que incorpora as dimensões quanti e quali num mesmo plano de análise e, por isso mesmo, teria as vantagens de quebrar as dicotomias e antinomias que separam tais dimensões. Seja lá como for, aceitando ou não a animação desse autor com tais técnicas, o que está em jogo é a possibilidade de construção de um plano de pesquisas que contemple o desejo de uma ciência dedutiva-indutiva. Em suma, há uma falsa antinomia entre quanti e quali e os cientistas sociais a identificam desde há muito mas não a superam por completo. O conceito de objetividade resume bem essa disputa.

Para Porter (1995:217), a objetividade refere-se a um grupo de atributos que reúne as condições para que fenômenos naturais ou sociais sejam tratados com imparcialidade, universalidade e isentos de todos os modos de distorção política, ideológica, espacial ou temporal. A objetividade busca a prerrogativa de se constituir como a verdade sobre a natureza. Para dotar a sociologia de objetividade, toda a teoria de Durkheim, por exemplo, está, até mesmo como destaca Massela (2000: 151), estruturada num sistema lógico – proposto originalmente por J. S. Mill – que contempla que somente após o estabelecimento de um corpo de regularidades empíricas é que somos autorizados a ultrapassar os fatos e interpretá-los mediante hipóteses explicativas e, por conseguinte, as estatísticas são extremamente funcionais a esse propósito.

Assim, Alain Desrosières (1993:12), preocupado com a relação entre espaço público e estatísticas, vai tomar o plano da linguagem como necessário para formalizar as coisas e destaca que ele não preexiste ao debate sobre a constituição de um mínimo de consenso e/ou elementos de referência comuns aos diferentes atores. Assim sendo, "a estatística através de seus objetos e suas nomenclaturas, gráficos e modelos, é uma linguagem convencional de referência, cuja existência permite que certo espaço público se desenvolva, mas cujo vocabulário e sintaxe podem ser, eles também, colocados em debate: o debate sobre o referencial do debate, sobre as palavras empregadas para conduzi-lo, é um aspecto essencial de toda controvérsia. [...] as convenções de equivalência e permanência dos objetos que fundam a prática estatística são elas também o produto de investimentos políticos, sociais e técnicos bastante custosos" (p. 22).

Significa dizer que mais do que a inapetência de parcela dos cientistas sociais em lidar com métodos quantitativos, a dificuldade aqui identificada diz respeito a dois sistemas de crenças sobre o teor e significado do pensamento científico, ou seja, o consenso destacado por Porter e Desrosières foi estabelecido na dimensão de análise, mas na epistemológica ainda há uma zona grande de dissenso que impede modelos híbridos quanti e quali de se consolidarem e superarem os modelos hegemônicos.

Sobre sociologia e análise histórica

No interior desse cenário, para (Skocpol e Miskolci, 2004), a sociologia histórica pode ser melhor compreendida como uma tradição contínua de pesquisa, renovada continuamente e devotada para a compreensão da natureza e dos efeitos de estruturas de larga escala e processos fundamentais. Ademais, nessa perspectiva, as diferenças sociais e culturais, junto com processos temporais e contextos, são intrinsecamente de interesse para sociólogos orientados historicamente. Para esses profissionais, o passado do mundo não é visto como uma história de desenvolvimento unificado ou um conjunto de sequências padronizadas. Ao contrário, compreende-se que grupos ou organizações escolheram ou caíram em ritmos variados no passado. Escolhas "anteriores", por sua vez, limitaram e criaram possibilidades alternativas para mudanças futuras levando a um determinado fim.

Desse modo, para a autora, os estudos sociológicos realmente históricos têm algumas características comuns, descritas abaixo:

- Levantam questões sobre estruturas sociais ou processos compreendidos como concretamente situados no tempo e no espaço.

- Referem-se a processos no tempo e seguem seriamente sequências temporais em busca das consequências.

- Acompanham a inter-relação de ações significativas e contextos estruturais de forma a permitir a compreensão das consequências inesperadas e também das pretendidas nas vidas individuais e nas transformações sociais.

- Evidenciam os detalhes particulares e variáveis de formas específicas de estruturas sociais e padrões de mudança.

Todavia, por detrás da abordagem de Skocpol (*op. cit.*), revelam-se diferentes modelos explicativos e de formas de se interpretar os eventos históricos. Numa tradução, Skocpol retoma, tacitamente, o conceito de contingência e de uma filosofia hermenêutica, na qual o sujeito histórico é dotado de relativa autonomia de escolha. Segundo ela, uma perspectiva analítica pura obnubilaria a sociologia histórica, ao fomentar posições determinísticas sobre ciência. Porém, ao que tudo indica, a própria autora incorre no dilema que ela mesmo denuncia. Quando dos seus estudos empíricos sobre revolução industrial, a autora acaba por reforçar determinismos e aceita questões apriorísticas, como no caso da Família para explicar a mudança histórica. A análise histórica retoma o confronto de temporalidades e cronologias.

Sobre métodos

Como vimos, estamos diante de algumas abordagens reveladoras de múltiplas posições e ou visões sobre Ciência e História. É possível destacar, entre essas abordagens, as teorias do conflito (Collins, Simmel x Parsons), de configurações e de análises de longa duração (Norbert Elias, 1993) e, sobretudo, para a arqueologia, a genealogia e a circulação de discursos (Foucault, 1992), a qual nos permite fazer a passagem da dimensão teórica para a dimensão metodológica.

Foucault inaugurou uma *arqueologia* como método de investigação, que seria, por assim dizer, uma genealogia das condições de possibilidade de um certo discurso, de certas práticas empíricas e discursivas, saberes, teorias e crenças. Foucault chamara este solo epistêmico que rege uma época determinada — isto é, um conjunto de formas de pensar e conceber as coisas, de modos de objetivação e subjetivação —, de *episteme*. A arqueologia que busca encontrar epistemes por detrás de práticas sociais e teóricas insere-se no procedimento genealógico, uma vez que participa da desconstrução dos objetos tidos por naturais, datando as objetivações ao inseri-las no quadro geral de uma época, de um campo de visão possível, de uma determinada cultura, de um modo cultural de ver o mundo e nele estar. Somos e pensamos inseridos em nossa época, não como essências inteligíveis, absolutas e fora do tempo. Logo, a *genealogia* afigura-se como método de desconstrução de objetivações e hipostasias, capaz de desconstruir e relativizar as crenças atuais. Compreendendo a formação das verdades atuais ao longo da história — história da civilização, da ciência e da filosofia — contextualizamos o que de outra forma poderia se nos apresentar como verdades, sejam absolutas ou relativas.

Sobre uma aplicação de pesquisa: contando crimes e criminosos[2]

Na chave proposta por Foucault, a análise sociológica das estatísticas deve levar em consideração as interpretações e os papéis atribuídos à produção e uso de estatísticas públicas, ainda mais se tomarmos as formas contemporâneas de racionalidade pós-anos 1970 – riscos e vigilância – como tributárias dos modelos de objetivação da realidade do século xix, e, sobretudo, como potencializadas por dois novos processos sociais, ou seja, pela expansão dos sistemas de informação e pela dependência e/ou vinculação da produção de informações às linguagens e arquiteturas das tecnologias e da informática.

Nessa perspectiva, meu foco de investigação empírica se dá em torno de um detalhe que sempre me causou inquietudes. Não obstante o marco legal existente no Brasil prever que as instituições responsáveis pela ação estatal de pacificação social e mediação de conflitos devam trabalhar dentro de um modelo sistêmico, em que cada uma dessas instituições desempenha papéis e procedimentos específicos e interdependentes, a experiência demonstra que o jogo de poder típico das organizações burocráticas de um estado patrimonialista, nos termos de Raymundo Faoro (2001), impede que este sistema opere integralmente enquanto tal. Polícias, Ministério Público, Poder Judiciário e Estabelecimentos Carcerários operam lógicas autônomas e fragmentadoras da ação do Estado. Paradoxalmente, uma dinâmica que em tese seria tributária de segredos absolutos opera, na prática, a partir de um considerável estoque de dados disponíveis e perpassada por discursos que valorizam a existência de tais dados.

---

2   O Capítulo 4 deste livro irá aprofundar a discussão feita neste item.

Para interagir com tais inquietudes, abordei os papéis políticos assumidos pelas estatísticas produzidas e utilizadas pelo chamado sistema de justiça criminal brasileiro (Polícias Civil e Militar; Ministério Público; Poder Judiciário e Estabelecimentos Carcerários), em particular na história recente de São Paulo. Tomei as estatísticas criminais como objeto para a investigação sociológica das permanências e dos avanços do processo democrático do país na transformação do modo de funcionamento das instituições responsáveis por garantir direitos e pacificação social. Há a compreensão de que a análise do ciclo de produção e uso dessas estatísticas tende a revelar, em termos procedimentais, os embates entre os discursos políticos sobre como lidar com crimes e criminosos, na medida em que os dados disponíveis são mobilizados tanto pelos discursos lastreados na transparência nos atos de governo, associados aos requisitos da democracia, quanto por aqueles que reforçam o segredo das práticas cotidianas, vinculados, a princípio, com formas de governo baseadas no autoritarismo e nos discursos de lei e ordem acima de tudo.

Como consequência, transparência e controle público enquanto requisitos da democracia diluem-se, para além do eixo que gira em torno da discussão sobre acessibilidade e confiabilidade dos dados, que pautou muitas das discussões sobre o assunto nas duas últimas décadas, em argumentos que os associam à modernização tecnológica do Estado. Em nome de uma postura técnico-profissional das instituições, a tecnologia é assumida como a modernização possível e necessária à melhoria da qualidade das informações produzidas.

Entretanto, ao que tudo indica, a quantidade vence o conteúdo e a pressão por transparência transforma a informação de algo secreto, e, por isso mesmo, factível de ser conhecida, em algo opaco. A produção de dados em si não transforma o objeto do sistema de justiça criminal em algo que possa ser contado e, em razão disso, não transforma crimes e criminosos em variáveis de um sistema de estatísticas criminais. O problema desloca-se, assim, da produção para o uso dos dados disponíveis e, nesse terreno, parece ocorrer a adoção entusiasmada de sistemas de geoprocessamento de ocorrência; a disponibilização de processos judiciais na internet, entre outras iniciativas, sem, contudo, uma avaliação sobre acessibilidade, qualidade, transparência, integridade e utilidade dos dados disponíveis – num movimento que lida com a tecnologia em si mesma e desconsidera processos políticos, classificações adotadas, categorias e conteúdos do fluxo informacional no interior das instituições.

Dados são produzidos, mas não há coordenação entre produtores e usuários; entre oferta e demanda da informação. Não havendo consenso sobre os papéis das estatísticas criminais disponíveis, há um movimento simultâneo de crescimento dos estoques de dados gerados na adoção de modernas ferramentas de informática, de um lado, e, paradoxalmente, há o reforço da opacidade e da "experiência" institucional das práticas burocráticas no desenho e operação de políticas públicas de pacificação social, de outro.

O resultado alcançado reforça, assim, a manutenção dos mecanismos de reprodução de verdades profissionais e institucionais nos modelos vigentes de segurança pública e justiça criminal, garantindo a permanência e a governabilidade em relação às pressões de mudanças – verdades tomadas na acepção de Foucault, ou seja, como verdades jurídicas. Ao se falar de estatísticas, portanto, fala-se da possibilidade de taxionomias e das suas interpretações e, também, dos aparelhos (burocracias) ideologicamente informados e que são responsáveis pela determinação de regras administrativas, classificações e critérios de seleção de prioridades de governo.

Para tanto, em termos metodológicos, optou-se por valorizar a análise de documentos como recurso de investigação, chamando a atenção para o fato de muitas das fontes consultadas não estarem catalogadas nos acervos oficiais das bibliotecas das instituições. Ao longo da pesquisa, descobriu-se tipos documentais, dados e referências bibliográficas não nos acervos oficiais, mas por meio de entrevistas com antigos funcionários das agências de estatísticas, que mantinham tal material armazenado em seus locais de trabalho, quase que como acervos privados e/ou fruto de esforços individuais de registro histórico do programa de trabalho por eles executado durante anos.

Sobre sociologia e programa de trabalho das agências públicas de estatísticas

Como vimos, há espaço para a criação de programas de trabalho e de agendas de pesquisa diretamente ligado aos microprocessos burocráticos e às redes de poder que determinam o que pode e o que deve fazer parte do rol de atenção das agências públicas de estatísticas, nas quais o domínio técnico ganha grande relevância. A negociação de um programa de pesquisas passa, nesse sentido, não só pelo convencimento de sua pertinência política, mas de sua viabilidade técnica e a existência de conhecimento científico/técnico no interior das agências será fundamental à incorporação efetiva de temas nas suas agendas de pesquisa.

O exemplo das estatísticas criminais, que fizeram parte da agenda de quase todas as agências estaduais e federais ao longo dos séculos XIX e XX, mas que atualmente ainda enfrentam enormes resistências para serem trabalhadas para além do enfoque da gestão pelos operadores da segurança pública, é exemplo de uma situação que alia dificuldades técnicas (o saber jurídico se sobrepõe ao saber estatístico), preconceitos ideológicos (falar de crime e de criminosos implica lidar com polícia e justiça, fato que ainda causa eventuais desconfortos por terem sido essas instituições as faces mais fortes de ditaduras não tão distantes na vida política dos países latino-americanos) e carência de técnicos capazes de traduzir e classificar fenômenos criminais em variáveis e/ou indicadores estatísticos (a maioria dos técnicos especializados nessa área aposentou-se e não houve uma grande renovação de quadros nas agências públicas de estatística).

Algumas outras hipóteses também podem ser avocadas para explicar a dificuldade das agências públicas de estatística em lidar com determinados temas e/ou áreas. Entre elas, chamo a atenção para o embate de "verdades" profissionais, em muito traduzido na preferência das agências de estatísticas por disporem de programas de trabalho fortemente lastreados em pesquisas primárias, cujas regras, técnicas e métodos podem ser inteiramente controlados. Dados gerados a partir de registros administrativos são vistos com enormes cautelas e, com isso, deixados para um segundo plano – com exceção de alguns dados sobre registro civil, econômicos e sobre finanças públicas, que ajudam a compor e construir indicadores relevantes da agenda do IBGE (PIB, etc).

Porém, em termos históricos, essa postura é, no caso brasileiro, datada. Ela tem origem no enorme esforço de sobrevivência que o IBGE e várias outras agências tiveram que empreender para superarem o "desmonte" da máquina burocrática do Estado brasileiro levado a cabo pelo governo Collor. O problema é que tal decisão foi motivada pela crise econômica do período Collor, mas era coerente com o desenho de novas políticas que dessem conta da inserção periférica do país na economia mundial, na medida em que os monitoramentos produzidos foram aqueles estratégicos exclusivamente à economia, deixando de lado quaisquer informações sobre garantias fundamentais da pessoa humana (direitos humanos, acesso à justiça, garantia à liberdade e à integridade física, entre outros).

Nesse campo, a ênfase estatística foi no acompanhamento da conquista de "direitos sociais", no monitoramento das políticas sociais, em especial aquelas voltadas para as áreas de saúde, educação e, mais recentemente, de transferência de renda, em função muito provavelmente da existência do DATASUS, INEP e MDS, órgãos que têm na produção estatística eixos estruturantes e indutores. Esse quadro reforça, a princípio, a tese de José Murilo de Carvalho sobre a inversão da ordem dos direitos civis, políticos e sociais proposta por Marshall, em que as dimensões social e política são privilegiadas, não obstante o desrespeito aos direitos civis (Carvalho, 2001). Ao que tudo indica, o IBGE e demais agências estatísticas embarcaram nessa perspectiva e, aparentemente, só recentemente começam a relativizá-la, diante do aumento da pressão de governos, de setores da sociedade civil e de organismos multilaterais que buscam associar segurança e meio ambiente, por exemplo, como condições para um desenvolvimento sustentável e pacífico. A própria reativação da ANIPES pode ser vista como sinal de mudança e de um novo enfoque na definição de um Programa Nacional de Estatísticas, que não seja exclusivamente o programa do IBGE, mas que concretize a ideia de um Sistema Nacional, com espaços de coordenação não necessariamente subordinados hierarquicamente e construídos na ideia de "nós" de redes, articulando atores e agendas múltiplas.

Todavia, o resultado dessa retomada ainda não pode ser analisado, até porque, como subproduto de uma perspectiva como a acima descrita, o Estado brasileiro, aqui incluídas as agências públicas de estatística, perdeu capacidade de planejamento e há todo um caminho a ser percorrido para que seja possível avaliar rumos e sentidos das ações que estão em curso.

No campo das políticas públicas, os produtores e/ou executores das políticas monitoradas ficam preocupados em produzir somente os dados necessários à operação do cotidiano de suas ações, relegando, como vimos, o debate sobre conteúdos dos dados para outras dimensões da lógica burocrática – em suma, planos de governo não alimentam políticas de Estado. Já as agências públicas, premidas seja pela opção por se concentrar numa determinada forma de mensurar esferas da realidade ou pela necessidade de buscarem parte de seus orçamentos por meio da venda de consultorias em projetos de outros órgãos públicos,[3] veem-se, muitas vezes, sem referenciais sobre a agenda de temas contemplados num sistema nacional ou regional de estatísticas e, com isso, acabam reforçando posturas de insulamento institucional ou, mesmo, metodológico.

Por fim, ainda sobre hipóteses explicativas da dificuldade das agências de estatística em lidar com alguns temas, valeria ser destacada uma de natureza epistemológica, pela qual as formas contemporâneas de objetivação da realidade, já citadas anteriormente, impõem consideráveis desafios metodológicos à produção de conhecimento. As TIC (Tecnologias da Informação e da Comunicação) aliadas a processos de compartimentalização e hiper especialização do saber geram cenários complexos (dados em quantidades cada vez maiores; informações fragmentadas e nem sempre passíveis de validação e/ou confirmação, como no exemplo da internet; comunicação instantânea, entre outros), que não são passíveis de serem apreendidos apenas pelo uso das técnicas tradicionais de mensuração da realidade.

Entre as respostas para tal desafio, desde os anos da década de 1950, há um crescente entusiasmo em torno da construção e do uso de indicadores sintéticos e de modelos explicativos de diferentes dimensões da rea-

---

3   A venda de projetos ganhou força na primeira metade dos anos da década de 1990 como alternativa encontrada para a geração de caixa capaz de substituir os recursos que antes eram financiados diretamente pelos Governos e que, diante do discurso de equilíbrio fiscal, deixaram de ser providos. Os projetos são vendidos a outros órgãos públicos e visam fortalecer a capacidade de planejamento dos executores de políticas públicas, também afetados pelos cortes de despesas, e, dessa forma, buscam viabilizar a manutenção das pesquisas e dos recursos humanos das agências produtoras de estatísticas. Esse modelo, no entanto, reduziu drasticamente a autonomia das agências, na medida em que os projetos prioritariamente executados têm que ser aqueles contratados e o espaço para um monitoramento mais estrutural da realidade fica relegado a um plano ideal, cujos referenciais remetem às identidades e missões institucionais, mas que dificilmente consegue ser posto em prática.

lidade. Graças à sofisticação das técnicas de análise estatística, fenômenos complexos podem ser descritos num único instrumento de medida, facilitando processos de tomadas de decisão. A questão, contudo, é que, para uma boa medida, há de se considerar as teorias ou hipóteses que guiaram construção desses modelos, sob o risco de reificar posições. Sem definir o que e para quem é crime, não é possível explicar a criminalidade, por exemplo. Nessa direção, uma das maiores dificuldades jurídicas e estatísticas atuais, ao menos no Brasil, é definir exatamente quando um ato pode ser considerado como terrorista. Com essa definição, o espaço de discricionariedade das forças de segurança cresce e a essência da democracia é colocada em pauta pela demanda da sua própria defesa.

Considerações finais

Meu objetivo não foi, de forma alguma, esgotar todas as possibilidades analíticas abertas pela discussão inaugurada pelo seminário "Estatísticas Latino-Americanas em Perspectiva Histórica". A proposta foi identificar alguns pontos estruturantes e, de maneira muito breve, descrever os seus desdobramentos e impactos. Creio, com convicção, que o debate sobre a conformação de um campo epistêmico de estudos históricos sobre estatísticas públicas ainda está em seu início, ao menos no Brasil e, desse modo, é importante frisar a necessidade de novas pesquisas e reflexões sobre tal discussão. No plano político, a consecução de um programa nacional ou regional de estatísticas, passa pela articulação e coordenação institucional entre as diversas agências existentes e, sobretudo, pela fixação de parâmetros e acordos que objetivem superar os obstáculos aqui identificados. Em contextos democráticos, a existência de um conjunto de indicadores e/ou de estatísticas configura-se como um dos nós centrais da forma como o Estado e sociedade interagem. Assim, o papel político das agências de estatística é muito maior do que a produção de informações confiáveis, não bastando a existência de programas que porventura possam parecer adequados apenas à luz dos aspectos técnicos e metodológicos envolvidos. Nesse processo, o estudo das estatísticas públicas numa perspectiva histórica e comparada configura-se como poderoso instrumento de trabalho.

Capítulo 4

Contar crimes e criminosos no Brasil[1]

O principal objetivo deste texto é apresentar os resultados de pesquisa sobre os papéis políticos assumidos pelas estatísticas criminais no Brasil. Todavia, mais do que descrever processos históricos e políticos exclusivos à realidade brasileira busca-se o debate acerca dos aspectos metodológicos envolvidos na análise e, ainda, como que a opção por se estudar a produção e o uso de estatísticas e suas incorporações pelos discursos políticos permite conformar um novo campo de investigação no país. Por meio dessa opção, pensar controles sociais num ambiente democrático exige pensar sobre práticas e procedimentos burocráticos e de que forma esses últimos são postos à prova da sua publicidade. Ao se travar o debate da transparência, por exemplo, nota-se o risco da opacidade das regras burocráticas e da excessiva justificação técnica de questões políticas.

---

1 Este capítulo baseia-se em "Contando crimes e criminosos em São Paulo: uma sociologia das estatísticas produzidas e utilizadas entre 1871 e 2000". Tese de Doutorado, Departamento de Sociologia, Faculdade de Filosofia, Letras e Ciências Humanas, Universidade de São Paulo, 2005.

As estatísticas na arte de governar

Antes diluída em diferentes concepções sobre as formas de descrição das sociedades e dos estados, a estatística, no século XIX, ganha espaço como linguagem, ou melhor, como léxico que organiza o saber científico em torno da quantificação: de ferramentas para a "arte de governar"[2] a instrumentos de medição da realidade, a estatística serviu ao propósito de quantificação de fatos sociais na tomada de decisão e na constituição de uma tecnologia de interpretação do social. Foi nesse período que o conhecimento estatístico se transformou em sinônimo de objetividade e adquiriu, mediante as práticas de cientistas e/ou de dirigentes públicos, proeminência em muitos países (Deflem, 1997; Desrosières, 1998 e 2001; Grünhut, 1951; Lodge, 1953; Morrinson, 1897, Martin, 2001; Marshall, 1934; Robinson, 1969; Sellin, 1931).

De acordo com esse raciocínio, decisões baseadas em números seriam impessoais e estariam fundamentadas em pressupostos técnicos e, por conseguinte, uma resposta à demanda moral pela imparcialidade do conhecimento. O século XIX, que coincidiu com o apogeu do positivismo, caracterizou-se, assim, por ser o momento histórico no qual duas matrizes de desenvolvimento da estatística convergiram para a crença na objetividade e na quantificação da realidade, tão fundamentais à emergência da Sociologia e das demais ciências humanas e sociais, por exemplo. Em suma, convergiram para configurar os limites daquilo que Theodore Porter trabalha como sendo "a verdade e o poder dos números" (Porter, 1995:8 e 49).

Em termos históricos, entretanto, nota-se que as primeiras pesquisas estatísticas remontam a períodos muito anteriores ao século XIX e foram, quase todas, voltadas ao levantamento de informações para fins de gestão

---

2   Domínio das técnicas e dos procedimentos burocráticos de administração do Estado moderno entendidos como a introdução da economia, enquanto gestão dos indivíduos, ao nível da gestão de um Estado (Foucault, 1992: 281).

e administração do Estado, com ênfase nos negócios fiscais, militares e policiais. Suas origens podem ser identificadas nas civilizações antigas do Egito, da Mesopotâmia e da China, dos anos 5000 a 2000 a.C. Nelas, o Estado (ou o soberano) precisava dos dados para governar e organizar o território e é em torno dessa "necessidade" de conhecimento que a estatística irá florescer. Suas matrizes de desenvolvimento eram duas grandes tradições nascidas na Alemanha e na Inglaterra sobre os papéis assumidos pelos dados. O modelo francês baseava-se nos recenseamentos e nas descrições do país com fins administrativos e contábeis, enquanto a abordagem alemã preocupava-se com modelos descritivos e analíticos dos fatos e, por fim, a abordagem inglesa era centrada na aritmética e na análise matemática de dados quantitativos. O que vai ocorrer no século xix é que essas matrizes vão se fundir numa abordagem quantificadora da realidade e temas como crime e criminosos, por exemplo, vão fazer parte da pauta dos números não somente como informações relevantes à "arte de governar" mas, sobretudo, como indicadores de estratégias de controle social e reprodução de verdades.

A questão, contudo, é que tal processo pode ser visto como resultante de inúmeros pressupostos históricos, científicos, políticos e ideológicos que conformam a objetividade na aliança entre a cumplicidade em torno de regras e normas oriundas de pactos e consensos e da sua compreensão como um valor moral (Porter, 1995: 5). O ponto, na concepção contemporânea da estatística, seria que seus procedimentos taxionômicos e sua associação com outras disciplinas ajudam a construir ou fixar verdades e a circulação dessas últimas vai depender de uma série de mecanismos de poder, em especial quando o foco está, no caso aqui estudado, sobre o funcionamento das instituições responsáveis por justiça e segurança, que irá determinar rumos e sentidos de políticas públicas de pacificação social.

94   RENATO SÉRGIO DE LIMA

Dessa forma, a análise sociológica das estatísticas exige que interpretações, significados e segredos sejam assumidos como elementos de compreensão da produção e utilização de dados estatísticos. Ainda mais se tomarmos as formas contemporâneas de racionalidade pós-anos 1970 – riscos e vigilância – como tributárias dos modelos de objetivação da realidade do século XIX, mas, sobretudo, como potencializadas por dois novos processos sociais, ou seja, pela expansão dos sistemas de informação e pela dependência e/ou vinculação da produção de informações às linguagens e arquiteturas das tecnologias e da informática (Deflem, 1997:13), em um movimento que, em alguns casos, pode fetichizar a tecnologia como panaceia para todos os males da burocracia e como solução para os dilemas da transparência democrática. Compreender esses processos é entender a relação entre mecanismos de controle social e vigilância, de um lado, e ampliação de direitos individuais, de outro; é, para concluir, compreender as práticas de uma racionalidade governamental que atribui ao Estado o papel de coordenação das atividades da sociedade e que, em contrapartida, garante o respeito a um conjunto de direitos.

Assim, as práticas burocráticas é que vão informar o sentido das políticas e, mesmo com a delimitação de controles dos dirigentes políticos sobre a administração, a disputa pela gestão do aparelho de Estado será microfísica, cotidiana. A questão está, como em Boulainvilliers, no fato de ser a burocracia quem vai determinar qual o estoque de conhecimento sobre si mesma que o dirigente terá, tanto em termos normativos quanto, principalmente, de controle. Em resumo, uma das questões clássicas dos estudos sobre burocracia é a do seu controle (Girglioli, 1993). Nisso, as estatísticas criminais tenderiam a falar mais do que é considerado pertinente pela burocracia do sistema de justiça criminal.[3] A importância de discutir os processos de produção de estatísticas está, exatamente, na possibilidade

---

3   Nesse caso, a descrição de crimes e criminosos seria considerada apropriada.

teórica de revelarem o grau de adesão das práticas de poder aos requisitos democráticos de transparência e controle público do poder.

Nelson Senra (2000:37-39; 48) destaca que precisamos compreender quem oferece as estatísticas e como esse processo é realizado, numa discussão sobre o possível em contraponto ao desejável e que será conduzida na esfera de "centros de cálculo", que, conforme Bruno Latour, se constituem em espaços encarregados de coordenar a transformação de um crescente volume de dados gerados pelos sistemas de informação informatizados em agregados estatísticos que sirvam ao governo do Estado e da sociedade. Os centros de cálculo são, nas palavras de Haggerty (2001:85), um recurso de poder e ocupam um *locus* privilegiado para uma eventual coordenação de tempos e conteúdos de oferta e demanda de informações estatísticas (Senra, 2000).

Nessa perspectiva, as estatísticas assumem papel de destaque e podem servir de ferramenta de "*accountability*" do sistema de justiça criminal. Neste processo, nota-se a força de um fenômeno crucial para a organização do modelo de justiça criminal e que se opõe à incorporação da transparência e da publicidade dos atos burocráticos tomados no âmbito das instituições que compõem o sistema acima citado. Trata-se do segredo embutido na "arte de governar" e distribuir justiça. Desta maneira, o acesso à informação transforma-se, nas organizações de tal sistema, em fator estratégico desses jogos de poder. João Almino (1986:98-99) afirma que "o segredo constitui uma forma de evitar-se o julgamento, preservando, assim, o lugar do poder. Ele permite, ademais, que uns poucos possam ser detentores de um 'saber', o dos segredos políticos, com o qual pretendem exercer um poder exclusivo [...] Isso pode ocorrer, na realidade, não apenas na administração, mas também nas profissões, preservando seus agentes do exame de seus atos por parte do público".

Seria esse um mundo perpassado por códigos privados de organização e partilha do poder, no qual as instituições que compõem o sistema de justiça criminal do país, responsáveis pela produção de estatísticas, objeto último aqui analisado, reforçam a tradição patrimonialista de uso privado do espaço e recursos públicos, ilustrando aquilo que Weber indica como resultado de uma disfunção do aparelho burocrático. Da mesma forma, a vida moderna elaborou e elabora técnicas de garantir o sigilo das relações privadas. A pergunta feita por Simmel a respeito desse fenômeno é aquela sobre "a legitimidade do Estado em reproduzir o segredo legitimado na dimensão do privado e, por conseguinte, não publicizar muitos dos seus atos, mesmo sendo ele uma instituição que organiza a vida em sociedade" (Simmel, 1939:356-357).

No debate contemporâneo, essa pergunta também ganha destaque. Para Marco Cepik, "os segredos governamentais são compatíveis com o princípio de transparência dos atos governamentais somente quando a justificação de sua necessidade pode ser feita, ela própria, em público" (Cepik, 2001:03). Os segredos (os sigilos) são uma forma de regulação pública dos fluxos de informação, sendo reivindicados em "processos de deliberação intragovernamentais sobre os temas domésticos considerados relevantes para a segurança nacional [...], processos decisórios durante os quais a revelação prematura das divergências de opinião dentro do governo poderia ser danosa para a segurança das operações e para a possibilidade de sucesso de qualquer das metas e planos eventualmente escolhidos. [...] O risco envolvido, do ponto de vista da democracia, é que o recurso ao sigilo impeça a necessária transparência dos atos governamentais, tanto pela impossibilidade de verificação de responsabilidades individuais na história administrativa das decisões quanto pela restrição pura e simples dos direitos políticos dos cidadãos" (Cepik, 2001:03-04).

O desrespeito a esses direitos seria, assim, um sinal da permanência de modelos não democráticos na gestão da segurança pública e da justiça criminal no Brasil e a transparência, enquanto requisito da democracia, estaria apenas recentemente "colonizando" as esferas de administração e gestão da segurança pública e da justiça criminal no Brasil, nas quais o silêncio parece articular-se com as tentativas de evitar-se transformações mais profundas no modelo sistêmico de justiça existente. Trata-se de um aparente paradoxo que reúne segredo e silêncio, de um lado, e transparência formal e disponibilidade de dados, de outro. Porém, a questão central parece ser, assim, que "um regime democrático precisa traduzir o princípio moral da transparência em proposições de desenho institucional" (Cepik, 2001:03). Do contrário, as engrenagens da burocracia tenderiam a anular os "freios e contrapesos" necessários à construção da democracia, para utilizar uma antiga frase de Hamilton.

No objeto aqui analisado, essa hipótese nos remete ao debate sobre os procedimentos e as características da democracia (Bobbio, 1995; 1997; 2000). A questão que se configura é aquela que toma as estatísticas criminais, nascidas da busca da objetividade e da necessidade por insumos à tomada de decisão governamental, como capazes de assumirem papel de destaque na publicização das verdades que operam o funcionamento das instituições do sistema de justiça criminal e, ainda, exercerem requisitos de controle do poder.

Ao possuírem a capacidade de "coisificar" conceitos abstratos e fatos de realidade em números, as estatísticas são acionadas pelo debate político para validar discursos tanto em favor da transparência quanto, em sentido contrário, em reforço do segredo. A identificação de suas regras de produção e utilização constitui, em consequência, um modo de análise sociológica das transformações sofridas, ao longo da história política recente do país, no funcionamento das instituições encarregadas em garantir pacificação social e que, no limite, traduzem o embate dos discursos de poder e mecanismos de dominação e construção de identidades profissionais e institucionais.

Em outras palavras, será em torno desse embate que dados, informações e conhecimento ganham relevância exatamente por poderem constituir-se em parâmetros e estruturas para análise. Mais do que apenas identificar a permanência de processos autoritários no funcionamento do sistema de justiça criminal brasileiro, essa perspectiva fornece elementos na compreensão dos mecanismos de poder que continuam a operar as práticas institucionais após a redemocratização do Brasil.

Como afirmam Leonardo Avritzer e Sérgio Costa (2004:02-03), "ao lado da construção de instituições democráticas (eleições livres, parlamento ativo, liberdade de imprensa etc.), a vigência da democracia implica a incorporação de valores democráticos nas práticas cotidianas" e "a crítica sociológica às teorias da transição indica a necessidade de estudar, [...], o modelo concreto de relacionamento entre o Estado, as instituições políticas e a sociedade, mostrando que nessas interseções habita, precisamente, o movimento de construção da democracia. A democratização, nesse caso, já não é mais o momento de transição...".

Nesse sentido, torna-se pertinente pensar em termos "procedimentais" e, com isso, analisar a incorporação da transparência dos atos governamentais e dos mecanismos de controle do poder no desenho de políticas públicas de pacificação social. O exercício de análise será o de contextualizar a força dos discursos em defesa dos direitos humanos, por exemplo, na mudança dos padrões de policiamento, a partir do estudo do ciclo de produção e uso de estatísticas criminais. As estatísticas parecem, com isso, permitir uma visão privilegiada de um intenso campo de disputas travadas em torno da transformação das práticas governamentais cotidianas nessa área.

Em reforço a essa perspectiva, verifica-se que, para Bobbio (2000: 95), é necessário observar as condições com as quais os mecanismos institucionais operam e se não se tornaram por demais opacas aos controles democráticos. Em Bobbio tal necessidade nasce de uma grande dicotomia entre público e privado, donde "o segredo é a essência do poder e a democracia é o poder em público". Por trás dessa aparente oposição reside o desafio de garantir que o Estado seja conduzido por autoridades visíveis e, com isso, controláveis quanto aos seus objetivos e decisões. Em resumo, "a democracia nasceu com a perspectiva de eliminar para sempre das sociedades humanas o poder invisível e dar vida a um governo cujas ações deveriam ser desenvolvidas publicamente" (1995:29-30).

Trata-se de uma opção metodológica e, sobretudo, de uma opção analítica capaz de fazer avançar o debate sobre requisitos democráticos para além das suas características comuns em todos os países ocidentais. Significa assumir, com isso, a possibilidade analítica do Brasil possuir um modelo de democracia que já tenha superado o momento histórico da consolidação dos seus ideais e esteja se deparando com as dificuldades de implementação cotidiana dos discursos e das regras democráticas. Nisso, a análise das informações estatísticas disponíveis nos oferece um recurso de investigação bastante promissor, a meu ver.

A experiência internacional

Por ele, essa proposta de abordagem permite, em termos comparativos, uma primeira constatação possível quando o Brasil é contrastado com outras experiências internacionais. Ou seja, os modelos de estatísticas criminais existentes nos países da Europa, nos EUA e no Canadá foram inseridos na perspectiva que os associa à chave do desempenho dos tribunais e compreende os dados como parte de sistemas de informação mais complexos e que, por conseguinte, não podem ser tomados isoladamente. Por trás dos dados, há todo um esforço para organizar o seu fluxo de conhecimento advindo e é a partir daí que as categorias, os controles e o monitoramento foram se conformando politicamente. A discussão sobre legitimidade e utilidade das informações, por exemplo, é item permanente na pauta dos atores institucionais envolvidos, sejam eles internos ou externos às instituições de justiça criminal. Ou seja, a preocupação é, variando em maior ou menor grau conforme o modelo de funcionamento dos sistemas de justiça de cada país, com a utilidade do dado gerado e vai determinar os papéis políticos dos dados para além das diferenças de organização judiciária que porventura particularizem cada exemplo estudado.

Numa derivação da complexidade indicada, os sistemas de informação estruturados pela maioria dos países aqui analisados adotam uma arquitetura que articula estatísticas produzidas com base em "registros administrativos", ou seja, ocorrências policiais e atividade judicial, e estatísticas geradas mediante a aplicação de questionários e surveys diversos, fortalecendo a posição das agências de estatísticas nacionais ou locais encarregadas pela coleta dos dados. As áreas de informação consolidam-se tanto como usuárias quanto como produtoras de dados estatísticos e de técnicas de mensuração, mas, sobretudo, há o reconhecimento político da utilidade dos dados.

Se as estatísticas criminais foram definidas como sendo produtos do século XIX, como afirma Morrinson (1897), elas, no século XX, continuaram centrais nas disputas pelo domínio e controle dos elos de articulação de ações de pacificação social; de discursos de verdades que lutam pela prerrogativa de guiar as políticas públicas. Os vários modelos analisados indicam que existe uma tensão permanente entre gestão e formas de "accountability" e as estatísticas funcionariam como chave interpretativa entre essas duas dimensões, sendo vistas como elementos centrais dos sistemas de informação das sociedades democráticas (United Nations, 2001).

Várias são as possibilidades de organização, mas o consenso histórico parece ser o de que as estatísticas servem melhor aos propósitos de governamentalidade quando integrantes de sistemas integrados de informação, que contemplam análises de registros administrativos e pesquisas de survey (vitimização, entre outras). Isso chega a ponto de que organismos multilaterais como a ONU (Organização das Nações Unidas) e organizações civis elaborarem planos para o desenvolvimento de sistemas de estatísticas da justiça criminal. Muitas das experiências tratadas indicaram, ainda, que o pacto federativo é determinante para a configuração de modelos mais ou menos integrados de dados.

No caso da ONU, ela publica, desde os anos 1980, anualmente, um manual para desenvolvimento de tais sistemas e cuida de expor as várias arquiteturas possíveis para a organização de estatísticas – de agências independentes de produção a centros ligados às agências policiais e judiciais, passando por aspectos de linguagem, padronização de classificações e treinamento de pessoal (United Nations, 2001). Fora isso, as Nações Unidas possuem uma Divisão de Estatísticas, ligada ao seu Conselho Econômico e Social, que fez aprovar, em 1993, princípios fundamentais para a produção de estatísticas oficiais em seus Estados membros, bem como orientações para as suas aplicações (United Nations, 2004).

Já o Vera Institute of Justice, organização civil dedicada a discutir questões ligadas à segurança e à justiça, produziu, com suporte financeiro do Departamento de Desenvolvimento Internacional do Reino Unido, um guia para a construção de indicadores de performance na área de justiça que consigam medir o progresso de ações de segurança e justiça. Nesse guia, as estatísticas criminais produzidas pelas agências oficiais têm função-chave e demonstram a crença na capacidade da informação, enquanto estoque de conhecimento e capital social, poder ser útil à democratização das instituições de justiça (Vera Institute, 2003).

Ainda no campo dos requisitos democráticos, outro fator de destaque é o que se pôde avaliar que países com maior tradição de acompanhamentos estatísticos de crimes e criminosos têm, nos seus Parlamentos, um espaço permanente para a apresentação e a discussão dos dados produzidos. A obrigatoriedade de apresentação de balanços e prestações de contas parece mudar a relação das instituições com as estatísticas e sua produção passa a ser alvo de atenção e poder. Retomando Bobbio (1995:13-31; 1999:399), esse movimento indica a força da dicotomia entre público e privado, entre controle público da ação estatal. Outrossim, se comparadas ao exemplo brasileiro, as experiências internacionais demonstram que esse último ainda não conseguiu equacionar como fazer funcionar a articulação interinstitucional e, mais, não conseguiu localizar o lugar das estatísticas nas relações de poder e governamentalidade.

As estatísticas criminais brasileiras

As primeiras referências e utilizações sistemáticas de estatísticas criminais, no Brasil, que foram identificadas, remontam aos anos da década de 1870 e correspondem ao período de burocratização, especialização e institucionalização do controle social, já fortemente influenciado pelos ideais liberais e pelo universo do direito (Adorno, 1988). Naquele período, foi promulgada a Lei Imperial 2033[4] que reformou a legislação existente até então e criou as figuras dos chefes de polícia, delegados, subdelegados e lhes atribuiu funções judiciárias, inclusive a de formar a culpa e pronunciar em todos os crimes comuns, separando a polícia do judiciário, estabelecendo regras para a prisão preventiva, extensão da defesa no sumário da culpa, do *habeas corpus* e, em especial, criou a figura do Inquérito Policial.

---

4   Lei Imperial 2033, de 20 de setembro de 1871; regulada pelos Decretos 4824, de 22 de novembro de 1871; e 7001, de 17 de agosto de 1878.

A regulamentação dessa lei, no que diz respeito especificamente às estatísticas, foi feita por meio do Decreto nº 7.001, de 17 de agosto de 1878, e precisou de 83 páginas para detalhar todas as possibilidades de variáveis e cruzamentos necessários ao atendimento da demanda do governo imperial. Esse último decreto faz distinção entre estatísticas policiais e judiciais e, dentro dessas últimas, caracteriza as estatísticas como criminal, civil, comercial e penitenciária. Entre os informantes indicados para fazer cumprir essa legislação, destacam-se os chefes de polícia da Corte e das Províncias, que teriam a incumbência de preparar os mapas gerais de estatística policial e encaminhá-los aos secretários de justiça e Presidentes de Província que, posteriormente, deveriam, juntos, enviá-los, até dezembro de cada ano, ao governo imperial.

A atribuição de produzir estatísticas judiciais estava pulverizada pelos vários atores institucionais e estava dividido conforme a seção dos dados, ou seja, os dados criminais eram responsabilidade, na corte, do Secretário de Justiça e, nas províncias, dos seus presidentes; as estatísticas civil e comercial eram incumbência do governo na corte e dos presidentes de província; a estatística penitenciária era atribuição dos chefes de polícia, que, inclusive, podiam exigir dos juízes, delegados e administradores prisionais as informações parciais necessárias ao mapa geral. Em suma, conforme o Artigo 22, do decreto em referência, a figura do chefe de polícia tem destaque na organização das instituições de segurança e justiça no Brasil daquele período.

Os decretos do Império chegam a especificar 59 modelos diferentes de formulários de coleta de dados e regular prazos de apuração e retificação das informações. Para cada situação, havia uma orientação específica. Existiam modelos para a apuração de crimes, hipotecas e transações comerciais diversas. Ao que tudo indica, o Decreto nº 7.001 constitui parâmetro de todas as estatísticas policiais, criminais e penitenciárias produzidas no Brasil a partir de então (o que contar, como contar, entre outros).

No entanto, a leitura do decreto revela que seu foco estava no monitoramento do volume e do movimento do crime e da criminalidade de forma estrutural. A observação de questões conjunturais não foi inicialmente permitida pelo conteúdo do decreto, o que aumentou o poder discricionário dos chefes de polícia e outros operadores de justiça, permitindo que esses selecionassem livremente os casos que seriam classificados nas principais categorias estatísticas.

É possível desprender da análise do decreto uma orientação tácita para que dados sobre crimes estivessem sob a responsabilidade da justiça, na medida em que era a responsável pela decisão se um fato social era crime e sob qual tipificação penal seu autor seria acusado. Cabia à polícia uma função de vigilância, controle das desordens e apuração de fatos que pudessem informar à justiça sobre o eventual cometimento de crimes, mas existia a crença de que era na esfera judicial que os números criminais poderiam ser melhor conhecidos.

A pesquisa documental também identificou um aparente paradoxo que vale ser descrito, pois cria uma espécie de bifurcação na produção de dados e parece ser uma das causas dos fenômenos observados ao longo de todo o século XX, e que, por sua vez, provocam tensão entre, de um lado, as instituições de segurança e justiça e, por outro, as agências públicas de produção de dados (IBGE, Seade, entre outras). De acordo com a literatura, o Decreto 4676 de 14 de janeiro de 1871 criou uma Diretoria Geral de Estatística como uma seção da Secretaria dos Negócios no mesmo ano em que as funções policial e judicial foram separadas. Esta Diretoria ficou responsável pela produção de dados estatísticos do Império, uma atividade que até então era realizada pelo Ministério da Justiça.[5]

---

5 É importante ressaltar que a publicação de legislação acerca da criação da Diretoria Geral de Estatística e seus atos reguladores ocorreu simultaneamente à publicação da legislação sobre chefes de polícia e Secretarias de Justiça. O primeiro ato, de

Em termos comparativos, chama a atenção o fato de que a tentativa de transferência de responsabilidade pela produção de estatísticas criminais do Ministério da Justiça para a Diretoria Geral de Estatística ocorrer no mesmo período em que se considera o início regular do acompanhamento das estatísticas criminais norte-americanas pelo Bureau do Censo daquele país. Como já visto, para Robinson (1969:12-37), foi com o Censo de 1880 que as estatísticas federais dos EUA passaram a incorporar sistematicamente a questão criminal. O autor cita a influência francesa para os EUA e descreve o processo de transferência, ou melhor, apoderamento das estatísticas criminais pelo Bureau do Censo dos EUA.

Ao que parece, a consolidação do positivismo empiricista típico desse período foi irradiada a partir da França e encontrou, quase que simultaneamente, eco nos Estados Unidos e no Brasil. Nos dois países, a quantificação da realidade passa a ser vista como modelo de gestão do Estado e do governo e passa também a fazer parte de jogos de poder. Constituindo, voltando ao caso brasileiro, um campo de conformação de uma política criminal baseada no direito penal como modo de resolução dos conflitos sociais (Dias Neto, 2005). Esse processo foi, ainda, influenciado pelas disputas entre dois departamentos de governo – a Secretaria de Justiça e a Secretaria dos Negócios pelo controle das organizações policiais e

---

janeiro de 1871, determinava que as estatísticas de polícia deveriam ser produzidas pela nova Diretoria Geral de Estatística. Em setembro do mesmo ano, o Decreto que regulava as funções policial e judicial foi criado, sem que, no entanto, detalhasse as responsabilidades pela produção estatística. Talvez devido a essas lacunas de competência, a Secretaria de Justiça baixou, em 1878, o Decreto 7001 e especificou as responsabilidades dos operadores de justiça em relação às estatísticas e à informação. Em 1883, a Secretaria dos Negócios estabeleceu as responsabilidades da Diretoria Geral de Estatística, salientando, para todos os efeitos legais, que sua missão seria coletar dados sobre crimes e criminosos.

106 RENATO SÉRGIO DE LIMA

judiciais que, em conjunto com os militares, terão papel fundamental na conformação da vida política do Brasil.

Assim, localiza-se um possível ponto de tensão e que parece informar todos os desdobramentos até a atualidade e que dão conta de mediar a relação sobre quem pode ou não produzir e/ou ter acesso aos dados existentes; sobre as esferas de poderes e instâncias de governos responsáveis pela definição dos parâmetros de classificação adotados pelas estatísticas criminais; e, mais, sobre como são executadas e controladas as políticas de segurança pública a partir de então. Seja como for, esse seria um primeiro indício daquilo que este texto trabalha como sendo um descompasso entre produtores e usuários de estatísticas.

Aqui, teríamos para as estatísticas criminais o início de um fenômeno que Nelson Senra (2000) chama de distinção entre os tempos de oferta e a demanda por informações, ou seja, um hiato entre aquilo que os planejadores de estatística desejam e imaginam como o ideal e o que os produtores dos registros administrativos que servem à compilação estatística fornecem e/ou publicizam. Seriam duas posições antagônicas e que disputam um objeto pela sua capacidade de ser contado ou, ao contrário, pelas suas individualidades intrínsecas, ou seja, disputas sobre o que contar e/ou quantificar e se faz sentido proceder dessa forma (Haggerty, 2001).

Num salto histórico, as estatísticas criminais do início do século xx mostram-se influenciadas, provavelmente, pelo intenso processo de transformação econômica do início do período republicano e pela constituição de esforços para isolar a tomada de decisões públicas de pressões sociais. Pautado por políticas públicas higienistas, de urbanização do país e de "civilização" dos costumes da população, esse movimento é caracterizado pela falta de controle público do poder (Cardoso, 1975). A "arte de governar" fica restrita a determinados segmentos sociais, que, no caso do sistema de justiça, eram os operadores do direito e eles é que avocarão a legitimidade para pensar o funcionamento das instituições. O segredo ganha o seu arcabouço institucional por meio da defesa da especialização e as categorias utilizadas na produção das estatísticas indicam a permanência do direito penal como chave para a resolução de conflitos sociais e reforço de desigualdades.

O contexto do início da República significou também a mudança do foco no controle social e demandou alterações nos conteúdos dos dados coletados. A questão racial é um exemplo que sintetiza bem esse ponto, pois, como já foi dito, as estatísticas previstas no Decreto nº 7.001, do Império, preocupavam-se com o controle dos imigrantes pobres e sobre aspectos econômicos e jurídicos da administração da justiça. A legislação subsequente, ao contrário, toma o crime e o criminoso como aquela tipificada nos Códigos Penais e, ao que tudo indica, interage com o ambiente político ideológico pós-abolição da escravidão e que toma o negro como fonte de temor e insegurança, tendo na ideologia da tutela um dos seus pilares. No que diz respeito à produção de dados, o conceito "raça" surgiria pela primeira vez num levantamento estatístico brasileiro em 1872, no Recenseamento Geral do Brasil, subdividido em classificações da população por cor da pele (preto, pardo, branco, índio), mas somente seria tomado como parâmetro de classificação populacional pela polícia no século xx (Mattos, 2000:58).

As propostas de classificação dos indivíduos autores de crime começam a incluir o recorte racial para além da dicotomia nacional e estrangeiro e, por conseguinte, reconhecer a existência de uma ideologia racial que, mesmo após a escravidão, faz com que a cor das pessoas tenha algum significado (Guimarães, 1995:2002), ainda mais quando associada a clivagens de natureza socioeconômica e política. Em artigo recente (Lima, 2004:60-62), discuto como essa concepção do negro como indivíduo perigoso e, portanto, merecedor da atenção policial e judicial, tem entre as

108   RENATO SÉRGIO DE LIMA

suas raízes explicativas, muito provavelmente, a compreensão dos negros como inferiores biológica e culturalmente aos brancos.

Segundo a discussão feita no artigo, essa tese foi mais forte exatamente no final do século xix e início do século xx, quando os formulários estatísticos começaram a conter a variável "cor". Nesse processo, uma brecha formal estava criada, e a percepção da existência de critérios sobre quem e onde seria objeto da Justiça Pública implicava o reforço do reconhecimento de indivíduos "superiores" ou "inferiores". O funcionamento da Justiça tinha sido pensado apenas para parcela da população e nem a incorporação de todos os habitantes num regime jurídico único e a retomada do poder exclusivo de polícia pelo Estado, frutos dos debates republicano e abolicionista, não conseguiram alterar o quadro de princípios que organizava o modelo burocrático do sistema de justiça (Lima, 2004:61-62).

O funcionamento desigual do sistema de justiça, constatado em diversos estudos (Adorno, 1995; Kant de Lima, 1995, 2000) tem na permanência do modelo burocrático do início do século xx e na visão da necessidade da "tutela" componentes fundamentais para a sua explicação e para a reificação do exercício não equânime do poder. Vera Telles (1992:40) indicará, inclusive, ao falar da esfera do mundo do trabalho e da previdência no Brasil, que "a definição de justiça social como tarefa do Estado tem por efeito neutralizar a questão da igualdade numa lógica perversa em que as desigualdades são transfiguradas no registro de diferenças sacramentadas pela distribuição diferenciada dos benefícios, invisibilizando a matriz real das exclusões". Se assim o é, o funcionamento desigual do sistema de justiça é invisibilizado pelas práticas cotidianas e as estatísticas criminais tendem a seguir o mesmo trajeto. Assim, as estatísticas criminais, quando existentes, nunca se mostraram transparentes ou passíveis de serem postas à prova da sua publicização.

A sensação que fica é que não dispomos de dados, quando na realidade a pesquisa acima mostra que eles existiram e ainda existem, mas seus limites e potencialidades não correspondiam à necessidade que o saber democrático demanda – não se tinha controle sobre os procedimentos e sobre os critérios utilizados. Ao não estarem vinculadas, necessariamente, aos requisitos democráticos de transparência e controle público do poder, tais estatísticas não eram vistas, ou melhor, não eram reconhecidas como úteis ao debate político sobre o desenho e os rumos das políticas públicas de segurança e justiça criminal. Nesse sentido, novos atores como mídia e sociedade civil organizada passam a questionar a qualidade dos dados e os objetivos políticos por detrás de sua produção.

Os discursos políticos

Num período de inflexão, os anos da década de 1980 terminam com os usuários de estatísticas criminais pressionando pela existência de dados mais sistemáticos sobre crimes, mas os níveis de opacidade daquilo que estava disponível impediam quaisquer aproveitamentos do material existente. As agências externas ao sistema de justiça criminal encarregadas, até então, pela coleta e produção de dados primários foram perdendo legitimidade e deixaram de ser "*stakeholders*", ou seja, deixaram de ser atores a serem considerados na "regra do negócio" da produção de estatísticas criminais, reforçando os setores internos e os procedimentos administrativos como fontes de informação. O movimento que outrora permitiu a migração do papel das estatísticas criminais do plano exclusivamente administrativo para o plano político parece perder força e um retrocesso se configura como algo concreto. Muitos dos levantamentos realizados acabam, assim, interrompidos.

Entretanto, os anos 80 provocaram, ao que tudo indica para todas as instituições do sistema de justiça criminal, a assunção do fetiche da tecnologia na produção de estatísticas criminais e no debate sobre acessibilidade e produção de dados. A transparência da informação ficou dependente da adesão das instituições a esta ou aquela plataforma tecnológica ou, também, à capacidade de usuários em processar dados compilados em sistemas fechados. Controle e monitoramento por parte da sociedade perdem força para o argumento de modernização da gestão como instrumento de garantia de direitos civis – a formulação é que, sem primeiro modernizar as instituições, não é possível monitorar adequadamente suas ações que porventura violem direitos. O resultado é o já descrito, ou seja, um cenário opaco de dados fragmentados e de usos privados e parciais. Seja na esfera policial, como nas demais instituições de justiça criminal, a ênfase na reforma das instituições via modernização tecnológica da gestão foi anunciada como a possibilidade de transformar a realidade sem provocar rupturas, de envolver as corporações no espírito democrático e profissionalizante. Do controle social pautado por interesses ideológicos de uma elite, tal como no Império e no início da República, para a profissionalização da segurança e da justiça provocada pela modernização tecnológica e técnica.

A crença era que tal movimento permitiria uma polícia que respeitasse os direitos civis e não retroalimentasse a espiral de violência e impunidade existente. Nesse sentido, a relegitimação, nos termos weberianos, da burocracia entrou na pauta do dia e o pano de fundo foram as crescentes demandas por lei e ordem causadas pelo medo do crime e da violência que crescia.

Esse será o mesmo pressuposto que permaneceu vigente nos anos 90 e culminou com a criação do Fundo Nacional de Segurança Pública, em 2000, e dos Planos Nacionais de Segurança Pública dos governos Fernando Henrique Cardoso e Luis Inácio Lula da Silva. Em outras palavras, os 90 foram os anos nos quais mudanças nos aspectos técnicos profissionais foram vistas como estratégicas para a consolidação da democracia. Todavia, como vimos, essa é uma aposta que já havia sido feita e tinha sido subsumida pelo arcabouço jurídico e procedimental das instituições de justiça. Ao menos na década de 1980, a tática venceu a estratégia.

Entre os motivos para a vitória da tática destaca-se a permanência do que Theodomiro Dias Neto afirma como sendo a redução de políticas de segurança ao espaço da política criminal notadamente marcada pela intervenção penal. Seria a supremacia de um ponto de vista criminalizador na interpretação dos conflitos sociais, no qual direitos civis e humanos não estavam contemplados como objeto das políticas públicas conduzidas pelas instituições de justiça criminal (Dias Neto, 2005:114). Entretanto, serão os discursos construídos em torno da agenda de direitos humanos formulada ao longo das décadas de 1970 e 1980 que irão transformar o cenário político-ideológico do momento histórico e lançarão as bases para a entrada em cena dos pressupostos democráticos de transparência e controle público do poder.

Significa dizer que o foco estava, nos anos 70, na proteção e luta pela defesa dos direitos políticos daqueles que faziam oposição ao regime autoritário e que eram violentamente reprimidos. Findada a ditadura, nos anos 80, os movimentos de luta pelos direitos humanos concentram suas energias na denúncia e mobilização contra a violência policial e contra a ausência de ações que dessem conta do crescimento das taxas de violência criminal. Nesse período, o Brasil viu diminuir a capacidade do Estado em impor lei e ordem, manifestada no crescimento da criminalidade e no número de rebeliões em presídios e nas Febem, na morosidade da justiça para julgar processos criminais, entre outros indicadores (Adorno, 2003: 11). Isso sem contar nas novas configurações do crime organizado em torno das drogas e das armas de fogo.[6]

---

6 A emergência desse processo e suas consequências nas formas de sociabilidade foram apresentados em vários estudos de Alba Zaluar (1999).

Nesse contexto, a sociedade assume proeminência na conformação das agendas de políticas públicas do período. Destaca-se, ainda, a emergência de temas de "fronteira", nos quais violência no campo, combate aos grupos de extermínio, superlotação carcerária, linchamentos, entre outros problemas sociais relevantes ganham visibilidade pela ação política de pessoas e de instituições (Singer, 2003). Novas categorias analíticas pressionam o sistema de justiça criminal no sentido de permitir o monitoramento de suas ações e seus impactos. No entanto, a questão aqui trabalhada é se elas serão reconhecidas como fenômenos que devam ser contados, acompanhados estatisticamente.

A década de 1990 inicia-se, portanto, com a consolidação do deslocamento do olhar sobre crime e criminosos, iniciado nos anos 80, para os processos sociais e simbólicos de construção de discursos sobre ordem, medo e violência (Zaluar, 1984), nos quais as estatísticas criminais são apenas uma das chaves interpretativas da linguagem: "a violência urbana é hoje um fenômeno muito mais amplo do que aquilo que pode ser detectado pelas estatísticas de crime ou que pode ser explicado por possíveis motivações econômicas e por falhas dos aparelhos de segurança encarregados da prevenção ao crime. A vivência cotidiana de uma situação marcada pelo aumento da criminalidade violenta constitui-se em uma experiência peculiar. Dela fazem parte o medo, uma proliferação de falas recontando casos e apontando causas, a mudança de hábitos cotidianos, a exacerbação de conflitos sociais, a adoção de medidas preventivas" (Brant, 1989:164).

O foco vai mudando do Estado para a sociedade. Os estudos sobre o tema na década de 90 cuidam, muitos, de enfatizar mudanças na arquitetura das cidades e alterações na paisagem e comportamento dos indivíduos, provocadas pelo crescimento das taxas de criminalidade urbana (Adorno, 1994; Caldeira, 1992; Feiguin & Lima, 1995; Lima, 2002; Zaluar, 1984, 1994 e 1998). Ao mesmo tempo, cuidam de discutir os aspectos de legitimidade e reconhecimento das polícias e dos tribunais como foros adequados de medição e resolução de conflitos sociais (Tavares dos Santos e Tirelli, 1996; Adorno, 1996; Lima, 1997).

E é nesse contexto que as estatísticas criminais são associadas ao debate democrático e ganham destaque na discussão sobre a reformulação das políticas públicas de segurança e justiça. Se até então elas estavam no campo da reprodução burocrática de procedimentos e inquéritos, com todos os usos e limitações indicados por não poucos trabalhos (Oliven, 1980; Velho, 1980; Paixão, 1982; Coelho, 1987), as estatísticas passam a compor a agenda que visa constituir um "espaço civil", para utilizar uma clássica frase de Maria Célia Paoli (1981), ou seja, compor a preocupação sobre o uso de dados oficiais na descrição de situações sociais e sobre as formas da sociedade se apoderar/apropriar dos discursos normativos que regem o funcionamento das instituições de justiça criminal e, por conseguinte, contestá-los.

Assim, a primeira característica a ser destacada na história das estatísticas criminais nos anos 90 é o envolvimento de outros atores que não os ligados ao sistema de justiça criminal com a temática: universidade, partidos políticos, organizações da sociedade civil e mídia começaram, por exemplo, a considerar a produção de dados estatísticos sobre crime e criminosos em suas agendas políticas, ou seja, as estatísticas criminais ganharam visibilidade e começaram a ser pensadas não mais apenas na chave da produção, mas também na chave dos seus usuários. Por certo esses fenômenos não começaram apenas na década de 1990, mas foi nela é que os demais atores ganharam a prerrogativa de serem considerados como usuários e com demandas legítimas às instituições.

Em termos da política de segurança pública como um todo, um dos maiores desafios postos foi, em resumo, o de aliar um sistema de justiça criminal que ao mesmo tempo garantisse respeito aos direitos humanos e atendesse às demandas por maior eficiência policial (Adorno, 2002:291-

293). Isso num ambiente político e social de valorização de instrumentos de ajuste fiscal e com a reestruturação do Estado. Durante o período FHC (1994-2002), as áreas da saúde, da educação, do meio ambiente e do consumidor ganham destaque e dinamismo democrático ao terem mecanismos de controle criados ou sofisticados (conselhos municipais de educação, de saúde, maior destaque ao trabalho do Ministério Público, entre outros). Como resultado, a agenda de direitos humanos no Brasil consolidou-se nos dois mandatos do presidente Fernando Henrique Cardoso, que tomaram boa parte da década de 1990, na perspectiva de que sua implementação só seria contemplada se fossem atacadas, tática e vigorosamente, as graves violações de direitos econômicos, sociais e políticos. O plano macroeconômico criaria as condições para a consolidação do ambiente de respeito à cidadania e acesso à justiça da população brasileira. Não obstante esse diagnóstico, a execução fiscal das parcelas dos orçamentos públicos voltados ao cumprimento da agenda de direitos humanos ficou muito aquém daquilo que foi inicialmente programado (Adorno 2003:119).

Além disso, no silêncio da Constituição de 1988 analisado no capítulo 1, o aparato de segurança e justiça criminal manteve-se, basicamente, com as mesmas estruturas e práticas institucionais desenhadas pelo regime militar de 1964 e herdeiras de políticas criminais pautadas no direito penal forte e absoluto. Os ruídos no pacto federativo não foram alterados. Entre as permanências, o quadro institucional manteve as estruturas e regulamentos internos, as rotinas e os procedimentos burocráticos, as categorias e as classificações adotadas nos levantamentos estatísticos até então produzidos. Entretanto, uma mudança significativa toma forma, qual seja, a incorporação do sentido de necessidade de requisitos democráticos: o segredo e a alegação de que informações estatísticas sobre crimes podem oferecer riscos se não forem controlados os seus usuários deixa de ser um argumento válido por si só.

Diante do exposto, percebe-se que nos anos 90 o discurso de direitos humanos conseguiu deslocar o segredo de sua posição institucional e a transparência enquanto requisito da democracia assume destaque nas políticas de segurança pública – no campo do Poder Judiciário e do Ministério Público, no entanto, o quadro ainda é, em 2005, o de não incorporação da transparência e do controle público do poder. A produção de estatísticas criminais foi beneficiada com os recursos tecnológicos existentes, com ênfase nas ferramentas de geoprocessamento, e tentou alterar o quadro de relações de poderes das instituições de justiça criminal. Todavia, num paradoxo da democracia, parece que o deslocamento do eixo de legitimação das estatísticas dos produtores para os usuários provocou, de um lado, um grau elevado de transparência organizacional, obrigando-as a discutir aspectos de planejamento e gestão não mais na chave do segredo. Por outro lado, a multiplicidade de atores e interesses envolvidos, questões metodológicas e/ou tecnológicas, níveis diferenciados de acesso e conhecimento dos procedimentos legais e organizacionais, entre outros fatores, acaba gerando a opacidade advinda do excesso de exposição. O tempo dos produtores se opõe ao dos usuários. Não há "centros de cálculo" legitimados para atribuir sentidos aos dados e coordenar sua produção. Sem essa coordenação, os dados não geram informações e essas não produzem conhecimento válido para a avaliação e/ou redefinição das políticas públicas de pacificação social.

Em outras palavras, o segredo se refaz não na indisponibilidade de dados ou de vontade em divulgar informações, mas na opção política das instituições de justiça criminal de não estruturarem suas ações nas interpretações que são feitas dos dados disponíveis. Não obstante elas revelarem problemas e/ou situações complexas, a multiplicidade interpretativa reserva aos operadores do sistema a possibilidade de recorrerem a verdades organizacionais, ideológicas e jurídicas que reificam suas práticas e dificultam a completa transformação democrática do Estado brasileiro. Num cenário de enfraquecimento dos argumentos externos, o conhecimento está circunscrito às práticas e aos fetiches cotidianos e o segredo e a opacidade são reproduzidos como a "arte de governar". A transparência se dilui na permanência de múltiplas agendas políticas em torno do contar crimes e criminosos e, com a falta de coordenação na produção de estatísticas criminais, o modelo reproduzido é aquele resultante da tradição penal brasileira. As mudanças no modo de pensar as estatísticas verificadas nos anos 90 até conseguiram ser mantidas e a modernização da gestão da informação parece fenômeno irreversível, mas isso é feito em paralelo ao reforço da opacidade como pressuposto político e elo estruturador de ações de pacificação social.

Nesta medida, o uso de estatísticas poderia ser visto como uma prática que não é vista enquanto tal, ou seja, não é incorporado como um modo de pensar a ação das instituições de justiça criminal. Em nome de uma linguagem técnico-processual, mais afeita a interpretação e adaptação do fato social à norma estabelecida, procedimentos burocráticos são mobilizados para justificar os padrões de funcionamento do sistema de justiça criminal. O risco desse enfoque, tendo em vista o modelo fragmentado de organização da justiça criminal e da segurança pública do país, descrito por Kant de Lima (1995;2000), é que as iniciativas para a construção de centros de cálculo, coordenação e sistemas de informações sejam reduzidas aos aspectos meramente tecnológicos envolvidos. Ou seja, o conhecimento sobre o funcionamento do sistema de justiça criminal é obnubilado pela autonomização das formas jurídicas e de produção burocrática de dados e a produção de dados isolados de acompanhamentos estatísticos, cadastrais ou de inteligência torna-se suscetível a críticas e a se consumir nos debates metodológico e tecnológico, distanciando-se da prática cotidiana da atividade policial e judicial.

Como resultado, há um reforço do processo em que os fenômenos da desordem, da criminalidade e da violência são absorvidos por lógicas pouco democráticas de resolução de conflitos e, mais, acabam reduzidos a pautas de determinados grupos – em especial os ligados ao universo jurídico e policial –, retroalimentado por práticas fragmentadoras da ação do Estado, já observadas por Kant de Lima (1995; 2000). Enquanto outros grupos e segmentos sociais tentam aproximar-se do debate sobre o tema ou são repelidos ou desqualificados em razão da alegação de um pretenso desconhecimento técnico da linguagem que organiza o funcionamento do sistema de justiça criminal brasileiro. Em resumo, o problema da segurança pública e da justiça criminal é visto como predominantemente afeto ao universo jurídico e policial, cujas soluções devem ser pensadas preferencialmente pelos operadores jurídicos, que teriam a experiência do cotidiano para legitimar os seus atos. O segredo desloca-se do discurso para a defesa da especialização.

Assim, múltiplas teses são construídas a partir de um processo de redução da justiça e da segurança aos aspectos técnicos jurídicos a elas associados, mas ao custo de um baixo nível de informação e conhecimento – não de dados, como vimos. A pressão por ações efetivas de redução da insegurança é reapropriada no sentido da manutenção desse quadro, na medida em que novos recursos humanos, financeiros e materiais são alocados pelos dirigentes políticos, mais em função daquilo que é entendido empiricamente como prioritário do que aquilo que seria fruto de um amplo debate sobre qual controle social é compatível com a democracia brasileira. Enquanto as ações de segurança pública são transformadas em espetáculos, os principais problemas do modelo de organização do sistema de justiça criminal e da pouca participação da sociedade deixam de ser considerados urgentes e politicamente pertinentes. Afinal, formalmente, as demandas por participação foram contempladas. Um simulacro está criado.

Em síntese, a análise das estatísticas criminais brasileiras revela que dados existem e fazem parte da história do sistema de justiça criminal do país, mas que eles não se transformam, mesmo após a redemocratização, em informações e conhecimento em razão de práticas reificadoras de segredo. Nesse processo, o aumento da quantidade de dados produzidos, advindo da modernização tecnológica do Estado, provoca a opacidade do excesso de exposição e permite que discursos de transparência sejam assumidos mas não provoquem mudanças nas regras e práticas de governo (do que adianta ter disponível milhões de registros se o usuário não-especialista não sabe o que elas significam ou traduzem?). A permanência de práticas jurídicas e burocráticas baseadas num modelo desigual de relações de poder como determinantes dos conteúdos de tais dados implica no fato de que as ações estatais na área retroalimentam e reproduzem lógicas não democráticas. Em conclusão, é possível pensar que tal quadro somente mudará com a coordenação das várias iniciativas e com a articulação dos dados em sistemas de informação que contemplem tanto os produtores quanto os usuários de estatísticas criminais, ou seja, tenham na transparência e na integração os pressupostos políticos que podem transformar as práticas cotidianas e o simulacro tecnológico em políticas públicas efetivas de pacificação social.

Capítulo 5

Diálogo México-Brasil sobre polícia e crime organizado[1]

Ao propor uma agenda de debates acerca de polícia e crime organizado no México e no Brasil, o Casede (Colectivo de Análisis de la Seguridad com Democracia) reuniu em julho de 2009 um conjunto de especialistas desses dois países. Para além das especificidades técnicas no enfrentamento do crime organizado, se um panorama pode ser feito desse encontro, com certeza ele gira em torno da pergunta sobre qual polícia essas duas sociedades querem e vislumbram, sobre quais mandatos Brasil e México querem outorgar às suas polícias e como é possível governá-las.

---

1 Este texto busca sintetizar os debates do seminário Diálogo México-Brasil sobre polícia e crime organizado, realizado pelo Coletivo de Análisis de la Seguridad con Democracia em 22 de julho de 2009, na Cidade do México. O evento contou com o apoio da Friedrich Ebert Stiftung – FES e do Fórum Brasileiro de Segurança Pública. As análises aqui contidas, no entanto, são de minha inteira e exclusiva responsabilidade. Versão em espanhol deve ser publicada no livro *Crimen organizado en México*: nuevas perspectivas com o título "Quem melhor governa, mais segurança gera: Diálogo México-Brasil sobre policia y crimen organizado", organizado por Georgina Sanchez, do Casede, México.

A ação de governar a polícia expõe os limites do governo e também constata que não basta a vontade política para coordená-la. É necessário ter uma proposta que estruture a governança de polícia e interrompa o ciclo da "amnésia recorrente" e improdutiva gerada a partir de reiterados pronunciamentos governamentais feitos a cada evento negativo ou crise na área. Ou seja, na falta de mecanismos de *accountability*, reina a improvisação e as soluções não necessariamente são aquelas que poderiam dotar as instituições policiais de eficiência democrática (Muniz *et. al.*, 2009).

Nesse movimento, é válido relembrar que a polícia ganha destaque mas não é a única instituição de Estado responsável por regular a vida da população de um território. Assim, ações policiais e estratégias de enfrentamento ao crime organizado têm finalidades em si mesmas, porém estão conectadas ao debate macro sobre modelos de desenvolvimento e de Estado (Rose, 1999). Exatamente por isso, considerando as histórias do México e do Brasil, uma pergunta aparentemente simples traduz, em realidade, um conjunto complexo de indagações sobre modelos institucionais de polícia, de organização social e formas democráticas e eficientes de prevenção da violência e enfrentamento da criminalidade. Por trás de uma pergunta de caráter retórico, esconde-se todo um processo de disputas sobre o significado do controle social contemporâneo e de como garantir qualidade de vida e cidadania às populações desses países. Dito de outro modo, em torno dessas disputas, conformar-se-iam os limites do poder e do monopólio estatal sobre a violência.

Nesse contexto, as mudanças ocorridas nas últimas três décadas no mundo exigiriam uma nova concepção de Estado: organizações criminosas, tráficos de drogas, armas, pessoas e animais; fronteiras difusas entre mercados legais e ilegais; entidades associativas, polícias transnacionais, internacionalização da economia, somados ao medo imposto pelo terrorismo pós-11 de setembro bem como à crise financeira de 2008, questionam, profundamente, se é razoável apostar tão alto na autonomia de mercado, na capacidade de autorregulação de mercados e organizações.

Antes, apostava-se intensamente que uma dinâmica de redes capaz de provocar modelos alternativos de gestão com centralidade estatal reduzida, com espaços não estatais de articulação e certificação de regras, poderia ser uma alternativa mais "contemporânea" ao Estado (Lima e Canalle, 2009). Agora, ao que tudo indica, Brasil e México têm caminhado para uma governança capaz de articular diferentes atores de modo horizontal e negociado a fim de se buscar soluções com o envolvimento de múltiplos atores, por certo não de forma simples ou direta.

A participação democrática é capaz de agregar sujeitos e torná-los ativos na implementação da política pública, portanto, capaz de gerar "força social" e fortalecer a racionalidade coletiva em torno de um ideal democrático de sociedade e de governo. Para tanto, Muniz, Proença Jr. e Poncioni (2009) destacam que a governança na democracia encontra-se entre dois limites difíceis: o do respeito às leis (legalidade) e da relação adequada com diferentes grupos (legitimidade). Se transgredir a lei perde sua legalidade, se discriminar ou privilegiar certos grupos não tem mais legitimidade.

A democracia é o pano de fundo que garante que a força policial designada não produza tirania, opressão, ou defesa de interesses privados; garante a existência da própria democracia. Há, aqui, uma relação circular: a democracia cria e vigia a polícia para que esta assegure o exercício daquela, ao mesmo tempo em que é a polícia que vigia a democracia para que esta não se torne tirana ou defensora de interesse privados, porque é a governança quem tem o poder de determinar o que é ou o que foi bom, ou seja, o que é uma boa ação. Portanto o que se deve medir é a aderência às práticas democráticas das políticas públicas que orientam a ação da polícia. Mas como fazê-lo?

122   RENATO SÉRGIO DE LIMA

Há grandes dificuldades para se aferir a distância entre democracia e ação policial. Ao se avaliar, por exemplo, as razões do aumento nos registros de violações pode-se chegar a três conclusões distintas: 1) cresceram porque se aprofundou a democracia que lhe permite o registro; 2) aumentaram justamente pelo contrário, uma vez que o acréscimo se deu porque cresceram as violações à democracia, 3) ou ainda que não é possível concluir nada porque tais dados dependem de complexas comparações as quais não se pode chegar sem um estudo cuidadoso (Muniz *et. al.*, 2009).

Além da dificuldade de aferição da aderência à democracia, há uma falta de se estabelecer afirmações positivas sobre a governança a fim de que se possa avaliar o que é bom ou não numa ação e/ou prática e determinar um conteúdo positivo capaz de facilitar a educação da polícia à democracia.

O objetivo da governança é que as práticas policiais estejam alinhadas com o governo e a democracia. A governança de polícia irá avaliar as escolhas, resultados e consequências das ações policiais, mas para isso é necessário determinar o quanto é necessário saber para se governar bem considerando os custos das informações e desenvolver ferramentas potentes e de valor universal suficientes para que se possa comparar dados e diferentes esferas de atuação (Muniz *et. al.*, 2009).

Ao contrário de assumir com entusiasmo as demandas técnicas e tecnológicas, cabe evitar aquilo que Weber chamou de "absolutismo burocrático", pelo qual as organizações e suas burocracias determinariam a quantidade de conhecimento de si mesmas que ficariam à disposição de seus dirigentes e governantes (Lima, 2005). A produção de juízos para tomada de decisões políticas pode ser feita por um processo de razoabilidade que avalia metas, custos, oportunidades, riscos, benefícios, por meio de uma responsabilidade decisória.

Todavia, os autores do artigo já aqui bastante citado (Muniz et al, 2009) lembram que é ingênua a esperança de se controlar a chamada caixa preta da discricionariedade que nunca pode ser desmontada completamente. Na prática, faz-se necessário determinar, com precisão, o que se precisa de fato saber para não ser manipulado e o que conceder conscientemente. Com isso, poder-se-ia determinar as prioridades da ação policial e suas consequências, mas não o processo de ação propriamente dito.

A proposta de controle contida no artigo dos autores trabalhados pressupõe ter clareza do que é essencial conhecer sobre a polícia sem ultrapassar esse limite, sem necessitar controlar tudo. Por isso aquele com prerrogativa de governança de polícia precisa ter instrumentos capazes de fazê-lo governar a polícia, fazendo-a agir democraticamente e concedendo-lhe adequada autonomia sem perder de vista seus objetivos. Lustgarden (*apud* Muniz et al., 2009) propõe quatro instâncias de controle sobre o trabalho policial: i) universalidade e imparcialidade, ii) estrutura e capacitações; iii) recursos policiais; e iv) práticas de enforcement.

i. Universalidade e imparcialidade

Princípios fundamentais da governança de polícia.Este princípio afirma que a "polícia é um bem comum e um serviço público" acessível a todos e que ninguém está acima das regras do jogo, além do alcance da ação estatal da polícia. Estes dois lados da universalidade da polícia expressam a ambição de inclusão e subordinação e da elaboração de uma "agenda positiva da aderência democrática da polícia". Universalidade e imparcialidade são indissociáveis uma vez que do contrário se pode ser universalmente discriminatório e imparcialmente excludente.

ii. Estrutura e capacitações

Para que a governança de polícia determine o que a polícia pode ou não fazer – de modo que esse poder pertença à governança e não à própria polícia – é fundamental que a decisão sobre a estrutura e as capacitações da polícia também pertença à governança. Estas decisões devem ser tomadas antes que a polícia necessite das capacidades já determinadas a fim de reduzir a tensão de poder com o governo. Dito de outro modo, conteúdos de matrizes curriculares e/ou tipos e programas de cursos devem ser definidos no plano da governança.

iii. Alocação e prioridades

Esta é uma questão em que a contribuição da governança policial é necessária e a autonomia policial, relevante. Contudo há sempre que ficar claro a superioridade decisória da governança de polícia. Determinar a alocação e prioridades é condicioná-las às escolhas políticas decidindo os rumos da gestão policial e seus recursos. O ajuste político dos planejamentos expresso na alocação e prioridades dos recursos indicam o rumo e as alternativas políticas e policiais de exercício do seu mandato e "é uma das formas mais diretas onde se têm a governança de polícia e a governança policial podendo levar a mudanças na estrutura ou nas capacitações da agência policial." Para se evitar usos políticos da força policial, a governança também precisa estar submetida a mecanismos de accountability e as polícias precisam contar com salvaguardas que possam ser acionadas, desde que publicamente justificadas, sempre que houver apropriações privadas e políticas da governança policial.

iv. Práticas estabelecidas de seletividade

A polícia vai, sim, definir por si mesma certos encaminhamentos, mas isso precisa ser reautorizado também pela governança de polícia para o aperfeiçoamento da própria política pública. Governança de polícia se relaciona com a governança policial em diferentes instâncias: como uma das fontes para decisão do que ela é capaz ou como uma parceira nas decisões sobre alocação e prioridades de recursos e capacidades ou como uma das fontes capazes de informar sobre o exercício do mandato policial. Pode-se, por exemplo, não se fazer algo porque não se tem meios, ou fazer uma proposta de algo muito dispendioso e longo. Se há equipamentos, alega-se que não há capacitação. Ou se ela for possível, deixar no arbítrio policial a decisão de quem, quando ou como será feita. Assim, também, se houver treinamento, não há doutrina; se houver doutrina, não há equipe; se houver equipe, não há protocolo administrativo; se houver protocolo administrativo, não há amparo legal etc. em uma lista infindável de adiamentos e de validação da autonomia velada, mas efetiva, da governança policial (Muniz et al., 2009).

As instâncias de conhecimento e controle aplicáveis à governança policial podem ser utilizadas também para outras áreas do governo, ampliando o modo de se conceber a governança pública, pois:

- "Permite associar mérito às alternativas de dispêndio";

- "Define as instâncias de apreciação da qualidade decisória do que, ou em que gastar";

- "Permite compreender o grau de importância da transparência para apreciação do mérito da ação governamental";

- "Esclarece quais são os objetos a serem mantidos transparentes como os processos e resultados das decisões de estrutura e capacitações, de alocação e prioridade no uso de recursos policiais, de validação de práticas estabelecidas de seletividade no enforcement, dos contornos, inputs e outputs da governança policial para que se possa, de fato, governar.";

- "Aumenta a comparabilidade entre agências públicas, indo além de alguma cesta de indicadores que se confina ao que estas agências têm em comum;

- "Revela o que é indispensável em cada agência: a qualidade do desempenho em seu mandato".

A questão é, portanto, de definição conceitual e operacionalização do termo governança; de se desenvolver mecanismos institucionais que permitam controlar o que se precisa e se deve saber para poder governar, para que se possa determinar as prioridades diante do que é possível fazer ou apreciar alternativas. Sem isso, só restam expectativas e tentativas frustradas de se estabelecer uma Segurança Pública mais eficiente, pois não se tem como determinar as prioridades e os esforços mais amplos envolvendo ações inter e intragovernamentais tornam-se inócuas.

No limite, sem a conformação da governança, não se sabe se por detrás do conceito "segurança pública" encontram-se, isolada ou associativamente, a manutenção da ordem, a prevenção da violência e das desordens, o enfrentamento do crime (organizado ou não), a persecução penal e/ou o controle social. Nessa brecha, as instituições ganham autonomia e, no jogo organizacional, correm sérios riscos de terem suas ações orientadas pelos interesses corporativos e pela sua autoimagem e não pelos objetivos para quais elas foram criadas.

Sem uma pauta de trabalho e instrumentos de governança, a tendência é que dirigentes políticos demandem ações pontuais e descontínuas deixando para a polícia a tarefa de atingir metas desejadas. O máximo que se tem é uma chefia mais ou menos carismática que pode ter algum poder de sedução, mas é impotente quanto ao rumo a tomar. Não se trata, portanto, de uma polícia má contra um governo bom, mas da ausência de uma avaliação que identifique os efeitos nocivos da autonomia seja no governo, seja no trabalho policial. A outorga de mandatos policiais está, por conseguinte, diretamente vinculada aos projetos de desenvolvimento das sociedades brasileira e mexicana e, com isso, influenciadas pelas hesitações e obstáculos desses países rumo a um modelo de Estado que garanta direitos, cidadania e desenvolvimento social.

Para superar tais questões, é necessário que, no processo de governança policial, seja pensada uma arquitetura institucional de enquadramento geral, no qual estejam previstos mecanismos transparentes de atribuição de responsabilidades, seja das esferas políticas, administrativas e operacionais. Tais mecanismos são o ponto de partida para se relacionar com a diversidade de contextos da federação, da pluralidade social, da diversidade cultural e das diversas instâncias e esferas de governo e Estado.

O desafio é eminentemente de gestão política do conhecimento. Por trás dessa discussão aparentemente pontual, encontra-se uma das mais duras batalhas em torno de como prevenir e enfrentar a violência. E, por isso, cabe-nos explicitar que gestão sem política é tecnocracia e política sem transparência coloca em risco o Estado Democrático de Direito.

Afinal, discutir segurança pública significa discutirmos a qualidade da nossa democracia e a forma de gestão das instituições policiais e de justiça. E, recuperando Norberto Bobbio (1995), isso só será satisfatoriamente atingido quando da real incorporação, seja no Brasil ou no México, dos dois requisitos essenciais de uma democracia na gestão das organizações da área, a saber: transparência e controle público do poder.

Capítulo 6

Qualidade da democracia e polícias no Brasil[1]

Renato Sérgio de Lima
Jacqueline Sinhoretto[2]

Quais polícias o Brasil quer e vislumbra, quais mandatos devem ser outorgados a elas e como é possível governá-las são algumas das questões-chave do livro que Susana Durão, de Portugal, está organizando e que motivou a redação original desse capítulo. Porém, elas também trazem à tona um intenso debate sobre os rumos da democracia e do controle social contemporâneo. Desse modo, avaliamos como necessário um pequeno histórico das transformações ocorridas, ao menos nos últimos 20 anos, na sociedade brasileira, pois ele ajudará na compreensão do papel que as polícias tiveram e têm no Brasil e, sobretudo, permitirão compreender

---

1 Versão desse capítulo deverá ser publicada no livro *Polícia, segurança e ordem pública. Perspectivas portuguesas e brasileiras*, coordenado por Susana Durão, em Portugal.

2 Doutora em Sociologia pela Universidade de São Paulo. Professora Adjunta do Departamento de Sociologia da Universidade Federal de São Carlos – UFScar.

130 RENATO SÉRGIO DE LIMA

por que tais questões fazem todo o sentido de serem formuladas nesse momento e nesses termos.

A democratização política do fim dos anos 1980 é um marco importante pelas mudanças na relação entre polícias e sociedade, suscitadas pela construção da democracia e pelas pressões sociais por novos modelos de política e de polícia; contudo, igualmente importante pelas continuidades de práticas, saberes e teorias que levam a constatar, em muitos elementos, que o Estado democrático limita-se a reproduzir relações que serviam ao governo ditatorial e, numa perspectiva histórica de longa duração, também serviam ao Império, como no caso do inquérito policial, criado em 1871.

Nosso argumento principal é o de que a democracia, apesar de todas as persistências de práticas violentas e autoritárias – dentro e fora das polícias – introduziu tensões no campo da segurança pública que, se não permitem a incorporação de consensos mínimos relativos às transformações no modelo institucional vigente, fomentam o debate sobre um modelo de ordem pública baseada na cidadania, garantia de direitos e acesso à justiça. Assim, elas parecem induzir, não sem contradições e resistências, mudanças de repertório e formulação de novos enunciados políticos, nos quais mecanismos de *accountability* e de governança sejam compreendidos enquanto instrumentos de eficiência democrática, vinculando o respeito aos Direitos Humanos às práticas operacionais das polícias na prevenção da violência e no enfrentamento do crime.

Constituição de 1988 e contexto político-institucional

O marco normativo da democratização brasileira é a promulgação da Constituição de 1988, que foi a primeira a definir o conceito de segurança pública como distinto do de segurança nacional, o qual disciplinava, nas Constituições anteriores, as atividades de enfrentamento ao crime e a violência. O contexto político da transição colocava aos constituintes o desejo e a possibilidade de superar o paradigma da segurança nacional, que aparelhou as polícias para o "combate aos inimigos" da ditadura instaurada em 1964, que militarizou o sistema de pensamentos e práticas policiais.

Todavia, inserir o tema da segurança pública no processo de democratização das instituições era mais do que uma questão de desejo, envolvia ter que lidar com arranjos políticos e institucionais muito mais sólidos do que a própria letra da lei, os quais, se em nada questionados, poderiam vir a comprometer o alcance de qualquer inovação proposta por governos civis. Percebia-se que a vigência do paradigma da segurança nacional condicionava a atividade policial à manutenção da ordem estatal e à proteção do *establishment* contra a oposição política, e a distanciava profundamente de um engajamento com a proteção dos cidadãos. Distanciava-a ainda mais de ser uma atividade-meio do respeito aos direitos e garantias individuais. Os traumas provocados pelo regime autoritário exigiam uma nova declaração de princípios, um novo ordenamento jurídico e mudanças das práticas, porém exibiam claramente os limites colocados pela conjuntura da transição negociada.

Assim, a Constituição de 1988 abandonou a expressão *segurança nacional* e passou a tratar da *segurança pública*, uma mudança que sugere ruptura teórico-prática e adesão a uma teoria da atividade policial, com um conjunto de práticas dela decorrente, na qual seria requerido o monopólio do uso legítimo da violência nas mãos de instituições públicas que não provocassem medo na população e fossem vistas como instrumentos de cidadania e de paz.

Entretanto, a mudança exigiria que a lógica da atividade policial cambiasse do registro de braço armado do poder político para o registro do serviço público – o que jamais poderia ser conseguido apenas com a boa vontade dos constituintes democratas, mesmo que ela fosse imensa, na medida em que são necessárias transformações na arquitetura institucional das forças policiais capazes de dotar os dirigentes políticos de capacidade de governança sobre elas. Nesse campo, o constituinte não avançou e acabou por criar situações paradoxais, pelas quais o ordenamento jurídico brasileiro permitiu a sobrevivência de práticas burocráticas e institucionais nada democráticas.

Como exemplo, o aparato de segurança e justiça criminal manteve-se, basicamente, com as mesmas estruturas e práticas institucionais desenhadas pelo regime militar de 1964, herdeiras de visões ainda mais antigas de polícia como braço forte da política e de política criminal pautadas no direito penal forte e de defesa social. Conquistas foram residuais e cuidaram de nomear um caráter civil ao policiamento, retirando-o normativamente, como já destacado, do campo da "defesa nacional" e das forças armadas; contudo, a manutenção do modelo de gerenciamento das polícias pautado na fragmentação de atribuições, de acordo com o pacto federativo e do modelo bipartido de organização policial (civil e militar) favoreceu a militarização das políticas estaduais de segurança (Zaverucha, 1998; Lima, 2008[3]).

A compreensão desse paradoxo talvez seja possível ainda em razão dos efeitos do período autoritário: o tema era bastante indigesto, em especial para os políticos e os intelectuais de esquerda, e não adquiriu relevância política nem centralidade legislativa. A discussão sobre reformas nas polícias e do sistema de justiça criminal ficou para um segundo plano, na impossibilidade de consensos mínimos em torno de modelos e parâmetros de reforma, deixando prevalecer assim a visão das elites policiais estaduais, formadas ideologicamente em academias de polícia que ainda hoje têm sérias dificuldades em incorporar em suas matrizes curriculares conteúdos e cursos que aliem respeito aos Direitos Humanos com ensino

---

3   Texto reproduzido no capítulo 1 deste livro, com certas modificações.

de técnicas policiais de prevenção e repressão à criminalidade e à violência (Tavares dos Santos, 2009).

Assim, os enunciados legitimados continuam a ser os provenientes dos universos jurídico-penal e do combate ao inimigo. No primeiro caso, trata-se apenas da redução de conflitos sociais a tipos penais, desprezando a natureza dos conflitos e suas configurações, que engendram regras e padrões de socialidades, constituem e põem em confronto identidades individuais e coletivas. No segundo caso, segmentos sociais são vistos como intrinsecamente perigosos e objeto constante de vigilância e neutralização.

Ficou caracterizada a hegemonia da leitura criminalizadora e penalizante dos conflitos sociais (Dias Neto, 2005), o que favorece a manutenção do monopólio do saber sobre segurança restrito ao universo jurídico e policial, convertendo a discussão sobre direitos civis em discussão técnica.[4] A visão penalizante e técnica deslegitima, em decorrência, a participação social e a contribuição de outros profissionais e saberes para a administração de conflitos.

A CF de 1988 avançou na sinalização de um novo conceito de segurança pública. Algumas inovações para o cotidiano do trabalho policial merecem destaque: a abolição da prisão correcional e a completa judicialização de todas as modalidades de prisão, retirando da discricionariedade policial a prisão administrativa. Isso foi uma mudança simbólica de importância, que levou contingentes de policiais a criticarem a normatividade democrática por ter ela "retirado os instrumentos de trabalho da polícia". Porém, nunca é demais ponderar que as pesquisas recentes têm demonstrado que a tendência majoritária dos juízes é de conceder os pedidos de prisão provisória dos delegados (Vasconcellos, 2008). De igual

---

4 Para conhecer a defesa de uma visão técnica sobre política criminal consultar a pesquisa de opinião realizada por Lima, Sinhoretto e Almeida (2009) junto aos operadores da justiça criminal paulista, também reproduzida no capítulo 8 deste livro.

forma, novas tensões ao modelo de polícia existente no país foram criadas com a introdução dos municípios na formulação e execução de políticas de prevenção e combate à violência, cada vez mais presentes no debate sobre segurança pública no Brasil (Muniz e Zacchi, 2004).

No entanto, as inovações não conseguiram força para alterar a arquitetura institucional e a teoria prevalecente continuou a operar a partir dos enunciados acima destacados, pouco alterando a estrutura normativa e burocrática de administração dos conflitos. As mudanças sempre se depararam com o risco da descontinuidade, na medida em que estavam lastreadas apenas na vontade política e não lograram êxito em mudar a "lógica em uso" das instituições policiais, para usar o termo acionado por Antonio Luiz Paixão (1982), um dos primeiros cientistas sociais brasileiros a se aproximarem do tema e dos próprios policias, ainda na década de 1970.

Nessa medida, durante os anos de 1990, o tom geral das reformas legislativas manteve-se no "combate ao crime", diante de uma percepção social generalizada de que a violência vinha extrapolando todos os limites. Desde o homicídio à defesa de direitos coletivos e difusos, as reformas legislativas lançaram mão do endurecimento penal como principal estratégia de controle social do crime (Azevedo, 2003). Por todos os lados, os grupos sociais mais diversos lançaram-se no debate sobre o crescimento da violência, movidos pela ocorrência de uma desanimadora coleção de casos graves e de grande repercussão (Massacre do Carandiru, rebeliões na Febem de São Paulo, chacinas da Candelária, de Vigário Geral, Eldorado dos Carajás, entre outros), tendo por pano de fundo uma escalada das taxas de homicídio e de outros crimes violentos. A emergência e a politização do tema do combate à violência durante os primeiros anos da democracia tiveram o efeito de frear as pretensões de reforma do sistema de justiça e, ao invés da reforma, pautaram o reforço das estruturas já existentes: mais polícia, mais prisão, mais pena, mais armamento.

Com muito custo, os críticos dessas escolhas procuravam manter-se fiéis ao espírito da redemocratização e da necessidade de reformas. A conjunta do descontrole da violência desfavoreceu o debate sobre reformas institucionais, valorizando as ações emergenciais, mas foi ela também que, persistindo, forçou a necessidade de debate público sobre segurança, justiça e polícia. Por isso é que, se no plano normativo continuou-se a insistir em mais do mesmo, não se pode dizer que as relações entre polícia, Estado e sociedade tenham permanecido as mesmas do início dos anos 80. Há um deslocamento de foco das polícias em direção à política de segurança pública, na qual novos atores entram na disputa.

Certamente muitos fatores contribuíram para as mudanças e a compreensão desses fatores requer atenção a múltiplos níveis de análise, que envolvem questões internas à corporação policial e sua luta por melhores condições de trabalho, bem como transformações nas percepções sociais da violência, aumento da competição profissional para a definição do campo da segurança pública, aumento da pressão das organizações da sociedade civil para participação na formulação das políticas, consolidação de uma percepção social de ineficiência da polícia diante do crescimento e das transformações do crime. Todos esses fatores, e mais alguns outros, pressionam a polícia por mudanças, apesar da aparente manutenção do *status quo ante*.

Num paradoxo com a lógica do endurecimento penal, outra inovação significativa veio da pena de civilistas e processualistas, com a Lei 9.099/99 que criou os Juizados Especiais cíveis e criminais. Na onda das reformas informalizantes da justiça, em muito justificadas pela busca de celeridade e eficácia, os juizados eliminaram um conjunto de procedimentos burocráticos constitutivos do inquérito policial para os crimes de menor potencial ofensivo, reduzindo com isso parcela significativa da intervenção policial na administração dos conflitos. Uma parte dos policiais considerou isso

136 RENATO SÉRGIO DE LIMA

uma melhoria das suas condições de trabalho, por diminuir o volume das tarefas acumuladas nos plantões policiais; outra parte viu na implantação dos juizados uma usurpação do poder da polícia, vendo escapar de suas mãos a administração desses conflitos. De um lado, os juizados foram recebidos com entusiasmo por serem uma alternativa despenalizante para a administração de conflitos; de outro, foram criticados por propiciar impunidade, principalmente dos crimes ocorridos em relações interpessoais e, especialmente, quando envolvem relações conjugais. De um jeito ou de outro, a criação dos juizados provocou perturbações nos papéis profissionais clássicos de todos os operadores do sistema de justiça e segurança.

A conformação da governança democrática[5]

O tema das reformas institucionais foi retomado no início dos anos 2000, quando o assunto passou a fazer pauta das campanhas eleitorais para Presidente da República e motivou a edição de três planos nacionais de segurança pública – Plano Nacional de Segurança Pública (segundo Governo Fernando Henrique Cardoso – FHC, em 2001), Plano Nacional de Segurança Pública II (primeiro Governo Lula, em 2003) e Programa Nacional de Segurança Pública com Cidadania – Pronasci (segundo Governo Lula, em 2007) e a adoção de políticas de integração gerencial das polícias em algumas Unidades da Federação como o Pará, o Espírito Santo, São Paulo, Rio de Janeiro e Minas Gerais.

O foco do debate sobre violência estava, nos anos 70, na preocupação com os direitos políticos daqueles que faziam oposição ao regime autoritário e que eram violentamente reprimidos. Finda a ditadura, nos anos 80, os movimentos de luta pelos direitos humanos ver-se-ão impelidos a concentrar suas energias na denúncia e mobilização contra a violência policial e as inúmeras manifestações de violência difusa que parecem atingir todos os

---

5   Item que reproduz, brevemente, discussões feitas nos capítulos 2 e 5.

segmentos sociais. As críticas dos movimentos sociais se orientaram contra a desmobilização dos governos e a ausência de ações de enfrentamento do grande crescimento das taxas de violência, dramaticamente refletidas num aumento dos homicídios (taxas que chegam a crescer mais de 128% entre 1979 e 1998 e somam mais de meio milhão de mortos no período), vitimando preferencialmente os jovens das periferias das grandes cidades. É um momento de crise na segurança pública quando se verifica um aumento global nas taxas de crimes violentos em todo o país (Lima, 2002).

Nesse período, o Brasil viu diminuir a capacidade do Estado em impor lei e ordem, manifestada no crescimento da criminalidade e no número de rebeliões em presídios e nas Febem, na morosidade da justiça para julgar processos criminais, entre outros indicadores, na tibieza das respostas policiais (Adorno, 2003). Isso sem contar nas novas configurações do crime organizado em torno das drogas, das armas de fogo e das prisões superlotadas, que vários dos estudos de Alba Zaluar (1999) cuidaram de detalhar seus processos constituintes e suas consequências nas formas de sociabilidade.

No campo acadêmico, os estudos sobre o tema na década de 90 enfatizaram mudanças na arquitetura das cidades e alterações na paisagem e comportamento dos indivíduos, provocadas pelo crescimento das taxas de criminalidade urbana (Caldeira, 2000). Ao mesmo tempo, cuidaram de discutir os aspectos de legitimidade e reconhecimento das polícias e dos tribunais como foros adequados de medição e resolução de conflitos sociais (Tavares dos Santos e Tirelli, 1999).

Já em termos da política de segurança pública como um todo, um dos maiores desafios postos foi o de gerir um sistema de justiça criminal que ao mesmo tempo garantisse respeito aos direitos humanos e atendesse às demandas por maior eficiência policial. Essa foi e é a aposta dos Planos Nacionais de Segurança acima citados.

138   RENATO SÉRGIO DE LIMA

Isso num ambiente socioeconômico no qual, vale ressaltar, a estabilização da economia iniciada no governo Itamar Franco (1992-1993) trazia a preocupação neoliberal com instrumentos de ajuste fiscal e com a reestruturação do Estado, tanto em termos funcionais quanto gerenciais. Ato contínuo, durante o período FHC (1994-2002), o Brasil começou a presenciar mudanças significativas no modo de gestão das políticas públicas, em especial nas áreas da saúde, da educação, do meio ambiente e do consumidor. Ao que parece, tais áreas ganharam destaque e dinamismo democrático ao terem mecanismos de controle criados ou sofisticados (conselhos municipais de educação, de saúde, maior destaque ao trabalho do Ministério Público, entre outros) (Lima, 2008).

Como resultado, a agenda de direitos humanos no Brasil consolidou-se sob o presidente Fernando Henrique Cardoso (1995-2002), na perspectiva de que sua implementação só seria contemplada se fossem atacadas, tática e vigorosamente, as graves violações de direitos econômicos, sociais e políticos. O plano macroeconômico apostava na criação de condições para a consolidação do ambiente de respeito à cidadania e acesso à justiça da população brasileira. Não obstante esse diagnóstico, a execução fiscal das parcelas dos orçamentos públicos voltados ao cumprimento da agenda de direitos humanos ficou muito aquém daquilo que foi inicialmente programado. Mais recentemente, programas de transferência de renda, como o Bolsa Família, já no governo Lula, iniciaram um movimento de diminuição das desigualdades e melhoraram o ambiente para a construção de políticas de inclusão social e defesa da cidadania – não à toa o já citado Programa de Segurança Pública com Cidadania (Pronasci) – propõe-se a aliar a dimensão do investimento no aparato de segurança pública, em termos ampliados, com a necessidade de salvaguardar e estimular direitos e garantias individuais (Lima, 2008).

Há nessa postura mais recente de valorização dos direitos civis como componente fundamental das políticas de segurança uma inflexão no processo de construção em longa duração da cidadania no Brasil. Para Wanderley Guilherme dos Santos (1987) e José Murilo de Carvalho (2001), no caso brasileiro, houve uma mudança na sequência marshalliana clássica de implementação dos direitos, em que os direitos civis precedem os demais. Na história do país, os direitos políticos foram os primeiros a serem regulamentados e os direitos sociais foram, mesmo em tempos autoritários, utilizados para negociar o apoio aos projetos de poder de cada época. Foi apenas após 1988, que os direitos civis ganham destaque e começam a constituir um novo campo de demandas, para além da universalização do voto, da redemocratização, da educação e da saúde – que deram o tom das agendas políticas do século passado.

A defesa dos direitos difusos (direitos humanos, meio ambiente, cultura, consumidor) foi se caracterizando como o elemento de mudança no cenário sociopolítico do país, inclusive dinamizando o crescimento do chamado Terceiro Setor e de um novo espaço público, e foi recolocando a temática dos direitos civis na agenda política. Entretanto, a discussão sobre esses direitos envolve outros fatores decisivos e delicados na produção da violência (impunidade, corrupção de operadores do sistema de justiça criminal, violência policial e desrespeito aos Direitos Humanos, superpopulação carcerária, maus tratos e torturas em prisões e nas instituições de tutela de adolescentes em conflito com a lei, inexistência de programas permanentes de valorização dos profissionais da área), que ajudam a criar o quadro atual da insegurança no Brasil.

A conjuntura dos fenômenos violentos e as reações que despertou desafiou o Estado brasileiro a repensar a forma como formula e executa as suas políticas públicas. Ganhou premência uma outra teoria de polícia, pela qual a crença desse período era que seria possível uma polícia que respeitasse os direitos civis e não retroalimentasse a espiral de violência e impunidade existente. O foco foi o da valorização da dimensão da gestão, da reforma "por cima" das instituições policiais, empoderando elites locais e cúpulas policiais.

Os planos nacionais e políticas estaduais específicas, como as que foram adotadas em São Paulo – que, em maior ou menor grau, são responsáveis por parcela importante do sucesso deste estado em reduzir em cerca de 70% os homicídios cometidos entre 1999 e 2008 (Ferreira, Lima e Bessa, 2009) –, são a tradução de uma nova aposta, pela qual as políticas de segurança pública que começaram a ser desenhadas nos anos 2000 tomaram os fenômenos do crime, da violência, da desordem e do desrespeito aos direitos humanos como resultantes de múltiplas determinantes e causas e, portanto, compreenderam que não cabe apenas ao sistema de justiça criminal a responsabilidade por enfrentá-los. Condições socioeconômicas e demográficas, fatores de risco, políticas sociais, estratégias de prevenção, programas de valorização dos policiais, entre outras ações foram mobilizadas.

Não obstante o pêndulo de forças e, mesmo, o jogo de soma zero que parece ser o jogado na área, os discursos construídos em torno da agenda de direitos humanos formulada ao longo das décadas de 1970 e 1980, de alguma forma transformaram o cenário político-ideológico do momento histórico e lançaram as bases para a entrada em debate dos pressupostos democráticos de transparência e controle público do poder. O problema é que, ao serem operacionalizadas, muitas dessas políticas enfrentam as resistências técnicas e organizacionais acima destacadas e, com isso, perdem eficácia e eficiência, reforçando as permanências em detrimento das mudanças.

Pressões internas, disputas profissionais e corporativas num campo em conflito

A análise sobre Judiciário e Ministério Público no Brasil tem enfatizado muito as transformações nos papéis dessas instituições na ordem democrática. Elas teriam incorporado a administração de conflitos coletivos e com isso se tornado muito mais politizadas e abertas a inovações legislativas e processuais (Sinhoretto, 2007). Nos estudos que abordam a politização da justiça, a polícia tem pouco destaque, como se tivesse ficado alheia a essa politização, aparecendo apenas por ocasião de inquéritos envolvendo políticos e administradores públicos, e, mesmo nesses casos, exercendo funções clássicas de polícia, como investigação, levantamento de provas e cumprimento de prisões.

Contudo, o que se pode ver do ponto de vista das relações internas das corporações policiais é que elas também conheceram um grande movimento de politização, não exatamente nos mesmos termos do que vem acontecendo no Judiciário, mas com a introdução de temas de reforma, novos conteúdos e novas práticas e discursos. São exemplos as reformas gerenciais iniciadas nos anos 2000, as quais introduziram no debate sobre polícia a necessidade de padronização da formação profissional e o uso intensivo de ferramentas de gestão e planejamento.

Assim como o aumento da politização do Judiciário não alterou estruturalmente os modos como a instituição administra conflitos, o mesmo é válido para as polícias. De certa forma continua-se fazendo o que se fazia antes, seja numa vara criminal, num distrito policial ou numa viatura, mas mudou o enquadramento mais geral em que as práticas clássicas estão hoje inseridas. Velhas formas de resolver conflitos e de administrar crimes persistem, todavia elas não estão mais sozinhas no cenário e veem o seu espaço ser disputado por novos discursos e novos modos de fazer, certamente minoritários, mas indeléveis. Diferentemente do que ocorreu com Judiciário e Ministério Público, as mudanças no cotidiano policial não são decorrentes de mudanças legislativas, da introdução de novos tipos criminais ou de reformas processuais; são decorrentes de tensões introduzidas pelo tema da gestão policial e da necessidade de gerir melhor as políticas públicas de segurança.

Diante do conhecimento já acumulado sobre o funcionamento das polícias brasileiras, obtido por meio de estudos de caráter etnográfico (Kant, 1995; Mingardi, 1992 e Paixão, 1982), não se pode desconhecer que, para além das estruturas formais definidas pela lei, pelos planos e políticas públicas para o trabalho policial, há organizações informais que operam as polícias por meio de redes profissionais de informações e saberes. E a existência dessa dimensão informal – que no caso de qualquer polícia é poderosa, especialmente no caso brasileiro – faz com que qualquer plano de reforma da segurança que não leve em conta como efetivamente se dá o trabalho policial, esteja fadado não ser mais do que uma boa intenção a disputar espaço com o que já está consolidado.

A polícia tem poder discricionário e isso em si é um importante contraponto à estruturação burocrática dos cargos e funções. Por mais piramidal que seja a estrutura de comando da polícia, as decisões mais importantes relativas aos direitos civis são tomadas por agentes da base, o que faz a polícia ter de fato uma grande autonomia em relação aos planos dos governos civis e aos controles formais da lei e da própria instituição (Paixão, 1982). Antagonismos e conflitos no cotidiano profissional opõem nesse caso redes de relação e prestígio que têm diferentes visões sobre a estrutura formal da polícia e sobre as políticas governamentais.

Algumas redes se apropriam de modos particulares de administração de conflitos, que podem envolver relações políticas, relações com redes criminosas, mercantilização das funções públicas, administração extralegal de conflitos (que vai da facilitação da negociação de interesses entre as partes até a execução sumária de criminosos). Algumas redes de policiais exercem funções que claramente contrariam a lei, porém a questão é imensamente mais complexa, uma vez que as redes, por meios informais, operam o cotidiano do trabalho policial, hierarquizando postos de trabalho, funções, tipos de tarefas, os policiais adequados a cumpri-las, os destinatários do trabalho policial. Prestígio e escassez são operados pelas redes profissionais, que possuem seus saberes e práticas e têm função primordial de fazer circular – ou bloquear a circulação – dos conhecimentos necessários para o trabalho cotidiano. Portanto, é praticamente impossível estar na polícia fora do contato com as redes profissionais; até mesmo os defensores de reformas e mudanças de paradigma constituem suas redes no interior das polícias.

Isso significa que a política no interior da polícia, para usar termos de Mingardi (1992), pode neutralizar propostas de mudança vindas "de fora", mas é exatamente o mecanismo de disputas entre redes de prestígio que, a longo prazo, permite pensar em mudanças. Quando a primeira delegacia de defesa da mulher foi criada em São Paulo, no início dos anos 1980, nada assegurava que ela poderia introduzir uma ruptura na lógica de atendimento das vítimas de violência. Mas o projeto foi incorporado por certos policiais, criando uma nova identidade profissional, e apoiado pelos movimentos feministas, de maneira que as experiências de delegacia da mulher se espalharam pelo país todo, a ponto de ser uma das especializações policiais mais consolidadas, atraindo vocações, saberes, interesses e recursos. Hoje, redes policiais estão articuladas aos movimentos sociais e a redes políticas, de maneira que já não se pode voltar atrás no espaço conquistado. É claro que do ponto de vista do perfil policial majoritário, as delegacias da mulher e os seus profissionais continuam ocupando uma posição bastante minoritária na definição do campo policial, mas desde essa posição minoritária, politizam as práticas policiais, introduzem novos temas e saberes.

144   RENATO SÉRGIO DE LIMA

Falamos da importância de redes profissionais na recepção ou rejeição de projetos de mudança e na possibilidade de politizar o trabalho policial para a defesa de direitos civis através das próprias redes. Porém seria mais adequado, no caso das polícias, falar em redes corporativas, uma vez que a profissionalização do trabalho policial, no sentido de autodefinição de um campo de saberes e práticas que delimitaria o que é o bom trabalho de polícia e o que são as práticas inaceitáveis e tidas como antiprofissionais, é muito incipiente no Brasil (Costa, 2003). Entre as carreiras jurídicas, a profissão dos delegados é a mais incipiente, não do ponto de vista da reserva de mercado, mas da proteção da carreira contra influências políticas externas (Bonelli, 2002). As carreiras de agentes são ainda mais frágeis na medida em que não exigem diplomas universitários para serem exercidas; dito de outro modo, agentes e investigadores de polícia não têm um saber reconhecido. Além disso, as pesquisas sobre especialização do conhecimento no trabalho policial indicam uma grande diferença entre os conteúdos ensinados nas academias e as necessidades do trabalho cotidiano. Não se trata apenas de uma defasagem entre teoria e prática, mas de um modo de organização institucional que não leva em conta a especialização do conhecimento, mas a filiação do membro às redes corporativas, pois elas definem a alocação nos postos de trabalho, as promoções e punições, a transmissão do saber policial (Nascimento, 2009; Poncioni, 2004).

Diante disso, uma das formas de incrementar a adesão de policiais a um modelo de policiamento democrático e cidadão é induzir, através de políticas de formação profissional, a formação de redes profissionais no sentido estrito, isto é, baseada no compartilhamento e na defesa de conhecimentos técnicos específicos e de critérios internos de validade e legitimidade que definam o que não é aceitável na prática policial. Algumas ações desenvolvidas recentemente apontam nessa direção, mas ainda é cedo para que o seu impacto possa ser avaliado diante desse amplo objetivo.

É o caso do investimento em formação profissional, da constituição pelo Ministério da Justiça de uma rede de capacitação como a RENAESP(Rede de Altos Estudos em Segurança Pública), ou mesmo do Fórum Brasileiro de Segurança Pública, em 2006, e que visa fazer circular referências técnicas sobre policiamento democrático e constituir novos enunciados políticos para o campo.

Embora ainda pareça ser um tema pautado de "cima para baixo", cada vez mais as exigências salariais e de melhoria das condições de trabalho dos policiais vão esbarrar na acusação de ineficiência e falta de profissionalismo, fortalecendo as demandas por mudanças. Tanto o Estado quanto a sociedade civil têm resistido em reconhecer a autonomia profissional da polícia por considerarem o seu trabalho excessivamente arbitrário e muito pouco autorregulado, além de cobrarem eficiência, a qual só poderá ser medida por critérios consensuados e transparentes.

A questão da profissionalização é um dos temas onde as pressões por democratização e *accountability* vão se associar a interesses corporativos, mas as mudanças só avançarão no sentido da democratização se grupos profissionais dentro das polícias incorporarem essas agendas, por acreditarem que ganharão com isso prestígio social e melhores condições de trabalho. O caso do Ministério Público é indicativo de que uma carreira pode incrementar seu prestígio social através de uma reorientação política de seus objetivos e de suas parcerias com a sociedade civil organizada; a instituição antes restrita à atuação penal, lançou-se na defesa de direitos coletivos e teve participação ativa na ampliação do conceito de cidadania no sistema jurídico brasileiro – mesmo que, na prática, a instituição que assumiu o discurso político da transparência seja uma das mais opacas do sistema de justiça brasileiro. Um grande número de policiais reivindica equiparação salarial e de vantagens e garantias funcionais aos promotores – resta saber se eles estariam dispostos a assumir compromissos políticos semelhantes aos assumidos pelos promotores à época da democratização política.

Os problemas de profissionalização e reconhecimento público de eficiência envolvem ainda uma questão muito mais complexa do que a formação e a defesa de um campo autônomo de atuação. A polícia ocupa um lugar muito específico no campo de administração de conflitos e esse lugar coloca as instituições e seus agentes em posição liminar e passível de acusação sistemática de erro e abuso. Isso porque o campo de administração de conflitos no Brasil é disputado por lógicas jurídicas contraditórias entre si; uma oficial, formal, inscrita nas regras constitucionais, orientada pela igualdade jurídica de todos os cidadãos diante das leis; outra, informal, orientada por uma lógica jurídica não-escrita, que administra os conflitos levando em conta as posições hierárquicas das partes conflitantes. Sendo assim, qualquer agente policial, em qualquer posição, decide se implementa uma solução informal ou se aplica procedimentos previstos em lei; porém em qualquer das decisões, pode ser cobrado de seus superiores ou da opinião pública em função de outra lógica. Se faz a prisão em flagrante de um homem que agrediu a cônjuge, pode ser acusado pela população de não saber diferenciar um pai de família de um bandido "verdadeiro". Se não faz a mesma prisão, pode ser acusado de conivência e de prevaricação pelo movimento feminista. Esse é apenas um exemplo hipotético que pretende ilustrar o eterno dilema que mantém o saber e a prática policial presos a uma posição passível de deslegitimação permanente (Kant de Lima 1995, 2004).

Essa cultura jurídica particular, que combina regras jurídicas igualitárias a lógicas sociais hierarquizantes, impulsiona as instituições formais a permanentemente administrarem conflitos por vias informais. A informalidade serve a evitar o tratamento legal igualitário a litigantes desiguais, serve à adaptação das situações a conveniências pessoais e estatutárias dos agentes e pode até atender às expectativas das próprias partes, quando se satisfazem com as soluções que repõem a ordem hierárquica.

Assim, tão verdadeiro quanto dizer que há uma parte da sociedade brasileira que reivindica a proteção aos direitos civis e luta pela instituição de tratamento jurídico igualitário é dizer que há muitos interessados na solução de conflitos pela lógica hierarquizante (portanto, fora do sistema legal), e ainda que há outros tantos que procuram manipular essas ambiguidades para obter privilégios e defender interesses particulares.

De um lado, é necessário constatar que o campo estatal de administração de conflitos vem sendo tensionado por lutas políticas em diversas esferas e atores politizados têm procurado introduzir inovações para lidar com a tensão. De outro, dada a fragmentação e hierarquização do campo, muitas das políticas institucionais ou dos programas de melhoria de acesso à justiça terminam por constituir apenas mais um serviço e uma instância fragmentada, cujo prestígio em geral é muito pequeno. Os pesquisadores têm constatado que isso se passa com a justiça da infância e juventude (Silva, 1996), com as delegacias de defesa da mulher (Izumino, 2002; e estudos reunidos em Debert, Gregori e Piscitelli, 2006), os juizados especiais (Azevedo, 2000) e os Centros de Integração da Cidadania (Sinhoretto, 2007); todas elas inovações pensadas para reformar o sistema de justiça e a administração de conflitos ao ressignificar categorias e formas de tratamento ou reconstituir o estatuto de sujeitos de direitos; todas elas inovações que parecem ter ficado aprisionadas a lógicas de poder e formas de administração de conflitos muito mais resistentes.

Nesse ponto, os problemas de ausência de padronização do trabalho policial e ausência de critérios e dados que permitam medir a eficiência desse trabalho não são mais apenas questões de baixa profissionalização ou de falhas na gestão organizacional; são dilemas que atravessam a sociedade brasileira de alto a baixo e que dizem respeito à dificuldade de implementar uma cultura jurídica igualitária numa sociedade multiplamente hierarquizada (DaMatta, 1979). Essa mesma cultura jurídica da ambiguidade faz com que os indivíduos tenham dificuldade de introjeção das regras públicas, porque elas oscilam o tempo todo entre regimes jurídicos contraditórios, fazendo com que, em certos assuntos, a violação da lei seja mais frequente do que o seu cumprimento (Misse, 1999).

A polícia é o ponto mais visível onde se manifesta a contradição de uma sociedade que reluta em aprofundar a sua democracia, introduzindo barreiras à extensão de direitos civis a todos os grupos sociais.

Sobre eficiência democrática: *accountability* e governança

A ação de governar a polícia expõe os limites do governo e, também, constata que não basta a vontade política para coordená-la. Governar é o exercício simultâneo de uma miríade de microações destinadas à administração dos espaços locais e dos indivíduos, no qual a polícia ganha destaque mas não é a única instituição responsável por regular a vida da população de um território (Rose, 1999). Ações policiais têm finalidades em si mesmas, porém precisam de mecanismos de tradução para assumirem significados e sentidos na arte de governar. E, a depender das lógicas e interesses em disputa, distintas formas de governança entram em operação e exigem a definição de uma governança de polícia no Estado democrático de direito. Não há governança de polícia técnica e isenta.

Nesse contexto, o ideal democrático é apenas um dos que competem pelo significado da governança de polícia. E, para tornar o quadro ainda mais complexo, diferentes pautas contemporâneas testam as capacidades dos Estados em garantir paz e cidadania. Organizações criminosas, tráficos de drogas, armas, pessoas e animais; fronteiras difusas entre mercados legais e ilegais; imigrantes ilegais, entidades associativas, demanda por polícias transnacionais, internacionalização da economia, medo imposto pelo terrorismo pós-11 de setembro; bem como à crise financeira de 2008 compõem um repertório de fenômenos sociais, econômicos, demográficos e culturais que estressam os limites da governança democrática tal como foi imaginada na segunda metade do século xx. A configuração histórica da contemporaneidade abre espaço para que técnicas de governança pautadas no interesse dos grandes fluxos de capital e mercadorias desconstituam as técnicas democráticas. Especialmente na realidade brasileira, a nova configuração em parte disputa velhos clientelismos locais, em parte com eles se associa para exercer uma governança onde os direitos civis são privilégios de alguns grupos sociais, à custa do não reconhecimento dos direitos de grandes maiorias. Por isso, a reflexão e a luta por uma governança de polícia democrática é, mais do que nunca, crucial para definir a qualidade da democracia brasileira no presente e no futuro.

O ideal normativo é que a governança de polícia esteja alinhada com o governo e com a democracia, permitindo que as práticas policiais sejam sua tradução. A governança de polícia irá avaliar as escolhas, resultados e consequências das ações policiais; mas, para isso, é necessário que se consensue no debate público o que e quanto é necessário saber e priorizar para governar bem (Proença Jr, Muniz. e Poncioni, 2009).

Assim, reforçando o que foi dito no capítulo anterior, ao contrário de assumir com entusiasmo as demandas técnicas e tecnológicas, cabe evitar aquilo que Weber chamou de "absolutismo burocrático", pelo qual as organizações e suas burocracias determinariam a quantidade de conhecimento de si mesmas que ficariam à disposição de seus dirigentes e governantes. Numa outra perspectiva, esse fenômeno foi também trabalhado por Foucault, no livro *Em defesa da sociedade*, quando ele descreve o poder exercido pelo funcionário público Boulainvilliers, que teria a função de "treinar" o príncipe nos assuntos administrativos do Reino, determinando a quantidade e o tipo de saber que o futuro soberano da França deveria ter da máquina burocrática que ele governaria, num processo de fortalecimento da dimensão técnica em detrimento da política. Em outras palavras, deve-se, em um contexto democrático, evitar que a própria burocracia determine o que e/ou o que não deve ser publicizado sobre seu funcionamento, não obstante a saudável formação de um corpo técnico profissionalizado no interior do Estado (Lima, 2005).

A questão é, como detalhado no capítulo anterior, de definição conceitual e operacionalização do termo governança de polícia num contexto de democracia; de se desenvolver mecanismos institucionais que permitam controlar o que se precisa e se deve saber para poder governar, para que se possa determinar as prioridades diante do que é possível fazer ou apreciar alternativas – sem essa deliberação pública sobre alternativas a democracia se converte num simples rótulo. Sem isso, sob uma aparência suposta de democracia, a "segurança pública" pode produzir a manutenção sistemática de uma ordem hierárquica, na qual a prevenção da violência e o enfrentamento do crime tornem-se cada vez mais eficazes e precisos (como efeito do rigor nos processos de gestão), sem assegurar porém liberdades e igualdades de cidadãos que têm realidades e experiências diversas. A polícia pode ser governada para uma administração de conflitos que reconheça e constitua sujeitos de direitos ou para uma gestão do conflito que privilegie a manutenção de hierarquias sociais – essa escolha não é e nem pode ser tratada como uma questão técnica interna às corporações policiais.

Sem uma pauta de trabalho e instrumentos de governança, a tendência é que dirigentes políticos demandem ações pontuais e descontínuas deixando para a polícia a tarefa de atingir metas desejadas. O máximo que se tem é uma chefia mais ou menos carismática que pode ter algum poder de sedução, mas é impotente quanto ao rumo a tomar. Novamente, não se trata de uma polícia má contra um governo bom, mas da ausência de uma avaliação que identifique os efeitos nocivos da autonomia seja no governo, seja no trabalho policial. A outorga de mandatos policiais está diretamente vinculada aos projetos de desenvolvimento da sociedade brasileira e, com isso, influenciada pelas hesitações e obstáculos desse país em tratar com equidade as diferenças de gênero, geração, étnicas e/ou socioeconômicas, entre outras.

Para superar tais questões, é necessário que, no processo de governança policial, seja pensada uma arquitetura institucional de enquadramento geral, no qual estejam previstos mecanismos transparentes de atribuição e controle de responsabilidades, seja das esferas políticas, administrativas e operacionais. Tais mecanismos são o ponto de partida para se relacionar com a diversidade de contextos da federação, da pluralidade social, da diversidade cultural e das diversas instâncias e esferas de governo e Estado (Lima, sem data). Até porque a polícia não está sozinha no campo de administração de conflitos, sendo fortemente afetada pelas barreiras de acesso e pelas práticas não-democráticas de outras instituições que administram conflitos.

Há um desafio eminente de gestão política do conhecimento. Por trás dessa discussão aparentemente pontual, encontra-se uma das mais duras batalhas em torno de como administrar conflitos e, em decorrência, definir categorias que tornem possível pensar no enfrentamento da violência e de práticas criminosas. E, por isso, cabe-nos explicitar que gestão sem política é tecnocracia e política sem transparência impede avanços democráticos.[6]

Entretanto, se as tramas institucionais da área das políticas públicas de segurança estão, como vimos, influenciadas, mesmo com limites, por uma nova gramática de direitos, pela qual as polícias e os cidadãos am-

---

6   A bandeira da transparência é um dos elos centrais da criação, em 2006, do Fórum Brasileiro de Segurança Pública – FBSP, entidade voltada a aproximar policiais, pesquisadores e representantes da sociedade civil em torno de um projeto de qualificação técnica do debate sobre polícia e segurança pública no Brasil. A missão do FBSP é fazer circular referências técnicas baseadas no respeito aos Direitos Humanos e da Democracia.

pliam a legitimidade dos enunciados dos Direitos Humanos e de gestão eficiente dos conflitos sociais, elas também estão impregnadas por práticas institucionais que tendem a diminuir o impacto dessa nova gramática e aumentar o peso da tradição autoritária. O que se disputa na governança de polícia e, por decorrência, na gestão de seu conhecimento, são interesses que disputam legitimidade sobre definição do significado de lei, de ordem, de liberdade e de igualdade na sociedade brasileira. A democracia, enquanto processo, ainda tem um longo percurso a percorrer no Brasil.

PARTE II

OS NÚMEROS COMO ALIADOS DO CONHECIMENTO

Capítulo 7

Como medir a adesão ao novo paradigma proposto pela organização da 1ªConferência Nacional de Segurança Pública?[1]

Renato Sérgio de Lima
Wagner de Melo Romão

A Conferência Nacional de Segurança Pública – Conseg constituiu-se no primeiro processo participativo de elaboração de políticas em segurança pública, em nível nacional. A iniciativa do Ministério da Justiça teve seu ponto inicial em dezembro de 2008, com o lançamento oficial da Conferência, e teve seu ápice em sua etapa nacional, em agosto de 2009.

A realização da Conseg proporcionou a possibilidade de mensurar o grau de aceitação do chamado "novo paradigma" em segurança pública no país, proposto em torno das atuais políticas impulsionadas pelo Estado brasi-

---

[1] Texto originalmente elaborado para o Instituto Via Pública, no âmbito do Termo de Parceria desse Instituto com o Ministério da Justiça para o monitoramento e avaliação da 1ª. Conferência Nacional de Segurança Pública com o título "Como medir a construção de um novo paradigma para a segurança pública do Brasil?".

leiro, sobretudo a partir do segundo mandato do presidente Luiz Inácio Lula da Silva. O presente capítulo busca retratar como se deu esta experiência.

Um dos grandes desafios na abordagem e medição de um processo em construção é definir pontos de partida e parâmetros metodológicos que permitam a mensuração técnica e conceitual adequada aos estados e/ou movimentos a ele associados. No caso da avaliação dos efeitos da Conseg, o que está em jogo é como mensurar o impacto da proposta do Ministério da Justiça para conformar o que vem sendo chamado de "novo paradigma" da segurança pública, tal como propugnado no Texto-base elaborado para subsidiar as discussões da Conferência.

Significa reconhecer a aposta política do Ministério da Justiça traduzida no Texto-base e, ao mesmo tempo, utilizá-la como parâmetro para o mapeamento de posições e correntes político- ideológicas; a partir da influência dos efeitos da convocação e realização da Conferência, classificá-las em relação ao que é considerado como "novo paradigma" e ao que está se buscando superar.

Para tanto, em termos metodológicos houve a necessidade abordar os participantes da Conseg, por meio de 798 entrevistas estruturadas que aprofundaram opiniões sobre como a segurança pública no país é feita no momento presente e como ela deveria ser planejada para o futuro próximo. De tal forma que, posteriormente, as respostas obtidas possam ser tratadas e transformadas em evidências sobre como posições e correntes manifestam-se num determinado plano analítico. A técnica de análise quantitativa escolhida foi a de construção de escalas, pela qual se busca identificar e contrastar diferentes posições em relação a um mesmo tema e/ou problema,[2] dispondo-as numa espécie de continuum dimensional. Posteriormente, com os dados dos questionários, aplicou-se outra técnica,

---

2 Para maiores detalhes sobre a técnica, ver *Métodos de pesquisa de survey*, de Earl Babbie. Editora da UFMG, 2003 (capítulo 8, p. 213-45).

conhecida como análise de correspondências, para avaliar os resultados das questões que formaram a escala de posições e políticas de segurança pública, por um lado, e a filiação autodeclarada dos respondentes em relação às mesmas correntes que compõem a escala.

Dimensões e políticas de segurança pública

De acordo com esta técnica, e com a preocupação de se preservar o esforço teórico estabelecido pelo Texto-base da Conseg, foram utilizados os sete eixos temáticos previstos, em relação aos quais se definem as posições que, combinadas, representariam as diferentes correntes hoje presentes no debate sobre o tema.

QUADRO 1 – QUESTIONÁRIO SOBRE AÇÕES EM SEGURANÇA PÚBLICA E OPINIÃO ESPERADA

Eixo	Afirmações utilizadas no questionário	Concorda totalmente	Concorda parcialmente	Discorda parcialmente	Discorda totalmente
I Gestão democrática: controle social e externo, integração e federalismo	A participação da sociedade no controle e na formulação das políticas de segurança pública é fundamental para o aumento da eficiência do trabalho das polícias e demais instituições da área.	Corrente III	Corrente IV	Corrente II	Corrente I
	Os profissionais de segurança pública são aqueles com maior legitimidade para pensar e propor alteração na estrutura da área no Brasil.	Corrente I	Corrente II	Corrente III	Corrente IV
	Sem mudanças substantivas na legislação e na organização do sistema de segurança pública do país, poucos serão os avanços na melhoria dos índices de violência e criminalidade.	Corrente IV	Corrente III	Corrente II	Corrente I
II Financiamento e gestão da política pública de segurança	Diagnósticos e indicadores de monitoramento devem ser parte obrigatória do planejamento operacional das polícias e das guardas municipais.	Corrente III	Corrente II	Correntes II e IV	Corrente I
	Mais do que discutir políticas e diretrizes gerais, a eficiência das instituições depende de investimentos massivos em tecnologia e gestão.	Corrente I	Corrente II	Corrente III	Corrente IV

III Valorização profissional e otimização das condições de trabalho	Avançar na valorização profissional é ter a coragem de enfrentar temas tabus como procedimentos disciplinares e jornadas de trabalho.	Corrente IV	Corrente III	Corrente II	Corrente I
	Os profissionais da área de segurança pública não estão preparados para o desafio de garantir direitos e prevenir a violência.	Corrente IV	Corrente III	Corrente II	Corrente I
IV Repressão qualificada da criminalidade	A repressão qualificada à criminalidade exige mudanças operacionais na forma de trabalho das polícias.	Correntes II e III	Correntes II e III	Corrente I e IV	Corrente I
	O ciclo completo de policiamento é uma ótima alternativa ao atual modelo de divisão de competências entre as Polícias Civil e Militar	Corrente IV	Correntes II e III	Correntes II e III	Corrente I
V Prevenção social do crime e das violências, e construção da cultura de paz	O foco da atuação dos municípios na segurança deve priorizar ações de fiscalização e de integração de serviços públicos.	Corrente I	Correntes II e III	Correntes II, III e IV	Corrente IV
	O gestor público deve aproveitar as contribuições da sociedade na definição de políticas e ações.	Corrente I	Corrente II	Corrente III	Corrente IV

VI Diretrizes para o sistema penitenciário.	A política penitenciária que contempla a redução do déficit de vagas no sistema é uma das principais ferramentas para a redução da criminalidade.	Corrente III	Correntes II e III	Correntes I e II	Corrente IV
	O RDD (Regime Disciplinar Diferenciado) pode ser visto como a mais eficaz política prisional adotada no país nos últimos anos.	Corrente I	Corrente II	Correntes II e III	Corrente IV
	O sucesso das políticas de segurança pública dependerá do maior rigor das políticas criminais	Corrente I	Corrente II	Corrente III	Corrente IV
VII Diretrizes para o sentido de prevenção, atendimentos emergenciais e acidentes	A adoção de sistemas integrados de emergências, que não atendam somente ocorrências criminais, deve ser prioridade nas políticas de segurança pública.	Correntes II, III e IV	Correntes III e IV	Corrente II	Corrente I

A combinação dos eixos e níveis de concordância/discordância, aplicados a partir de uma escala que permita valorar "completamente" ou "parcialmente" em cada uma delas, permite a identificação de quatro correntes hipotéticas, ou quatro "tipos ideais" de políticas de segurança pública. Pela técnica adotada, os entrevistados tiveram que responder se concordavam ou discordavam, total ou parcialmente, de frases carregadas de significados e pronunciadas em caráter afirmativo. As respostas foram previamente codificadas e posicionadas na escala de correntes; ou seja, buscou-se um equilíbrio na quantidade de frases associadas a cada uma das quatro correntes. Para validar tal procedimento, houve uma bateria de entrevistas de testes para ajudar a determinar o sentido da escala, de modo a estabelecer quando cada uma das correntes descritas está associada a uma posição "de concordância" e quando está associada à posição "de discordância".

A primeira corrente (i) de políticas de segurança pública poderia ser resumida em torno de grupos que acreditam que o atual modelo de organização do sistema de segurança pública do país é adequado à realidade brasileira e que os problemas enfrentados dizem respeito apenas à carência de recursos financeiros e humanos para o seu bom desempenho. Há, nesta corrente, uma marca muito forte nas polícias. A participação social é vista com cautelas. Quando confrontados com situações emergenciais (grandes crimes, crimes midiáticos, greves), os discursos dos entrevistados voltam-se para a já citada carência de recursos e, se propostas de mudanças surgem como inevitáveis, a discussão cai, quase sempre, em soluções legais, com demandas de endurecimento penal, redução da maioridade penal e/ou aceleração processual (reformas dos Códigos Penal e de Processo Penal). A valorização profissional é reduzida a questões salariais.

A segunda corrente (ii) agrega grupos que também acreditam na eficácia do modelo atual e que defendem a busca pela introdução de ferramentas de gestão e de novas tecnologias. Grandes questões do modelo são reconhecidas, mas há a compreensão de que são necessárias medidas pontuais que deem respostas imediatas às demandas de ordem e segurança. Novamente, há uma ênfase nas grandes reformas legais, mas apenas aquelas que poderiam reforçar a capacidade de atuação das instituições atuais (não se discute integração policial, acesso à justiça etc.). Cada instituição se moderniza no interior do seu próprio marco legal e normativo. Valorização profissional é reduzida a melhores salários e disponibilidade de equipamentos de proteção individual (coletes) e familiar (seguro, residência). A participação social é vista como algo positivo, mas sem grandes propostas de sua inclusão (valorizam-se os

canais existentes como os conselhos comunitários, embora sem reco-
mendações de solução para suas deficiências).

Para os grupos integrantes da terceira corrente (III), as questões
gerenciais são vistas como táticas para lidar com os problemas relacionados ao crime, à violência e à insegurança. A ênfase continua nas polícias, mas há o reconhecimento de que inovações na gestão e melhorias
tecnológicas são essenciais, porém insuficientes sem a inclusão de novos
atores na operação do sistema de segurança pública. Os entrevistados
desta corrente veem como positiva a participação social e algumas propostas nesse sentido são apresentadas (como a reformulação do Conselho Nacional de Segurança Pública). A valorização profissional é vista
como determinante para o sucesso de políticas eficientes e, mais, para a
incorporação dos preceitos de garantia dos direitos humanos na cultura
organizacional das polícias.

Por fim, os que compõem a quarta corrente (IV) não reconhecem a
eficácia do atual modelo e propugnam mudanças radicais na sua arquitetura e funcionamento. Os integrantes desta corrente têm posições extremas quase antagônicas. Reúnem-se em torno da visão de que o atual
modelo deve ser combatido. Mas suas propostas de mudanças são muito
marcadas pelas bandeiras de ordem, como, por exemplo, fim das PMs,
unificação das polícias etc.

Retornando aos paradigmas, a recomposição analítica a partir das
categorias construídas permitiu a localização das ideias-força e principais
correntes ideológicas do campo da segurança pública no país. O "novo
paradigma" configura-se em torno dos grupos classificados na terceira posição da escala. Não constituem uma identidade única e homogênea em
relação às suas estratégias e bandeiras políticas. Reúnem opiniões acerca
da legislação penal, com capacidades institucionais e controle social do
Estado que os contrastam dos integrantes das demais posições da escala.

Significa dizer que, em termos de "velho" e "novo" paradigma, as correntes i, ii e iv representariam grupos e indivíduos filiados a posturas mais próximas à manutenção ou à rejeição radical do atual modelo de política de segurança pública no Brasil e, por conseguinte, poderiam ser classificadas como inseridas no debate do velho paradigma. No outro extremo, a corrente iii representaria os grupos mais próximos do projeto político da presente gestão do Ministério da Justiça e conformaria o que tem sido chamado de "novo paradigma" da segurança pública no país.

Porém, adiantando uma das conclusões da análise dos dados, observou-se que as correntes ii e iii não se apresentam tão diferenciadas e, portanto, o "novo paradigma" parece carecer de força política suficiente para ser implementado por completo e de imediato. O mj deve atentar para esse fato e pensar estratégias para a consolidação do "novo paradigma" no âmbito da Política Nacional de Segurança Pública.

Nesse processo, foram identificados pelo Texto-base da Conseg os seguintes sintomas de uma concepção pouco democrática e eficiente de segurança:

- o uso excessivo da força em detrimento do investimento prioritário em capital humano;

- o investimento concentrado e pouco planejado em equipamentos e armamentos;

- a pouca preocupação com a qualificação, condições de trabalho e bem-estar dos profissionais na área;

- os reduzidos canais de diálogo estabelecidos com a sociedade civil;

- as constantes violações de direitos que acompanham as ações, ainda que legítimas, de repressão à criminalidade seriam, na realidade, referenciais empíricos dos efeitos e resultados dos embates entre as correntes acima identificadas e que, no limite, revelariam a intensidade e o estágio das disputas em torno da qualidade da democracia brasileira.

Entretanto, cumpre ressaltar que o que está sendo medido é a adesão desses grupos ao "novo" e ao "velho" paradigma, havendo, portanto, a possibilidade de diferentes correntes políticas coabitarem uma mesma posição na escala, sem necessariamente que isso represente um problema de classificação da técnica. Buscou-se tão somente diferenciar os elementos constitutivos do "novo paradigma", compreendido enquanto postura política defendida pelo Ministério da Justiça, e contrastá-los com os demais grupos, consideradas suas nuances. Ou seja, não se está falando de grupos homogêneos, mas de medir os graus de adesão a distintos modelos de segurança pública no Brasil.

A partir dessa perspectiva, o presente relatório traz dois tipos de exploração dos dados investigados que geraram o indicador sintético (a escala de posições) e de sua distribuição. O primeiro investiga a associação entre o indicador sintético gerado com base na bateria de perguntas e a variável de autodeclaração. Para este exercício, foi utilizada a classificação do indivíduo em apenas uma das correntes – aquela na qual ele obtivesse mais pontos. Com isso, quaisquer indivíduos que, na classificação do indicador sintético, tivessem empate entre mais de uma corrente foram excluídos da análise.

O segundo tipo de análise proposto investiga características associadas ao pertencimento às diversas correntes. Neste caso, o indicador sintético foi transformado em uma taxa (nº de respostas referentes à corrente n/total de respostas).

Assim, todos os indivíduos entrevistados foram classificados nas quatro correntes. O que varia é a taxa de respostas para cada uma delas, o que pressupõe que um mesmo indivíduo tenha vinculação – ou pertencimento – a mais de uma corrente, em graus distintos. Investigou-se a associação entre três dimensões – (1) a região do país, (2) a participação nos diversos eventos da Conseg e (3) a vinculação a segmentos sociais e instituições – nas chances de pertencimento às distintas correntes.

Investigando a associação entre a autodeclaração e a classificação na escala de atitudes

Dos 798 casos que constam na base de dados consolidada da pesquisa, 646 (80,95%) responderam a todas as quinze questões da bateria de perguntas. O Quadro I apresenta a opinião esperada sobre políticas de segurança pública, de acordo com as quatro correntes previamente definidas. Para cada item, foi avaliado se o respondente assinalou de acordo com uma das quatro correntes, gerando assim quatro subitens. Por exemplo, se o respondente assinalou para o item 1 a resposta "Discordo totalmente" o item 1 na perspectiva da corrente I (item 1-I) recebe 1 ponto e as demais (item1-II, item1-III, item 1-IV) recebem 0. Totalizando-se todos os 15 itens sob a perspectiva de cada uma das correntes, pode-se avaliar o quanto o respondente tende a simpatizar por cada uma das correntes. Se não houver empates, é classificado como a favor da corrente na qual totalizar mais pontos.

A Tabela 1 apresenta as classificações geradas. Verifica-se que 78,8% dos respondentes foram classificados em apenas uma única corrente, sendo 42,4% classificados pró-corrente III e 25,5% pró-corrente II.

166   RENATO SÉRGIO DE LIMA

TABELA 1 — DISTRIBUIÇÃO DOS RESPONDENTES SEGUNDO AS
CLASSIFICAÇÕES GERADAS

Classificações	N	%
Total	646	100,0
Sem empates	509	78,8
Corrente I	32	5,0
Corrente II	165	25,5
Corrente III	274	42,4
Corrente IV	38	5,9
2 empates	117	18,1
Correntes I e II	4	0,6
Correntes I e III	10	1,5
Correntes II e III	81	12,5
Correntes II e IV	5	0,8
Correntes III e IV	17	2,6
3 empates	19	2,9
Correntes I, II e III	2	0,3
Correntes I, II e IV	2	0,3
Correntes I, III e IV	4	0,6
Correntes II, III e IV	11	1,7
4 empates	1	0,2
Correntes I, II, III e IV	1	0,2
Sem informação	152	

Fonte: Ministério da Justiça/Instituto Via Pública, 2009.

O gráfico 29 apresenta os resultados para a pergunta utilizada como indicador de autoclassificação, estratificada por segmento do respondente.

GRÁFICO 1 — FREQUÊNCIA DA VARIÁVEL DE AUTOCLASSIFICAÇÃO ENTRE CORRENTES POR SEGMENTO

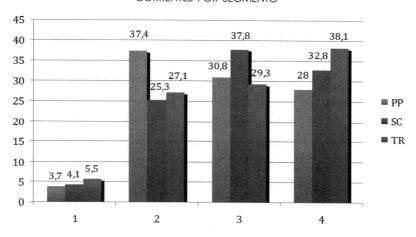

1	O atual modelo de segurança pública no Brasil é adequado e os ajudes devem ser concentrados na obtenção e incremento de novos recursos humanos, materiais e financeiros.
2	Defendo mudanças no atual modelo de segurança pública, com a adoção maciça de ferramentas e tecnologias de gestão e de capacitação como instrumentos de enfrentamento dos gargalos e deficiências atuais, e de auemnto da eficácia das políticas públicas.
3	É preciso reformular o atual modelo de segurança pública, aperfeiçoando a gestão como estratégia para aumentar a eficiência das ações e levando em conta que a prevenção à violência deve se articular a ações não policiais.
4	O atual modelo de segurança pública do Brasil deve ser amplamente reformulado, pois os problemas do país na área só serão resolvidos com a revisão dos procedimentos e do modo como se organizam as corporações do sistema de segurança.

Fonte: Ministério da Justiça/Instituto Via Pública, 2009.

O gráfico 29 considera os três segmentos participantes da Conferência e os compara em relação às correntes e suas respectivas posições. Trabalhadores da segurança pública, em sua maioria policiais, são, proporcionalmente, os que mais integram as correntes I e IV. Também se destaca o alto peso conferido, entre os trabalhadores, às correntes III e IV, que, juntas, cobrem quase 70% da autoidentificação. Isso indica a forte tendência deste segmento a propugnar a reformulação mais ou menos ampla do atual modelo de segurança pública. Os integrantes do poder público, como era de se esperar, integram, proporcionalmente, muito mais a corrente II. Essa é uma tendência que tem coerência com o papel de gestores por eles desempenhados e, consequentemente, preocupados com os mecanismos de aperfeiçoamento do sistema; não obstante, em alguns casos os entrevistados reconheceram a pertinência e urgência de reformas no modelo.

A corrente III surge como aquela com predominância relativa de membros da sociedade civil, que parecem reconhecer os esforços de gestão, mas pressionam por mudanças no plano da política de segurança. Nesse sentido, as diferenças entre as correntes II e III, como já foi dito, são tênues; teriam muito mais ligação com o fato dos seus integrantes estarem ou não desempenhando funções de gestores.

Em outras palavras, o "novo paradigma" da segurança pública foi assumido mais pela sociedade civil e precisa criar instrumentos de sensibilização dos gestores e da máquina pública. Considerando as correntes III e IV, autoidentificaram-se a elas em torno de 70% dos representantes da sociedade civil, assim como dos trabalhadores – o que denota a grande tendência de apoio a mudanças substanciais no atual modelo de segurança pública.

A Tabela 2 apresenta as distribuições entre a autoclassificação e as classificações geradas e o teste qui-quadrado de Pearson, que apontou a existência de associação significativa. Observa-se nesta tabela a proporção de 22,6% de indivíduos que se identificaram com a opinião da corrente I, dentre os que nela estão classificados – porcentagem maior que as das demais correntes. De forma análoga, nota-se que 63,9% dos respondentes classificados como a favor da corrente iv se identificaram com a opinião da mesma corrente. Por outro lado, nota-se que cerca de 35% dos respondentes classificados tanto na corrente ii como na iii se identificaram com a opinião da corrente iii; não é, portanto, nítida a distinção entre as correntes ii e iii. Para facilitar a compreensão desta tabela, procedeu-se à análise de correspondência.

TABELA 2 – TABELA BI-VARIADA DE POSIÇÃO MEDIDA PELA ESCALA X POSIÇÃO MEDIDA POR AUTODECLARAÇÃO

Posição medida pela escala	Auto-declaração				Total
	I	II	III	IV	
	%	%	%	%	%
Corrente I	22,6	35,5	12,9	29	100
Corrente II	4,9	30,5	35,4	29,3	100
Corrente III	5,2	26,3	35,9	32,6	100
Corrente IV	0	11,1	25	63,9	100

$$x^2=38,92 \ (p<0,01)$$

Fonte: Ministério da Justiça/Instituto Via Pública, 2009.

A avaliação da proximidade entre as autoclassificações e classificações geradas foi realizada via análise de correspondências. Esta técnica multivariada examina as associações entre os níveis de variáveis categóricas de tabela de contingência, encontrando dimensões que permitam posicionar as categorias de respostas (linhas ou colunas) de uma tabela de contingência em um mesmo sistema de eixos.

Na Figura 1, nota-se que os respondentes que se classificaram na corrente ii (aqueles que defendem mudanças no modelo de segurança pública e a adoção maciça de ferramentas e tecnologias de gestão e de capacitação como instrumentos de enfrentamento dos gargalos e deficiências atuais, e de aumento da eficácia das políticas da área) parecem responder os quinze itens de forma mais coerente. Por outro lado, percebe-se a proximidade desta mesma autoclassificação com a classificação gerada pela corrente III, apontando que não deve haver uma nítida separação entre as correntes II e III a partir dos quinze itens, o que é corroborado pelo Quadro I, no qual se observam seis itens (8, 9, 10, 12, 13 e 15) que associam as correntes II e III, simultaneamente, numa das respostas.

Como destacado acima, trata-se de uma evidência de que o "novo paradigma" da segurança pública é visto, por muitos, como uma continuação das ações colocadas em prática por aqueles que se posicionam na corrente II e que, no limite, é resultado das políticas executadas no âmbito da Senasp desde 2001, quando do 1º Plano Nacional de Segurança Pública, ainda sob o governo do presidente Fernando Henrique Cardoso.

O foco, a partir de 2001, foi o de investir esforços na modernização da gestão das instituições policiais, que culmina, de 2003 em diante, na proposta do Susp e, mais recentemente, do Pronasci – ambos já na gestão do presidente Luiz Inácio Lula da Silva. Em termos conceituais, as propostas da corrente II e da corrente III, no que tange à gestão, não são diferentes. O que as distingue é a ênfase na política e no papel atribuído à sociedade.

FIGURA 1 — MAPEAMENTO DA AUTOCLASSIFICAÇÃO E CLASSIFICAÇÃO GERADA

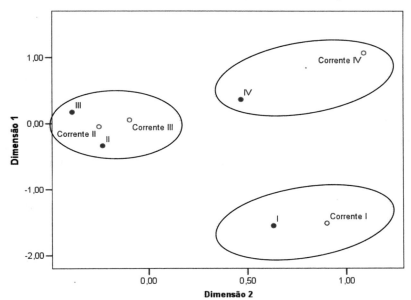

● Corrente autodeclarada pelo respondente
○ Corrente do respondente segundo classificação gerada

Fonte: Ministério da Justiça/Instituto Via Pública, 2009.

Observa-se também uma proximidade mediana entre a autoclassificação e a classificação gerada relativa à corrente I, numa outra evidência de que, nesse caso, o grupo mais refratário às transformações no modelo de segurança pública é coeso e convicto de suas posições, bastante afastadas das demais correntes. Com relação à corrente IV, nota-se certa falta de proximidade entre as duas classificações, talvez pela heterogeneidade de posições que a formam e que, no limite, apenas têm em comum as denúncias ao modelo vigente.

Em conclusão, o presente capítulo indicou que o "novo paradigma" proposta pelos organizadores da 1ª. Conseg configura-se muito mais como projeto político do que como uma corrente de posições consolidadas. A análise dos dados revela um campo de disputas ainda intensas sobre os significados que Lei, Ordem e Segurança Pública assumem para diversos segmentos envolvidos com a temática da segurança pública. A inclusão da dimensão gerencial, que foca a qualidade da gestão das políticas setoriais, parece ter conseguido tensionar modelos baseados em modelos mais tradicionais, em geral associados a maiores investimentos em equipamentos e em aumento de efetivo. Entretanto, mudanças organizacionais mais profundas, que dependem de reformas legislativas, ainda não conquistaram consensos suficientes para se transformarem em realidade. Como exemplo, a integração entre as polícias estaduais e, mesmo, entre diferentes instituições do sistema de justiça criminal não é algo estruturado no atual quadro normativo da área. A integração foi e é fruto da vontade política de alguns dirigentes, mesmo sendo vista como essencial à eficiência na gestão das ações da área.

No limite, pode-se considerar o atual quadro de correlação de forças como emblemático de uma situação na qual mudanças ocorreram, mas que elas priorizaram a esfera técnica das atividades de polícia. Os avanços obtidos foram conquistados pela modernização técnica e tecnológica das instituições policiais. Todavia, na esfera política, que é a capaz de fazer avançar as mudanças estruturais, não se conseguiu avanços irreversíveis no que diz respeito à incorporação da transparência e do controle público do poder no cotidiano das instituições de justiça e segurança pública no país.

Capítulo 8

Homicídios em São Paulo[1]

Renato Sérgio de Lima

O Estado de São Paulo e sua capital têm registrado reduções sucessivas nos indicadores de violência, particularmente de homicídios. No entanto, as explicações desse fenômeno ainda são objeto de intenso debate. Seu entendimento tem interesse não só acadêmico, mas sobretudo no campo das políticas públicas, pois conhecer os fatores que levaram a uma trajetória tão positiva dos indicadores de violência em São Paulo permite

---

1 Versão ampliada de texto elaborado por Renato Sérgio de Lima, Sinésio Pires Ferreira, Eliana Bordini e Vagner de Carvalho Bessa para o workshop "Criminalidade Violenta e Homicídios em São Paulo: Fatores Explicativos e Movimentos Recentes," organizado e promovido por: Escola de Direito de São Paulo – Edesp/FGV; Fórum Brasileiro de Segurança Pública; Fundação Friedrich Ebert – FES; Fundação Sistema Estadual de Análise de Dados – SEADE; Instituto das Nações Unidas para a Prevenção do Delito e Tratamento do Delinquente – ILANUD; Instituto Sou da Paz; Núcleo de Estudos da Violência – NEV/USP; Secretaria de Estado dos Negócios da Segurança Pública de São Paulo; Secretaria Nacional de Segurança Pública – SENASP. Evento realizado em agosto de 2008.

aperfeiçoar os programas públicos em execução nesse Estado e desenhar outros, passíveis de serem implementados nas demais áreas do país. O presente trabalho relaciona, brevemente, as várias explicações que têm sido apresentadas pela literatura especializada, com o objetivo de sistematizá-las e instigar o debate sobre o tema.

O Brasil e o Estado de São Paulo passaram – ou estão passando – por profundas mudanças de ordens demográfica e social que, associadas a novas práticas na formulação, gestão e execução de políticas de segurança pública e de prevenção da violência, contribuem, em maior ou menor grau, para explicar a trajetória daqueles indicadores. Colocada a questão nesses termos genéricos, não há maiores divergências entre os estudiosos do assunto, mas, à medida que se busca aprofundar seu entendimento, as diferenças se exacerbam.

Em outros termos, se a existência de múltiplos determinantes para a queda dos indicadores de violência em São Paulo é consensual, há grande variedade de posições sobre a importância de cada um deles. Uma das razões dessas divergências reside no fato de que, com frequência, esse tema é abordado pelos estudiosos a partir de um estoque de conhecimento específico e de práticas circunscritas a experiências pontuais ou casos internacionais.

Casos exemplares e o Estado de São Paulo

Entre os exemplos recorrentes de sucesso das políticas de combate à violência urbana, encontram-se as experiências das cidades de Nova Iorque e Bogotá: na primeira, a taxa de homicídios diminuiu de 30,8 para 9,4 crimes por 100 mil habitantes entre 1990 e 2000; e, na segunda, houve redução de 63% no número de homicídios entre 1993 e 2003. Embora não se possa afirmar, para os dois casos, que a queda tenha sido generalizada ou que tenha se traduzido em patamares mais elevados de segurança em todos seus aspectos e nas diferentes regiões daquelas cidades, os resultados obtidos foram notáveis. Assim, é natural que proposições sobre políticas de segurança pública para outras localidades tentem interpretar esse casos e identificar iniciativas bem-sucedidas que possam ser replicadas ou incentivadas.

O Estado de São Paulo tem experimentado resultados semelhantes às cidades citadas, a partir de 2000. Após um período de forte elevação, a taxa de mortalidade por agressão, para utilizar os registros da área da saúde, diminuiu de 43,2 casos por 100 mil habitantes em 1999 e para 22,0, em 2005. A partir daí, o indicador paulista passou a ser menor do que o nacional (26,2), invertendo a tendência histórica, observada nas séries anuais, desde 1980 (Gráfico 1).

GRÁFICO 1: TAXA DE MORTALIDADE POR AGRESSÃO, POR 100 MIL HABITANTES, POR LOCAL DE RESIDÊNCIA – BRASIL E SÃO PAULO (1980-2007)

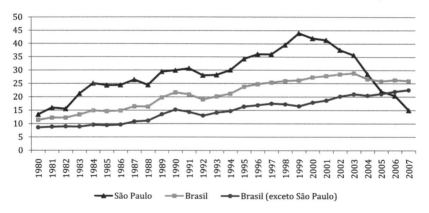

Fonte: MS/SVS/DASIS – Sistema de Informações sobre Mortalidade – SIM.

Entretanto, as comparações internacionais têm alcance limitado, uma vez que, ao lado da alteração quantitativa, expressa pela redução do indicador, verificou-se uma mudança estrutural na dinâmica da violência no Estado, o que compromete os conceitos pelos quais o fenômeno era entendido nos anos

176 RENATO SÉRGIO DE LIMA

90, bastante influenciado pelo acirramento dos conflitos nas áreas metropolitanas e pelo aumento expressivo das mortes por agressão entre os jovens.

Os resultados obtidos para o Estado de São Paulo – queda acelerada da taxa de homicídios na capital e na Região Metropolitana de São Paulo – tendem a descaracterizar a violência como um fenômeno metropolitano. Como essa redução não foi acompanhada pelo crescimento da violência no interior do Estado, as taxas regionais tendem a convergir para o mesmo patamar da taxa estadual, o que indicaria um novo "padrão paulista". Além disso, se o crescimento das taxas de homicídio nos últimos 20 anos refletia o acirramento da violência entre os jovens do sexo masculino, o comportamento recente desse indicador mostra forte tendência de reversão nesse mesmo grupo populacional: entre 1994 e 2006, a taxa de mortalidade por agressão entre os homens na faixa etária de 15 a 24 anos reduziu-se à metade, a ponto de convergir para as observadas entre aqueles com idade de 25 a 34 anos.

Nesse sentido, os dados mostram que os fatores que atuaram na queda da taxa de homicídios em São Paulo foram territorialmente concentrados e atuaram sobre grupos sociais específicos. Mas entre os pesquisadores, gestores e policiais o significado desse processo tem motivações diferenciadas e discuti-las está entre os objetivos deste texto.

Múltiplos fatores explicativos para a redução da violência em São Paulo

Recente trabalho da Fundação Seade, elaborado para a Secretaria de Justiça e Defesa da Cidadania de São Paulo,[2] chama a atenção para uma série de fatores relacionados aos processos sociais, políticos e institucionais que devem ser considerados nos estudos e na atuação do Estado no campo

---

2 Texto elaborado para subsidiar as ações de revisão do Plano Estadual de Direitos Humanos, de 1998, e a Conferência Estadual de Direitos Humanos, realizada entre agosto e setembro de 2008. O texto completo encontra-se em http://www.justica.sp.gov.br.

da segurança pública e da prevenção da violência. Segundo esse texto, um olhar sintético sobre as instituições e as políticas de justiça e segurança pública implementadas no Brasil e, em particular, em São Paulo, após a transição democrática, segue uma trajetória que, a despeito de bastante conhecida, convém recordar.

De início, nas décadas de 80 e 90, observou-se crescimento constante dos índices de criminalidade e violência e da sensação de insegurança da população – o que ainda é a realidade de vários Estados. A literatura especializada[3] associa esse aumento à manutenção de estruturas organizacionais e marcos legais herdados do período autoritário, que implicam a persistência de práticas operacionais obsoletas e resistências das instituições policiais e judiciárias ao controle e à participação social. Ademais, como tais instituições compõem um sistema organizado em diferentes níveis e esferas de poder e governo, sua integração e a adoção de paradigmas de atuação pautados pela lógica dos direitos humanos e da transparência tornam-se processos muito complexos.

Porém, o próprio crescimento da incidência de atos violentos nas décadas passadas levou algumas Unidades da Federação, particularmente o Estado de São Paulo, a iniciar uma série de reformas gerenciais de suas polícias e buscar formas de integrar os esforços das várias instituições que compõem esse sistema que, no limite, é o responsável por processar e solucionar conflitos em nossa sociedade. Nesse contexto, também ganhou corpo a visão de que os fenômenos do crime, da violência, da desordem e do desrespeito aos direitos humanos resultam de múltiplos determinantes e causas.

Assim, a implementação de mudanças do próprio sistema de justiça e segurança pública, associada a uma perspectiva mais ampla das causas da

---

3   "Violência, criminalidade, segurança pública e justiça social", in: *Revista Brasileira de Informação Bibliográfica em Ciências Sociais*, número 50. São Paulo, Relume Dumará, 2000.

violência, levou à admissão por parte das autoridades públicas e dos estudiosos do tema, de que a incidência da violência e do crime sofre influência da conjuntura social e demográfica, da presença de fatores de risco, da execução de políticas sociais e urbanas, de estratégias de prevenção, entre outras ações. Sob essa ótica, ainda que as polícias e a justiça criminal sejam decisivas nos esforços de combate à violência e preservação da paz, foram incorporados a esses esforços novas instituições e atores sociais e foram adotadas novas práticas que, certamente, implicaram a reversão dos indicadores de criminalidade nos anos recentes.

Delimitar o papel de cada um desses fatores, de múltiplas naturezas e complexas inter-relações, é tarefa ainda de difícil execução, mas reconhecê-los é o primeiro passo para avaliar sua influência e buscar entender suas conexões, fornecendo, assim, ao poder público e à sociedade, novas abordagens e novos métodos de combate à violência urbana.

As seções subsequentes deste trabalho relacionam os principais fatores explicativos da redução dos índices de violência em São Paulo que têm sido mencionados em diferentes estudos. Espera-se, com isso, tão somente sistematizar essas contribuições, de forma sumária, com vistas a contribuir ao debate do tema.

Aperfeiçoamento dos mecanismos de planejamento, gestão e controle

Um dos argumentos mais mobilizados na explicação da recente e acentuada queda nos homicídios em São Paulo está associado à gestão das políticas de segurança pública, particularmente às reformas gerenciais focalizadas e ao planejamento estratégico adotado nos últimos dez anos pela Secretaria de Segurança Pública. Entre essas iniciativas, mencionam-se a ampliação do DHPP, a criação da Superintendência de Polícia Técnica e Científica, o estabelecimento de prioridade para a prisão de homicidas seriados, a compatibilização de áreas de atuação das duas polícias territoriais e o policiamento comunitário, entre outras.

Também se adequam a essa visão os que destacam que os governos federal e paulista têm concentrado esforços para o aprimoramento técnico da atividade policial e da gestão da justiça e das instituições de segurança pública, nas seguintes vertentes:

• planejamento e avaliação de políticas;

• modernização e ampliação dos sistemas de comunicação e do uso de novas tecnologias;

• gestão da informação (Infocrim, Sistema de Metas de Atuação Policial);

• práticas e procedimentos de ação com referências aos pressupostos de garantia de direitos (Proteção a Testemunhas, Programa Bem Me Quer, criação dos POPS – Protocolos Operacionais Padrão pela PM, operações saturação e virada social, entre outros);

• políticas locais de prevenção (como o policiamento comunitário);

• formação e valorização profissionais, inclusive a inclusão de disciplinas sobre direitos humanos nas academias de polícia e escolas dos profissionais do campo;

• ampliação dos meios de controle interno e externo (Ouvidorias e Corregedorias; Comissão para Redução da Letalidade Policial);

• criação de espaços institucionais que ampliam o acesso à justiça e à garantia de direitos (Defensoria Pública, Tribunais Especiais, Polícia Científica, novas unidades da Fundação Casa, nova visão da política fundiária etc.).

Adicione-se a isso o aumento dos recursos públicos destinados à área de segurança pública que, em São Paulo, passaram de 6,6% em 1999, para quase 10% do total das despesas governamentais em 2006 (Gráfico 2).

GRÁFICO 2 – PERCENTUAL DE GASTOS NA FUNÇÃO SEGURANÇA PÚBLICA EM RELAÇÃO AO TOTAL DE DESPESAS CORRENTES – SÃO PAULO 1995-2006

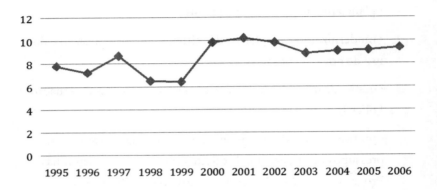

Fonte: Secretaria Nacional de Segurança Pública

Desarmamento

Também se vinculam a essa vertente os que defendem que o Estatuto do Desarmamento permitiu a retirada de armas de circulação e o consequente impacto positivo no movimento dos homicídios. São Paulo foi pioneiro em organizar *blitzes* para fiscalizar a presença de armas e munição. Para corroborar essa perspectiva, há estudos realizados com informações do Datasus para avaliar os impactos da campanha do desarmamento no índice de mortalidade por arma de fogo, registrando uma redução de 19,4% no número de mortes deste tipo, que passaram de 10.097 para 8.137, entre 2003 e 2004, exatamente no período de início de vigência da nova legislação. Há, ainda, a percepção de que o crescimento do encarceramento, superior à média nacional, tenha sido um dos fatores que também contribuíram para a redução dos homicídios.

Há outros trabalhos brasileiros do início dos anos 2000, como o elaborado por equipe do Instituto Brasileiro de Ciências Criminais – IBCCRIM, que visava estabelecer o risco de uma pessoa armada ser vítima de latrocínio. Lima, Sinhoretto & Pietrocolla (2000) coordenaram um estudo solicitado pela Secretaria de Segurança Pública do Estado de São Paulo realizado com base numa metodologia muito simples, a partir da construção de um experimento com grupos de controle baseados em amostras de ocorrências e inquéritos policiais. Essa preocupação é justificada pelos resultados de um estudo promovido pela Organização das Nações Unidas (1998), em que São Paulo aparece como o centro de uma estatística alarmante: 88% do total de homicídios cometidos na cidade envolviam armas de fogo. O Brasil figurou nesse mesmo estudo como o país onde mais homicídios foram cometidos por arma de fogo.

Após estimar o número de armas disponíveis na cidade de São Paulo, os pesquisadores cruzaram esses números com os dados de casos de roubos seguidos e não seguidos de assassinato registrados pela polícia. A conclusão da pesquisa é que uma pessoa que carrega uma arma no momento do crime tem 56% mais chance de ser assassinada. O estudo mais detalhado a que temos acesso é o produzido por Daniel Cerqueira para a sua tese de doutorado na PUC/RJ. Apesar da escassez de dados sobre a prevalência de armas de fogo e os problemas metodológicos subjacentes, as conclusões deste pesquisador apontam para o fato de que quanto menor o número de armas, menor o número de mortes. A fim de estimar o efeito causal de armas de fogo no crime, o autor elabora dois modelos alternativos, onde as *proxies* para a quantidade de armas de fogo em circulação foram, respectivamente, as apreensões de armas de fogo registradas pela polícia e o número de suicídios cometidos por armas de fogo.

Como estratégia de identificação, para resolver os problemas de simultaneidade e de variáveis omitidas, as variações temporal e *cross-section* de dados foram exploradas em um painel com efeitos fixos. Cerqueira utilizou o Estatuto do Desarmamento (ED) como um instrumento em seu modelo, bem como sua interação com os resultados do referendo sobre o desarmamento que ocorreu no Brasil, que serviu como uma *proxy* para "preferência por armas de fogo nas cidades" ou, alternativamente, a interação do ED com o tamanho das cidades. Os resultados indicaram que a cada 18 armas de fogo apreendidas pela polícia, uma vida foi poupada, ou, em outras palavras, a elasticidade de armas de fogo em relação a homicídios foi igual a 2. Assim, entre 2001 e 2007, há indícios de que cerca de 13.000 vidas foram poupadas em São Paulo como resultado da política de desarmamento, o que corresponde a 21% de redução no número de homicídios no período.

Papel dos municípios

Outra questão que tem sido ressaltada no âmbito das políticas de segurança é a entrada de novas instituições na agenda da segurança pública, como é o caso das prefeituras municipais. De acordo com a Constituição, segurança pública, em sentido estrito (gestão policial), é de competência dos governos estaduais, ficando a cargo dos municípios apenas a proteção do seu patrimônio.

No entanto, com o aumento da violência nos anos 80 e 90, o papel dos municípios na prevenção ao crime e da violência tem sido repensado a partir da lógica local. Isso, aparentemente, provocou uma mudança de olhar, do repressivo para o preventivo, e deslocou a visão do crime para a da violência, em que medidas e intervenções no cenário urbano seriam a senha para alterar o quadro de insegurança.

De modo simplificado, cinco políticas de natureza municipal se destacam: criação das Guardas Municipais; institucionalização de conselhos, secretarias e planos municipais de segurança; acesso dos municípios aos recursos do Fundo Nacional de Segurança Pública; e, em algumas cidades, criação da lei de restrição de funcionamento de bares e venda de bebidas alcoólicas.

Segundo o IBGE, 28,7% dos municípios de São Paulo possuíam Guardas Municipais em 2006, contra uma média nacional de 14,1%. Note-se que alguns Estados exibem taxas de homicídios superiores à de São Paulo, a despeito de possuírem maior proporção de municípios com Guardas, como é o caso do Rio de Janeiro, onde 71,7% dos municípios dispõem dessa instituição. Quanto aos conselhos e instituições assemelhadas, o IBGE não informa a quantidade de municípios por Estado que as criaram, mas apenas que 445 municípios no país as instituíram.

Já os recursos da União repassados aos municípios por meio do Fundo Nacional de Segurança Pública somaram R$ 111.283.104,34, entre 2003 e 2007. Apenas em 2007, foram repassados R$ 42.363.550,76 para 95 municípios na forma de convênio, dos quais 37 (39%) localizados em São Paulo. Tais recursos privilegiaram, principalmente, a execução de ações de prevenção e treinamento (Gráfico 3).

Ainda em 2000, o papel das cidades, do espaço urbano na explicação dos homicídios já era por mim destacado. Em texto daquele ano, destaco que "o crime em São Paulo assumiu tal centralidade na vida cotidiana que acaba colaborando na redefinição de paisagens e comportamentos. A maioria dos crimes violentos ocorre nos bairros de periferia, em geral os mais pobres e com os piores indicadores sociais. O crime emerge como um elemento a mais num contexto de profundas carências estruturais e de ilegalismos. O Estado não está simplesmente ausente, mas sua presença pode dar-se de forma ambígua e arbitrária: repressor, paternalista ou clientelista. Nesta linha, a população de São Paulo estaria convivendo com o que se pode denominar de falência gerencial da cidade, ou seja, estaria vivenciando a inexistência de mecanismos e políticas públicas dos governos municipais, estadual e federal, no sentido da falta de ações globais de incentivo e construção da cidadania e, ainda, de políticas de pacificação social".

GRÁFICO 3 – RECURSOS DO FUNDO NACIONAL DE SEGURANÇA REPASSADOS PARA MUNICÍPIOS NA FORMA DE CONVÊNIOS – BRASIL (2003 – 2007)

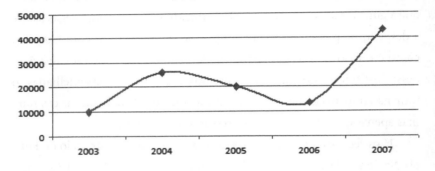

Fonte: Secretaria Nacional de Segurança Pública

De acordo com esse raciocínio, a redução dos homicídios estaria associada, exatamente, à incorporação pelas prefeituras de agendas da área da segurança pública e, consequentemente, na reorganização dos seus serviços e do espaço urbano a partir da perspectiva da prevenção. Um exemplo seria a restrição no funcionamento de bares e de consumo de bebidas alcoólicas. Sobre ela, há pesquisas importantes sobre casos emblemáticos, como o de Diadema, que estabelecem correlação estatística entre a restrição no funcionamento de bares, a diminuição do consumo de álcool e a redução dos homicídios. Contudo, elas não esgotam o tema, pois seria desejável estabelecer estudos comparativos das evidências empíricas das diversas cidades que adotaram tal política, assim como com outras, que componham um grupo de controle.

Participação social

De igual modo e sem desconsiderar o papel do Estado, outras correntes ressaltam a importância dos movimentos que ocorrem na sociedade civil como elemento crucial para entender esse quadro. Especialistas chamam a atenção para o papel das organizações sociais e da comunidade que, em parceria com o poder público, contribuíram para a supressão de uma importante lacuna institucional dos projetos públicos, integrando a população vulnerável como agente ativo nas políticas de combate à violência e no aumento da eficiência das ações públicas.

No entanto, à semelhança dos estudos sobre o papel de políticas municipais, aqueles dirigidos ao aumento da participação popular em áreas de alto risco têm natureza localizada e são grandes as dificuldades para extrapolar seus resultados para domínios geográficos mais amplos, não obstante o potencial de intervenção que as experiências locais sugerem.

Redução das disputas de territórios por facções criminosas

Uma outra linha de argumentação, também centrada nas formas de sociabilidade da população em áreas periféricas e de maior risco, destaca a emergência de um padrão de regulação da ordem estabelecido pelo próprio crime organizado. Segundo essa corrente, defendida por segmentos policiais e por estudos etnográficos, há uma percepção difusa nessas áreas de que a hegemonia de uma facção criminosa (o PCC) teria contribuído para a regressão das taxas de homicídios ao atuar na mediação de conflitos e na manutenção da ordem, no sentido de "pacificar" territórios antes dominados por várias quadrilhas ligadas ao tráfico de drogas.

186   RENATO SÉRGIO DE LIMA

Tal hegemonia, segundo relatos de policiais, decorreria do fato de o PCC ter assumido o comércio atacado de drogas ilícitas em São Paulo e imposto aos grupos locais a compra de cotas fixas de entorpecentes, o que teria refreado a disputa por territórios. Também aqui a questão da generalização de uma ação localizada para domínios geográficos mais amplos se coloca. Ademais, ao considerar a percepção dos segmentos sociais sobre a violência letal, incorpora-se uma noção difusa de "homicídios" tal como entendido por esses segmentos, que não corresponde às categorias jurídicas e sociais formalmente aceitas no país.

Demografia e aspectos socioeconômicos

Outra linha de argumentação ressalta que, embora o comportamento da taxa de homicídios possa ser discutido no âmbito específico das políticas de segurança pública ou dos movimentos da sociedade, o quadro da criminalidade deve ser compreendido sob uma perspectiva mais ampla. Assim, considera que fatores de natureza estrutural e transformações sociais de longo e médio prazos também contribuíram para a reversão dos indicadores de homicídios em São Paulo, na medida em que potencializam a eficácia das ações policiais. Nesse sentido, a queda da criminalidade resultaria da confluência de fatores demográficos, sociais e econômicos, que se mostraram amplamente favoráveis para a redução da taxa de homicídios.

Assim, em primeiro lugar, as transformações de ordem demográfica implicaram a redução do tamanho dos estratos populacionais jovens, cujo risco de se envolver em atos violentos é mais elevado – não por acaso, foi exatamente nesses estratos que a taxa de homicídio mostrou maior decréscimo. Veja-se, por exemplo, a participação do segmento de 15 a 24 anos no total da população paulista, que passou de 19,4%, em 2000, para 17,6%, em 2006 (Gráfico 4). Desta forma, argumenta-se que a redução do número de jovens – reflexo das reiteradas quedas da taxa de fecundidade iniciadas na década de 80 – diminuiu o segmento populacional mais exposto aos riscos da violência, o que potencializa a eficácia dos novos padrões de atuação policial, gerando resultados positivos no combate à violência em São Paulo.

GRÁFICO 4 – PRODUÇÃO DE POPULAÇÃO RESIDENTE DE
15 A 24 ANOS SÃO PAULO (2000-2006)

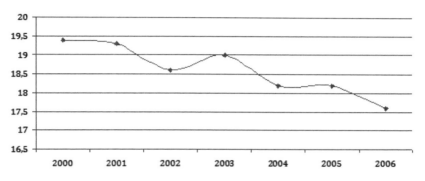

Fonte: IBGE – Pesquisa Nacional por Amostra de Domicílios.

A essa mudança do quadro demográfico, soma-se outra dimensão importante: a elevação da escolarização da população, em geral, e dos mais jovens, em particular. É de se esperar que uma população mais instruída seja capaz de resolver seus conflitos de forma não violenta. Admitindo essa hipótese, pode-se concluir que a rápida expansão do acesso à escola, sobretudo dos mais jovens, tenha reduzido a incidência de atos violentos na resolução de conflitos. Ademais, além do papel na formação e socialização de sua clientela, a escola pode também cumprir um papel protetor, sobretudo quando seus alunos residem em áreas de risco. Assim, por várias razões, a virtual universalização do acesso à escola pode ter provocado um impacto positivo não desprezível nos indicadores de violência fatal em São Paulo.

Por último, outro ponto a ser destacado é que as transformações demográfica e social se sobrepõem a uma conjuntura econômica favorável à incorporação de amplos segmentos sociais ao mercado de trabalho. Ainda que o desempenho da economia expresse um comportamento errático desde final da década de 90, para a média do período o Índice Real do Valor Adicionado Paulista se elevou (Gráfico 5), o que, por sua vez, traduziu-se na recuperação paulatina da renda (Gráfico 6). Esse quadro engendrou uma conjuntura favorável para o mercado de trabalho, expressa pela diminuição da taxa de desemprego e aumento da taxa de participação: entre 1999 e 2006, enquanto a taxa de desemprego diminuiu de 12,6% para 10,0%, a taxa de atividade – proporção de pessoas com dez anos e mais incorporadas ao mercado de trabalho como ocupadas ou desempregadas – aumentou de 56,8% para 62,6% no Estado de São Paulo. Ao par da recuperação da autoestima dos novos ocupados e dos ganhos monetários, a própria intensificação do uso do tempo em atividades produtivas tende a reduzir a exposição a situações de risco dos indivíduos reinseridos no mundo do trabalho.

GRÁFICO 5: ÍNDICE REAL DO VALOR ADICIONADO BRUTO A PREÇO BÁSICO

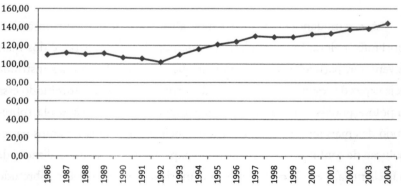

Fonte: Instituto Brasileiro de Geografia e Estatística – IBGE; Fundação Seade.
Nota: O índice real foi calculado com base no valor adicionado a preço de 2004.

GRÁFICO 6: RENDA DOMICILIAR PER CAPITA MÉDIA[1]
ESTADO DE SÃO PAULO (1993-2006)

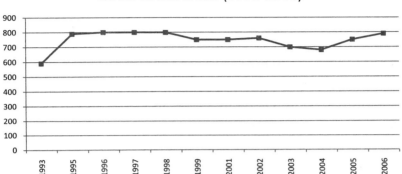

Fonte: Fundação IBGE. Pesquisa Nacional por Amostra de Domicílios – PNAD.
(1) Valores em Reais, atualizados pelo INPC para setembro de 2006.

Encarceramento

Um dos argumentos que ganham maior destaque no debate sobre redução de homicídios é, sem dúvida, aquele que associa a queda desses crimes à política de encarceramento adotada pelo Estado de São Paulo. Segundo alguns especialistas, o crescimento no número de prisões e a construção de vários presídios surtiram efeito e conseguiram interferir na dinâmica da criminalidade, na exata medida em que "retiraram das ruas" indivíduos com trajetórias na delinquência. Todavia, no que diz respeito ao aumento da população carcerária no Estado, a taxa de encarceramento de fato cresce de forma linear desde 1994, conforme Gráfico 7, mas a taxa de mortalidade por agressões cresce até 1999, quando sofre inflexão e apresenta queda mais acentuada do que o crescimento da população prisional, em especial, a partir de 2003.

Em outras palavras, a queda dos homicídios só ocorreu após seis anos de crescimento simultâneo ao número de prisões, indicando que, ao contrário do que o argumento do encarceramento massivo supõe, o sucesso na inflexão da tendência deste tipo de crime pode ter ligação com outros fatores e não apenas com a prisão. Uma hipótese possível é que, a partir de 1998, a Polícia de São Paulo, com ênfase para o Departamento de Homicídios e Proteção à Pessoa – DHPP, vinculado à Polícia Civil e que atua na Capital, priorizou a prisão dos "homicidas contumazes", numa estratégia de enfrentar tais crimes por meio da identificação e prisão de indivíduos responsáveis por múltiplas mortes. Nesse movimento, mais do que o número de prisões em si, que seria observável pelos dados do Gráfico 7, o que parece ter surtido maior efeito é, em verdade, o fato de se priorizar prisões de pessoas que representassem riscos sociais elevados.

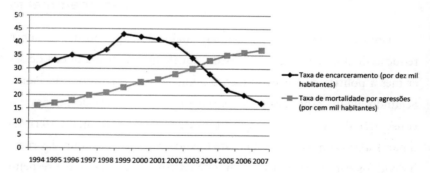

GRÁFICO 7: TAXA DE ENCARCERAMENTO E TAXA DE MORTALIDADE POR AGRESSÕES – ESTADO DE SÃO PAULO (1994-2007)

Considerações finais

As discussões travadas no Workshop que motivou a redação do presente texto confirmam a importância dos pesquisadores e gestores da área pensarem abordagens multifatoriais em relação aos homicídios e, com isso, estabelecerem programas de pesquisa e monitoramento da violência letal que considerem tanto aspectos mais imediatos, como os associados à gestão das políticas de segurança pública e das instituições policiais, quanto elementos socioeconômicos e demográficos. Por certo, na agenda das políticas públicas, esta tarefa pode parecer por demais grandiosa mas, em verdade, o desafio será o de estruturar sistemas de informação que consigam ponderar a existência de múltiplos fatores e, na medida dos recursos técnicos disponíveis, identificar preponderâncias e principais características. Mais do que esgotar todas as variáveis deste território explicativo pretendeu-se, aqui, um panorama breve dos principais determinantes da violência letal em São Paulo e no Brasil.

Em termos teóricos, a mesma discussão feita durante a década de 1990 para tentar compreender o crescimento dos homicídios aplica-se ao debate sobre a redução desses crimes na década de 2000, ou seja, num contexto que associa questões espaciais, urbanas, sociais, institucionais e culturais, os conflitos que resultam em morte em São Paulo estariam inseridos numa lógica (informada de forma multifacetada) que opera simbolicamente o imaginário social de como estes deveriam ser resolvidos e, portanto, a agenda de pesquisas deveria pensar o valor moral da vida e os papéis do Estado, em suas múltiplas esferas, instituições e poderes, e da morte violenta na linguagem corrente que organiza as relações sociais na metrópole.

Capítulo 9

Visões de política criminal em São Paulo[1]

Renato Sérgio de Lima
Frederico de Almeida
Jacqueline Sinhoretto

O objetivo do presente capítulo é apresentar resultados da pesquisa "Visões de Política Criminal", realizada pelo Núcleo de Pesquisas do Instituto Brasileiro de Ciências Criminais – IBCCRIM entre março de 2006 e agosto de 2007. Partindo de um mapeamento do debate contemporâneo de política criminal na doutrina jurídica e nos meios de comunicação, e de uma série de entrevistas semiestruturadas com operadores da justiça criminal, aplicou-se um *survey* a juízes e defensores públicos atuantes no Fórum Criminal Mário Guimarães; a aplicação do questionário aos membros do Ministério Público foi prejudicada pela recusa em bloco dos promotores de justiça atuantes naquele fórum em responder à pesquisa, manifestada em posição das secretarias das promotorias criminais lá

---

1   Elaborado a partir de pesquisa apoiada pelo CNPq, em 2005, no âmbito do Núcleo de Pesquisas do Instituto Brasileiro de Ciências Criminais – IBCCRIM.

instaladas, e por tal razão recorreu-se a dados secundários, e à pesquisa bibliográfica e documental para traçar um panorama da visão de política criminal dessa instituição.

A recusa das secretarias das promotorias criminais do Fórum da Barra Funda foi justificada pela suposta parcialidade da pesquisa, já que realizada pelo IBCCRIM, uma entidade atuante há quinze anos no debate público sobre política criminal, em geral associada a movimentos de direitos humanos e de juristas contrários à expansão do direito penal e defensores de uma prática jurisdicional constitucional-garantista. Nesse sentido, o Instituto é normalmente apontado por seus críticos como "excessivamente liberal", ou ainda, como uma "entidade de advogados", que refletiriam por meio da discussão doutrinária das ciências criminais seus interesses profissionais em um sistema penal mais brando e com práticas processuais mais benéficas aos réus.

Esse fato, mais do que comprometer a coleta de dados empíricos pretendida, colocou com mais evidência o problema de objetivação da atividade de pesquisa, segundo o qual a posição do pesquisador deve também ser objeto de análise e crítica. Nesse sentido, os resultados expostos a seguir refletem as divisões e concorrências entre grupos profissionais do campo jurídico criminal, no qual o IBCCRIM se insere duplamente, ao se posicionar em temas de doutrinas e políticas criminais, e ao produzir conhecimento sobre a configuração do campo de disputas em torno da administração da justiça criminal.

Acredita, assim, estar contribuindo para a ampliação de um debate interdisciplinar a grupos e atores sociais não especializados em direito penal sobre o significado, a eficácia e os limites do controle social estatal, em que afinal todos nós cidadãos pactuamos a entrega de parte de nossas liberdades individuais na expectativa de preservar os direitos fundamentais. Deliberações dessa gravidade não podem, numa sociedade democrática, ficar restritas a circuitos de técnicos, uma vez que a própria técnica jurídica – e já não serão os operadores da justiça criminal paulista a negá-lo – é tributária de concepções sobre natureza política das relações entre o Estado penal e o indivíduo.

Fórum da Barra Funda – o cenário

A pesquisa das concepções de operadores jurídicos a respeito das políticas criminais deu-se num espaço específico, cujo conhecimento será útil para a compreensão das relações estabelecidas entre os diferentes atores desse cenário social tão particular, as quais podem ter uma repercussão importante na maneira como os indivíduos ouvidos pela pesquisa elaboram suas percepções e opiniões sobre as condições em que ocorre o controle estatal da criminalidade.

Trata-se do Complexo Jurídico Ministro Mário Guimarães, localizado na avenida Doutor Abraão Ribeiro, no bairro paulistano da Barra Funda, ou simplesmente fórum criminal, já que na cidade de São Paulo todas as varas criminais estão aí centralizadas. O município de São Paulo tem em torno de dez milhões de habitantes e conta com onze foros regionais instalados e quatro unidades de Juizado Especial Cível (seis foros regionais ou distritais criados não foram instalados), mas todas as 31 varas criminais e três das varas de júri funcionam no fórum criminal. Por essa característica, é um espaço privilegiado de estudo do funcionamento cotidiano da justiça criminal de primeira instância na capital paulista.

O edifício da Barra Funda foi inaugurado em 08 de dezembro de 1999, e sua construção aproveitou uma planta que seria inicialmente destinada a um hospital. Tem uma área construída de 115 mil m^2 e 80 mil m^2 de área externa. Imensidão é uma palavra adequada para a descrição de um espaço onde tudo é superlativo: algo em torno de 10 mil pessoas ali circulam por dia, entre três mil servidores, réus soltos, réus presos, testemunhas, vítimas, familiares, policiais.

À época da aplicação dos questionários (setembro e outubro de 2006) havia 111 juízes distribuídos entre as varas, outros departamentos criminais e juizado especial criminal, por volta de 80 promotores de justiça, 27 defensores públicos e 67 procuradores do Estado nas funções de assistência judiciária. Além desses operadores jurídicos, um grande conjunto de funcionários e estagiários das instituições trabalha diariamente no fórum, incluindo policiais militares. Ainda há funcionários de unidades bancárias, da lanchonete, da segurança patrimonial, do serviço de atendimento a vítimas de violência – o CRAVI, do órgão de assistência aos presos e egressos – a FUNAP, dos órgãos de classe dos advogados como a OAB e a ACRIMESP. Advogados, seus estagiários e policiais civis frequentam o fórum periodicamente. Réus, vítimas e testemunhas são personagens cotidianas do cenário, contudo sua experiência individual com aquele espaço é bem diferente daquela dos que trabalham no fórum.

Apesar da imensidão e da aparente multidão que ocupa o fórum criminal, tanto os espaços internos quanto os indivíduos estão divididos em usos e grupos heterogêneos, rigidamente hierarquizados.

O enorme estacionamento que circunda o edifício é dividido em áreas de acessos controlados, onde entram apenas viaturas, veículos de servidores das instituições públicas e portadores de carteira da OAB ou visitantes previamente autorizados. Os usuários eventuais do fórum não têm permissão de estacionar. Para o ingresso no edifício é necessária uma revista das bolsas, sacolas e volumes transportados e é preciso passar pelo arco detector de metais. Por volta das 13 horas, quando têm início as audiências, formam-se filas divididas por categorias profissionais.

Logo à entrada avistam-se grandes corredores, com rampas, elevadores e uma infinidade de portas identificadas pelos serviços que as ocupam.

Não é difícil um usuário eventual desorientar-se, dada à semelhança das alas e dos andares e ao vai-e-vem incessante de pessoas. Pelas paredes há cartazes e publicidade de eventos e cursos direcionados para a comunidade jurídica, bem como de serviços destinados aos trabalhadores do fórum. Essa aparência de espaço público dos corredores contrasta com as barreiras físicas ou rituais de acesso às salas e corredores internos.

Os usuários do fórum são classificados pela vestimenta e por sua postura corporal, havendo algumas categorias fixadas na prática. A existência dessas categorias relativamente fixas tornou-se perceptível no estranhamento de porteiros e oficiais à presença dos pesquisadores, ora identificados como advogados ora como estagiários de Direito, a depender de sua vestimenta e postura, recebendo tratamentos diferenciados conforme a classificação recebida. Também no contato com juízes e defensores, a categoria de pesquisador podia suscitar estranhamentos, mas a ligação com o IBCCRIM acabava funcionando como uma identidade do campo jurídico, de maneira que os simpatizantes do instituto rapidamente acolhiam os pesquisadores com essa simpatia e o oposto acontecia com os críticos do instituto.

É possível empreender a análise das posições ocupadas e das relações estabelecidas pelos indivíduos no espaço do fórum através dos indicadores de vestimenta e separação dos espaços de circulação. A corporalidade, isto é, as expressões, o gestual, a fala, os movimentos são também indicativos das posições sociais desempenhadas, bem como os cuidados de circunscrição dos corpos dos indivíduos (Sinhoretto, 2005).

No topo da hierarquia do fórum estão os juízes e isto é evidente em sua vestimenta sóbria e refinada, em sua corporalidade rígida, e nas barreiras de acesso aos espaços de trabalho. Para falar com um juiz é preciso passar por vários procedimentos. Há um primeiro filtro realizado pelos funcionários localizados à entrada do corredor das varas criminais. Há ainda os oficiais porteiros das varas e, em alguns casos, ainda outros servidores do cartório para intermediar o acesso ao juiz. É preciso ainda aguardar uma brecha na agenda concorrida dos magistrados, geralmente antes ou depois das muitas audiências diárias. E, mesmo assim, isso não garante o acesso. Assistir às audiências, em tese públicas para os processos que não correm em segredo de justiça, na prática também necessita de autorização do magistrado, que via de regra consulta as partes sobre a conveniência de um observador, à exceção do júri. Sobre alguns magistrados, os funcionários das varas informam que eles "não gostam" que estagiários e visitantes assistam as audiências.

Os promotores de justiça ocupam também alto posto na hierarquia, com vestimentas semelhantes àquelas dos juízes e também o desempenho de rígida corporalidade. Os cuidados de separação de seus gabinetes em relação ao público também são visíveis, mas a barreira não está em cada gabinete (como ocorre com os juízes), mas na entrada do corredor, onde há uma porta de vidro, oficiais e não raro policiais militares. O acesso ao promotor, no fórum criminal, não é fácil, de certa maneira contrastando com a acessibilidade dos demais foros, onde há horários para o atendimento ao público.

É diferente o acesso ao espaço de trabalho dos defensores públicos e dos procuradores atuantes na assistência judiciária. Eles não têm gabinetes individuais, mas espaços coletivos de trabalho, onde há uma recepção mais informal dos visitantes, mediada por um funcionário uniformizado. Desse ponto de vista, os cuidados de separação espacial dessas categorias são muito menos intensos e é também verdadeiro que sua apresentação corporal e sua vestimenta são mais diversificadas, embora sempre enquadradas pela estética forense. O caso dos advogados é o mais heterogêneo entre os operadores jurídicos, pois sua apresentação corporal e sua vestimenta variam muito quanto à posição social e à inserção profissional, isto é, entre eles as clivagens educacionais e econômicas produzem efeitos de diferenciação no interior do campo jurídico, não tão facilmente identificáveis entre as outras profissões do campo. O mesmo se dá com os estagiários de direito os quais, mesmo sendo um grupo numeroso e frequente no espaço do fórum, têm uma inserção ainda precária no campo profissional, aumentando ainda mais sua heterogeneidade.

Entretanto, não é difícil ao atento observador identificar os profissionais do direito, de um lado, e os demais usuários do fórum como testemunhas, réus e seus familiares, por outro. Se a vestimenta não fosse um signo de distinção, a linguagem, a fala e o movimento expressivo da familiaridade com as regras do espaço seriam eficientes em indicar as diferenças. Com toda a heterogeneidade que pode haver num grupo de milhares de pessoas que passa diariamente pelo fórum, duas tendências podem ser notadas: a vestimenta e a postura expressam que a maioria desses usuários pertence a classes economicamente inferiores à dos profissionais jurídicos; a visita ao fórum criminal é uma ocasião revestida de solenidade, expressa na escolha de uma vestimenta bem cuidada, adequada à seriedade impressa pelo ritual judiciário. Muitas mulheres comparecem acompanhadas de suas crianças, também especialmente vestidas para uma ocasião importante.

Desse grupo se destacam ainda os réus presos, de constante presença no fórum criminal. Chegam em veículos especiais fechados, escoltados por viaturas policiais, e muitos vêm de penitenciárias no interior do estado, percorrendo viagens longas. O deslocamento dos presos foi uma das justificativas para a escolha do local de instalação do fórum, de acesso escasso por meio do transporte urbano, mas perto das vias expressas que conduzem às principais rodovias paulistas. Os presos circulam pelo fórum sempre algemados uns aos outros em fila, com o notório uniforme dos presídios, postura constrita e cabeça baixa. São cercados por policiais militares (evidentemente armados) e despertam a atenção de muitos, atraindo sobre seus corpos e gestos olhares nitidamente inquisidores. Em geral permanecem calados nos corredores, o silêncio é rapidamente rompido no contato que aí tem com familiares e conhecidos que lhes servirão de testemunhas nas audiências. Ainda sob olhares públicos, devem responder a uma série de perguntas dos oficiais porteiros, que às vezes exigem que se fale em voz alta.

As condições de realização da pesquisa

Como já mencionado, as relações próprias do campo jurídico configuram as facilidades e dificuldades de realização de uma pesquisa sobre a justiça criminal, mesmo sendo ela uma sondagem de opinião de caráter quantitativo, como esta que se apresenta. O fato de a pesquisa ser realizada pelo IBCCRIM nunca foi irrelevante e marcou definitivamente as relações entre os pesquisadores e os entrevistados, mesmo que a identidade profissional dos sociólogos pudesse ser percebida como estranha ao universo forense.

A natureza política da constituição do instituto como um ator importante do debate sobre política criminal não passou despercebida e foi, em muitas circunstâncias, o motivador da boa ou da má recepção da pesquisa entre seu público. Foi o motivo verbalizado pelos promotores criminais da Barra Funda para a recusa da pesquisa e pode ter sido um motivo não informado da presteza ou da morosidade de outros operadores em responder ao questionário.

Aconteceu dessa vez, como já tinha ocorrido em outros estudos, que o entrevistado aceitasse participar da pesquisa, creditando a ela legitimidade científica e, no momento da entrega do questionário respondido, transmitisse ao pesquisador suas opiniões e discordâncias em relação a teses ou posições assumidas pelo IBCCRIM no debate público sobre política criminal. No mesmo sentido, não foi incomum que entrevistados perguntassem ao pesquisador como fazer para se associar ou para obter publicações do instituto. Essas ocorrências revelam que para grande parte dos atores do campo jurídico não há distinção entre a atuação do instituto na produção do conhecimento e sua atuação no debate da política criminal.

Assim, a produção e a circulação do conhecimento sobre a justiça criminal – ao menos na realidade paulista – é uma atividade em que as disputas de posição no campo se explicitam, tornando inúteis as pretensões de neutralidade. É um tema para o qual (lembrando Said, 2001) a tentativa de distinção entre conhecimento puro e conhecimento político nada esclarece, pois os próprios atores tornam sempre evidente que a produção científica é parte do conjunto de relações políticas estabelecidas no campo (Bourdieu, 1989). Mesmo a expressão das opiniões, como a aceitação ou a recusa da participação, está implicada numa rede de interesses e posições. Tudo isso alerta os pesquisadores para a natureza reflexiva da atividade de pesquisa, fazendo com que as circunstâncias práticas lidas por um positivista como dificuldades na coleta dos dados, sejam aproveitadas como oportunidades de explicitação das relações e disputas estabelecidas pelos agentes sociais, em relação às quais o pesquisador não é alheio e passivo.

Num campo abertamente politizado como esse, a atividade de pesquisa sempre envolve um interesse engajado e, no caso presente, implica um esforço de engajamento de um grupo de pesquisadores que pretende ampliar as fronteiras do debate sobre política criminal no Brasil – que tem ficado restrito a pequenos grupos de técnicos com capacidade de formulação de normas e políticas. O debate sobre política criminal não pode, nos parâmetros de uma sociedade democrática, ficar condicionado à discussão de aspectos técnicos e dogmáticos. Por envolver concepções sujeitas à deliberação pública como as condições e os limites da intervenção estatal sobre o exercício da liberdade individual, as relações entre o direito e os valores morais, os mecanismos de garantia da eficácia do direito, este é um debate que não pode ficar restrito a um grupo de especialistas sejam eles juristas, sociólogos ou gestores públicos. Trabalhar pela ampliação das fronteiras da deliberação pública sobre as políticas criminais é o interesse que moveu os realizadores deste estudo.

Dimensões e programas de política criminal

O elemento nuclear de qualquer doutrina penal é, obviamente, a *pena*, suas finalidades e sua aplicação. Por outro lado, da crítica radical da pena elaborada pelas diversas vertentes do *abolicionismo penal*, ao elogio da punição como castigo e ressocialização mantido pela escola da *nova defesa social*, a incorporação dessas correntes doutrinárias na prática da justiça criminal deve considerar, ainda, as dimensões do processo penal e das instituições responsáveis pela aplicação da pena. Daí porque outras doutrinas penais, como o *garantismo* e os movimentos *lei e ordem* e *tolerância zero*, podem ser vistas como programas de ação das teorias antipunitivas (abolicionistas ou do direito penal mínimo), e de defesa social, respectivamente, dando maior ênfase ao debate sobre a aplicação do direito penal, ao sistema processual e às políticas institucionais de contenção da criminalidade (Carvalho, 2002 e Azevedo, 2002).

Nesse sentido, o que se chama de *política criminal* pode ser analiticamente dividido em *três dimensões*, em relação às quais se definiriam as posições que, combinadas, representariam os diferentes *programas de política criminal* (Quadro 1):

QUADRO 1: DIMENSÕES E PROGRAMAS DE POLÍTICA CRIMINAL

Programas de política criminal (correntes)	Dimensão da política criminal (variável)		
	Legislação penal (penalização de condutas) (A)	Instituições (capacidades institucionais) (B)	Legislação processual (garantias individuais) (C)
I	Baixo	Baixo	Alto
II	Baixo	Alto	Alto
III	Alto	Alto	Alto
IV	Alto	Alto	Baixo

A primeira dimensão (A) de política criminal a ser considerada é a da *pena*, representada por meio da variável *legislação penal*, operacionalizada como *maior ou menor tipificação de condutas novas e/ou aumento de penas de condutas já tipificadas*. Dentre as questões exploradas em relação a essa variável, no questionário aplicado, estavam a da eficácia e do rigor da legislação penal, medidas de descriminalização e despenalização, lei 9.099/95, proteção penal de interesses difusos etc.

A segunda dimensão (B) é a das *instituições*, variável operacionalizada em termos de *maior ou menor capacidade institucional* – entendida como capacidades humanas e materiais, mas também capacidade de ação unilateral/discricionária, tradicionais ou inovadoras, preventivas ou repressivas. Em relação a essa variável, o instrumento de coleta de dados explorou questões relacionadas a infraestrutura institucional, controle externo, poderes do Ministério Público, administração do inquérito policial etc.

Por fim, a terceira dimensão (C) a se considerar é a do *processo*, por meio da variável *legislação processual*, operacionalizada no gradiente *mais ou menos garantias individuais*. As questões exploradas pelo questionário aplicado diziam respeito ao contraditório, ampla defesa, progressão de regime, recursos, estado de inocência, defesa técnica etc.

Assim, a combinação dessas variáveis, aplicadas a partir de uma escala que permitisse valorar "alto" e "baixo" em cada uma delas, permitiria ao final identificar quatro *correntes hipotéticas*, ou quatro *tipos-ideais de programas de política criminal*. Para validar tal procedimento, uma bateria de entrevistas de teste foi feita para ajudar a determinar o sentido da escala, ou seja, estabelecer quando cada uma das correntes descritas está associada a uma posição "alta" na escala e quando essa deve ser associada à posição "baixa".

A primeira corrente (I) incluiria posições associadas ao abolicionismo, ao direito penal mínimo e ao garantismo; daria ênfase na residualidade da legislação penal (e na expansão da ação social e administrativa do Estado), na limitação das capacidades institucionais das agências de controle penal, e nas garantias individuais como limitação ao poder punitivo do Estado. A segunda corrente (ii) revelaria adesão aos pressupostos do direito penal mínimo e do garantismo, apostando, contudo, no reforço das capacidades das agências de controle penal e na engenharia institucional para o aumento da eficácia do sistema penal. A terceira corrente (iii), além de enfatizar o reforço das capacidades institucionais, incluiria em seu programa a expansão da tutela penal a novos bens jurídicos e/ou o aumento das penas dos crimes já existentes, mantendo, contudo, o sistema de garantias individuais do processo penal. A quarta corrente (iv) incluiria posições mais próximas dos movimentos de lei e ordem, defesa social e governo penal da sociedade, com foco no Estado e na sociedade em detrimento da proteção do indivíduo, apostando na expansão da tutela penal e no aumento das penas, no reforço das capacidades institucionais de controle penal, e na limitação do sistema de garantias individuais.

Nesse sentido, embora os *extremos ideológicos* desses programas político-criminais (i e iv) sejam facilmente identificados no debate doutrinário (e, de certa forma, também no debate político fundamentado doutrinariamente, muito comum no campo jurídico analisado), o principal resultado da pesquisa foi a confirmação de que há, entre os operadores da justiça criminal, uma zona de consenso, um *centro político-criminal* (representado no quadro acima por variações das correntes ii e iii nas células ii.b, iii.b, ii.c, iii.c), caracterizado pelo reconhecimento comum da necessidade de reforço das capacidades institucionais e da importância do sistema de garantias individuais, diferindo, contudo, quanto à eficácia da expansão da tutela penal e ao sentido (repressivo, contrarrepressivo ou preventivo) do aumento do reforço institucional.

A descoberta desse centro político-criminal ao mesmo tempo explica e reflete o sucesso da penetração de teorias penais funcionalistas, seja no debate acadêmico, seja na prática da produção e aplicação do direito penal contemporâneo, por meio de suas manifestações de *direito penal do risco* (baseado em produção legislativa pelo Executivo, antecipação da tutela penal a estágios anteriores à lesão, e revisão de conceitos do direito penal clássico relacionados à ação individual e à imputação subjetiva), e de *direito penal dual* (manutenção de um *núcleo* de princípios do sistema penal clássico, combinada com a flexibilidade controlada desses princípios de acordo com os novos e grandes riscos na *periferia* do sistema) (Azevedo, 2002). Nesse sentido, uma hipótese que o presente estudo levanta é a de que a expansão do direito penal do risco e das teorias funcionalistas que o sustentam é resultado da incapacidade das correntes extremas do espectro ideológico da política criminal (representáveis simplificadamente pelo abolicionismo e pelo garantismo, de um lado, e pela nova defesa social e pelo movimento lei e ordem, de outro) em darem respostas satisfatórias aos problemas concretos da política criminal e da segurança pública, e também da consequente pouca adesão dos operadores do direito aos sistemas teóricos herméticos e tradicionais, em suas matrizes iluministas ou autoritárias, que lhes são transmitidos ao longo de sua formação profissional.[2]

O resultado da pesquisa revela, portanto, que as estratégias de reforma da legislação penal e processual penal baseadas exclusivamente no debate teórico entre "garantistas" e "defensores da sociedade" encontram seu limite na distância que separa a prática da teoria, e dessa forma, os teóricos e os práticos do direito. Daí porque mesmo entre defensores públicos, mais garantistas e voltados para o direito penal mínimo, a expansão da tutela penal a bens e interesses difusos é bem vista (o que se aplica também

---

2 Um dos juízes entrevistados externou sua percepção de alheamento entre a teoria e a prática: "Alguns juízes acabam se influenciando sim [pelo debate teórico]. No meu caso específico não teve influência nenhuma. Foi bonito ter estudado, ter até me identificado com alguma das correntes, mas não faria diferença [na prática] (...) Mas, em alguns casos, para uma minoria há uma grande influência".

aos juízes, embora diferindo quanto à adesão ao direito penal mínimo). Daí, também, é possível entender que os juízes, mais "punitivistas" que os defensores, compartilhem com esses últimos o consenso garantista, e também porque o Ministério Público, que se mostrou capaz em sua história recente de transformar conquistas institucionais do órgão em poder de ação política para influir em reformas legislativas posteriores (Arantes, 2002), é hoje o principal e mais importante ator judicial da política criminal, agindo no sentido de ampliação de sua capacidade institucional, e pautando o debate em torno de suas ações concretas e de sua crítica ao direito penal e processual penal de matriz liberal e individualista.

Assim, se as teorias penais funcionalistas são mais flexíveis e, portanto, mais adaptáveis às realidades nacionais (na medida em que seu principal parâmetro é uma avaliação de riscos variáveis e contingentes), sua adesão por legisladores e juristas será tanto mais em um sentido repressivo quanto mais as doutrinas penais repressivas encontrarem ecos nos sensos comuns autoritários da sociedade brasileira e dos operadores da justiça criminal. Dessa forma, mesmo o aparente consenso garantista verificado entre juízes (equivalente ao dos defensores) não representará obstáculo à escalada repressiva-funcionalista do direito penal na medida em que pode refletir, em última análise, apenas a reprodução do formalismo do processo penal, absorvido acriticamente e sem qualquer preocupação com a efetividade dos direitos civis de liberdade, por meio de processos judiciais formalmente regulares, mas substantivamente encaminhados para a criminalização de setores e grupos sociais específicos (Almeida e Sinhoretto, 2006).

Perfil dos operadores e associativismo

Enquanto a proporção de homens e mulheres é bastante equilibrada entre juízes (52,4% e 47,5%, respectivamente), entre os defensores pesquisados há predomínio de pessoas do sexo feminino (70%). A grande maioria de ambos os grupos profissionais declarou-se de cor branca, havendo um juiz e um defensor que se declararam de cor amarela, e um defensor que se declarou índio.

Em relação ao estado civil, a maior parcela dos entrevistados é de pessoas casadas: 61,9% entre juízes e 60% entre defensores. É maior a proporção de solteiros entre os juízes (21,4%), se comparada à de defensores (15%, o que equivale a três pessoas); por outro lado, nenhum dos juízes entrevistados declarou viver em união estável, sendo que esse estado civil foi declarado por dois dos defensores entrevistados. Há três pessoas separadas e quatro divorciadas entre os juízes, sendo que esses números são de dois e um, respectivamente, entre os defensores pesquisados.

Quanto ao grau de instrução do pai, em ambos os grupos predominam pais com nível superior completo: 64,3% entre juízes e 60% entre defensores. Apenas dois juízes e três defensores declararam terem pais com mestrado completo, um juiz declarou ter pai com doutorado completo e, outros três, pais com outros títulos de pós-graduação. O número de pessoas com pais com primeiro grau incompleto, e com primeiro grau completo é o mesmo nos dois grupos (um e três, respectivamente). Dois juízes declararam terem pais com segundo grau incompleto e três com segundo grau completo, mas nenhum defensor declarou tais situações em relação à instrução de seus pais.

Juízes com mães com curso superior completo representam 38,1%, sendo essa proporção de 30% entre defensores (seis entrevistados). Entre os juízes, dois têm mães com curso superior incompleto, 23,8% com segundo grau completo e outros dois com o mesmo nível de instrução incompleto. Três defensores têm mães com segundo grau completo e dois, incompleto. Mães com primeiro grau incompleto são mais frequentes entre juízes (11,9%, ou cinco juízes) do que entre defensores (10%, ou dois entrevis-

208   RENATO SÉRGIO DE LIMA

tados), sendo que essa relação se inverte entre operadores com mães com primeiro grau completo: 7,1% (3) dos juízes, e 20% (4) dos defensores.

Esses dados demonstram que a maioria dos membros das instituições jurídicas pesquisadas provém de famílias com história de alta escolarização e que a minoria deles traçou uma trajetória ascendente em relação à geração anterior à sua. A maioria dos entrevistados cursou universidades renomadas. As duas informações em conjunto mostram que os operadores criminais são recrutados entre a elite educacional.

Quanto à faculdade de origem, em ambos os grupos é maior a proporção de formados pela Universidade de São Paulo – USP (33,3% entre juízes e 60% entre defensores), seguidos pelos oriundos da Pontifícia Universidade Católica de São Paulo – PUC-SP (28,6% e 20%, respectivamente). A Universidade Presbiteriana Mackenzie, de São Paulo, tem quatro ex-alunos dentre os quadros da magistratura pesquisados, e apenas um entre os defensores. Há três juízes formados pelas Faculdades Metropolitanas Unidas – FMU, também da capital paulista, e apenas um formado em outras universidades públicas estaduais (mesmo número encontrado entre defensores); há, ainda, oito juízes (19%) e dois defensores formados por outros cursos particulares de direito.

Entre os juízes pesquisados, 97,6% ingressou na magistratura anteriormente ao ano 2000, sendo que apenas um magistrado ingressou após, no ano de 2006; e 57,1% dos juízes tinham dez anos ou mais de carreira no momento de aplicação do questionário de pesquisa. Apenas quatro magistrados (9,5%) ingressaram na carreira em anos anteriores à promulgação da Constituição de 1988[3] (1977, 1984, 1985 e 1986, mais especifica-

---

3   A Constituição de 1988 é tida por vários analistas da justiça brasileira como um marco institucional de grande transformação do sistema de justiça, dos quais decorreriam a redefinição de atribuições e o aumento do papel político de seus operadores e instituições; a fim de explorar essa hipótese, optou-se por tomá-la como uma referência de análise, especialmente quando o presente

mente), sendo que os anos de ingresso com maiores proporções de juízes entrevistados são os de 1990 e 1998 (16,7% em ambos os casos), seguidos pelo ano de 1997 (11,9%).

Já entre os defensores que responderam ao questionário, todos ingressaram na carreira após 1988, tendo 80% deles ingressado até o ano de 1998, e quatro deles ingressado no ano de 2004. Aqui cabe uma informação importante: embora a Constituição de 1988 tenha dado grande visibilidade e estatura formal à Defensoria Pública, elevando-a à categoria de instituição fundamental à administração da justiça, o Estado de São Paulo só deu autonomia a esse órgão no ano de 2005, sendo que até então os profissionais da defesa pública ocupavam os quadros da Procuradoria Geral do Estado – PGE, mais especificamente da Procuradoria de Assistência Judiciária; nesse sentido, os defensores entrevistados para a pesquisa eram todos ex-procuradores, que optaram pela nova carreira quando da criação da Defensoria paulista, possivelmente tendo passado por outros setores da PGE antes de se vincularem à defesa gratuita. Os anos de ingresso com maiores números de defensores entrevistados foram 1993 (6), 2004 (4), 1990 e 1994 (3).

A grande maioria dos juízes entrevistados (95,2%) teve atividade profissional anterior à entrada na magistratura. Desses, destacam-se os juízes com passagens por carreiras ligadas à Polícia Civil: onze deles foram investigadores (26,2% do total de entrevistados) e um foi delegado de polícia. Quatro juízes afirmaram ter atuação prévia na advocacia pública (procuradorias), e três declararam experiência profissional anterior em outras atividades jurídicas. Nove juízes (21,4%) declararam atividade profissional anterior em outras funções públicas não-jurídicas e dois afirmaram experiência anterior em outras profissões não-jurídicas. Nenhum

---

trabalho tratar de temas específicos de política criminal, relacionados ao papel político dessas instituições.

210   RENATO SÉRGIO DE LIMA

dos juízes entrevistados exerceu advocacia, autônoma ou assalariada, ou foi membro do Ministério Público.

Dentre os defensores pesquisados, 65% (13) exerceram atividade profissional anterior, com destaque para a advocacia pública (2), o funcionalismo público não-judicial (2), e outras profissões não-jurídicas (2). Um dos defensores entrevistados foi investigador de polícia, um deles exerceu atividade na magistratura, mas nenhum deles foi advogado particular, autônomo ou assalariado, delegado de polícia ou membro do Ministério Público.

O principal motivo para escolha da carreira apontado entre juízes foi o fato de ter estagiado anteriormente na magistratura (90,5%), seguido da possibilidade de atuação na defesa de direitos difusos e coletivos (64,3%), da falta de oportunidades no mercado de trabalho (50%), e da possibilidade de combate à criminalidade (21,4%). Seis juízes (14,3%) apontaram a estabilidade do cargo como fator para a escolha da carreira e cinco deles (11,9%) destacaram a possibilidade de defesa dos direitos individuais. Quatro deles apontaram entre seus motivos o fato de não terem sido aprovados em outros concursos, um dos juízes declarou o fato de ter parentes na carreira e um afirmou a possibilidade de transformação social como fundamento de sua escolha profissional.

Os principais motivos apontados para a escolha da carreira pelos defensores que responderam ao questionário foram a possibilidade de atuação na defesa de direitos difusos e coletivos (70%), o fato de terem estagiado na instituição (65%), e a falta de outras oportunidades no mercado de trabalho (oito, ou 40%). Seis defensores (30%) declararam como motivação o fato de terem parentes na carreira, três a possibilidade de transformação social, e dois o prestígio proporcionado pela carreira. Três afirmaram sua opção como decorrência do fato de ter sido o concurso no qual foram aprovados primeiramente e dois declararam a não aprovação em outros concursos. A possibilidade de defesa de direitos individuais e a estabilidade do cargo receberam uma resposta positiva cada.

Destaca-se assim a importância da expectativa de atuação na defesa de direitos coletivos e difusos como motivadora para o ingresso tanto na carreira de magistratura quanto na advocacia pública; em contraste, a motivação de defesa de direitos individuais apareceu com pouco prestígio. Nesse caso, as respostas refletem algo das representações sociais das carreiras jurídicas em momento anterior ao ingresso nas funções. E essas representações traduzem, de um lado o momento de valorização dos direitos difusos e coletivos próprio da transição política dos anos 80 e 90 e, de outro, condizem com a análise dos estudiosos da construção da cidadania no Brasil, que teria consagrado os direitos sociais antes de dar efetividade aos direitos individuais (Carvalho, 2001 e Santos, 1987).

Por fim, juízes e defensores públicos foram indagados sobre associativismo e sobre quais entidades do meio jurídico faziam parte. O associativismo é maior entre defensores (85%) do que entre juízes (50%); em ambos os grupos, predominam declarações de participação em entidades de representação de interesses corporativos: entre os juízes, a maior parte (catorze magistrados) é associada à Associação Paulista dos Magistrados – APAMAGIS, e, entre defensores, predominam os associados à recém-criada Associação Paulista dos Defensores Públicos – APADEP (quinze defensores). Entre os juízes, contudo, é maior a diversidade de associações das quais participam, se comparada à dos defensores, quase todos voltados exclusivamente à APADEP.

A Associação dos Magistrados Brasileiros – AMB, que teve grande ativismo nos debates recentes sobre a Reforma do Judiciário e o combate à corrupção política,[4] tem entre os juízes entrevistados apenas três mem-

---

4 Sobre a participação da AMB nos debates sobre a Reforma do Judiciário, ver Sadek e Arantes, 2001.

bros declarados, e a Associação dos Juízes pela Democracia – AJD, em geral associada ao "movimento dos juízes alternativos",[5] tem quatro membros declarados. O IBCCRIM, autor da pesquisa, tem sete associados entre os defensores entrevistados (35%), e apenas três entre os juízes (7,1%).

Legislação penal

Em geral, os defensores públicos pesquisados tendem a ser menos punitivistas em suas opiniões acerca da política criminal do que os juízes que responderam ao questionário: enquanto a média de pontos obtidos por defensores em relação ao bloco de questões sobre legislação penal (coluna A, do Quadro 1, acima) foi de 30 pontos, a dos juízes pesquisados foi de 22,8.[6]

Além disso, os defensores são mais coesos do que os juízes nessas posições sobre política criminal, apresentando pontuações medianas semelhantes para todas as questões desse bloco. Há, nesse sentido, um campo de questões nas quais as posições de juízes e defensores parecem coincidir: em outras palavras, defensores e juízes tendem a concordar que a expansão do Direito Penal para a regulação da conflituosidade social pode vulgarizá-lo e torná-lo ineficaz; que a aplicação fiscalizada de penas alternativas, e que as medidas de despenalização de condutas adotadas pela Lei 9.099/1995 colaboram para aumentar a eficiência do sistema penal; e que

---

5   Sobre a atuação da AJD no contexto do "movimento do direito alternativo" ver Engelmann (2006).

6   Às questões desse bloco, atribuiu-se valores de escala (de 1 a 4) maiores para as respostas que indicavam baixo grau de penalização/criminalização, segundo regra de escalonamento que recomenda atribuir os menores valores àquelas respostas em relação às quais espera-se maior frequência; nesse sentido, o mapeamento preliminar do debate sobre política criminal indicou forte tendência à criminalização de condutas e à adesão às teses da defesa social e do governo penal da sociedade. Sobre técnicas de escalonamento, ver Kidder, 1987.

o aborto deve ser descriminalizado, desde que certos os critérios médicos para a sua realização, em casos especiais.

Entretanto, os juízes entrevistados tendem a ser mais "rigorosos" na defesa de estratégias de política criminal baseadas na penalização/criminalização de condutas, quando concordam, no todo ou em parte, que a legislação penal é excessivamente branda, dificultando a contenção da criminalidade (61,9% dos respondentes), e que o direito penal deve expandir seu campo de abrangência para novos bens jurídicos ameaçados, cuidando de novos riscos sociais (85,4% dos respondentes), referendando assim posições de governo penal da sociedade, seja pela sua matriz punitivista mais clássica (defesa social), seja em suas atualizações pelas doutrinas penais do risco.

GRÁFICO 1 — RESPOSTA DE JUÍZES E DEFENSORES À QUESTÃO: "A LEGISLAÇÃO PENAL É EXCESSIVAMENTE BRANDA, DIFICULTANDO A AÇÃO DA CRIMINALIDADE?"

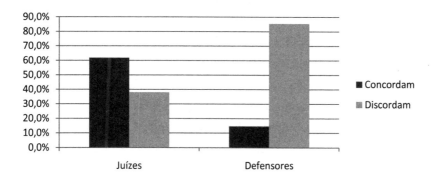

Fonte: Fórum Criminal da Barra Funda; Pesquisa: "A construção de mentalidades institucionais e modelos de política criminal em São Paulo: indicadores e prioridades de atuação"; IBCCRIM 2006.

GRÁFICO 2 – RESPOSTAS DE JUÍZES E DEFENSORES À QUESTÃO: "O DIREITO PENAL DEVE SERVIR PARA A PROTEÇÃO DE BENS JURÍDICO AMEAÇADOS, AMPLIANDO SEU RAIO DE ABRANGÊNCIA A FRENTE AOS NOVOS RISCOS SOCIAIS?"

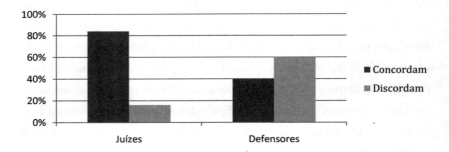

Fonte: Fórum Criminal da Barra Funda; Pesquisa: "A construção de mentalidades institucionais e modelos de política criminal em São Paulo: indicadores e prioridades de atuação"; IBCCRIM 2006.

Além disso, 51,2% dos juízes que responderam à questão sobre os efeitos estigmatizantes da pena de prisão sobre o indivíduo condenado discordaram no todo ou em parte dessa crítica, comumente encampada pelas tendências abolicionistas ou do direito penal mínimo. Na mesma proporção, as respostas válidas de juízes para a questão indicam que os magistrados concordam no todo ou em parte com a afirmação de que a pequena criminalidade deve ser igualmente reprimida, na medida em que está de alguma forma associada à prática de crimes mais graves. Por fim, nos mesmos sentido e proporção, os juízes respondentes discordaram, no todo ou em parte, da ideia de se tratar a pequena criminalidade fora do âmbito da justiça criminal, por medidas civis ou administrativas.

GRÁFICO 3 — RESPOSTAS DE JUÍZES E DEFENSORES À QUESTÃO: A PEQUENA CRIMINALIDADE (DE PEQUENOS VALORES OU DE MENOR POTENCIAL OFENSIVO) DEVE SER IGUALMENTE REPIMIDA, POIS ESTÁ NA ORIGEM, OU ASSOCIADA À PRÁTICA DE CRIMES MAIS GRAVES

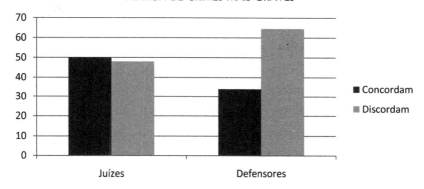

Fonte: Fórum Criminal da Barra Funda; Pesquisa: "A construção de mentalidades institucionais e modelos de política criminal em São Paulo: indicadores e prioridades de atuação"; IBCCRIM 2006.

Por outro lado, mesmo entre defensores menos punitivistas na análise geral, há indicações de aderência a teses de reforço da legislação penal como estratégia de política criminal, ainda que em pontos e temas específicos. Basicamente, são questões que, quando apresentadas à reflexão e resposta por parte dos defensores pesquisados, demonstraram, se não a inversão da tendência antirrepressiva por parte desse grupo profissional, ao menos maior grau de divergência interna, se comparadas às demais questões nas quais as respostas por parte de defensores foram mais uniformes e coesas.

Nesse sentido, enquanto apenas 15,8% (ou três) dos defensores respondentes disseram discordar, no todo ou em parte, da afirmação de que a expansão do direito penal pode vulgarizá-lo e torná-lo ineficaz, 40% (ou oito) dos defensores respondentes afirmou concordar com a ampliação do raio de proteção do direito penal a novos bens e situações de risco, reafirmando assim o sucesso das doutrinas penais do risco sobre os

216   RENATO SÉRGIO DE LIMA

operadores e a prática jurídica. Obviamente, esse resultado não pode ser lido sem conexão com o grande atrativo que a defesa de direitos difusos e coletivos possuiu para a escolha profissional dos defensores, conforme demonstrado acima, na medida em que o grande foco de intervenção atual do direito penal do risco tem sido a proteção penal de interesses difusos, antecipando-a a estágios prévios à ocorrência do dano, de forma a abarcar o simples risco de agressão.

Os defensores entrevistados também foram menos coesos em defender a diferenciação de tratamento a ser dado aos pequenos delitos: embora 94,7% dos respondentes tenham concordado, no todo ou em parte, com os ganhos de eficiência promovidos pelas medidas de despenalização da Lei 9.099/1995, 31,6% dos defensores que responderam à questão concordaram com a repressão equânime da pequena criminalidade por conta de sua associação a crimes mais graves, e 36,8% de defensores respondentes discordou da possibilidade de tratamento da pequena delinquência fora do âmbito da justiça criminal, por medidas civis ou administrativas.

Capacidades institucionais

Juízes e defensores também se aproximam em suas posições quando, de maneira genérica, ambos os grupos de profissionais entrevistados tendem a concordar com o aumento ou reforço das capacidades institucionais dos órgãos ou agentes envolvidos com a política criminal: os *scores* médios alcançados por juízes e defensores respondentes, obtidos a partir dos valores de escala atribuídos às respostas desse bloco de questões,[7] foram respectivamente de 30,29 e 32,63 pontos – sendo portanto ligeiramente maior entre defensores.

---

7   Nesse bloco de questões os maiores valores de escala foram atribuídos às respostas que indicavam menor grau de reforço de capacidades institucionais; nesse sentido, ver nota 13 acima.

A grande maioria de ambos os grupos concordou no todo ou em parte com a afirmação de que o desaparelhamento das instituições responsáveis pelo controle penal (Judiciário, Ministério Público, Defensorias, Polícias) dificulta a aplicação efetiva da legislação penal (97,6% dos juízes respondentes e 100% dos defensores respondentes). Foram também concordes sobre a crítica à adequação da estrutura de suas próprias instituições para atender à demanda de atuação na área criminal. Entretanto, juízes e defensores discordam quanto ao sentido do reforço das capacidades institucionais, ou, mais especificamente, sobre quais instituições ou órgãos devem ter suas capacidades reforçadas, em detrimento de outras.

GRÁFICO 4 — RESPOSTAS DE JUÍZES E DEFENSORES À QUESTÃO: O DESAPARELHAMENTO DAS INSTITUIÇÕES RESPONSÁVEIS PELO CONTROLE PENAL (JUDICIÁRIO, MP, DEFENSORIA PÚBLICA, POLÍCIAS) DIFICULTA A APLICAÇÃO EFETIVA DA LEGISLAÇÃO PENAL

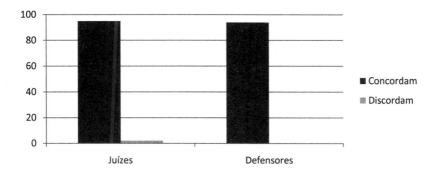

Fonte: Fórum Criminal da Barra Funda; Pesquisa: "A construção de mentalidades institucionais e modelos de política criminal em São Paulo: indicadores e prioridades de atuação"; IBCCRIM 2006.

Juízes foram mais favoráveis à ampliação do campo de ação do Ministério Público sobre a fase do inquérito policial, admitindo sua coordenação e presidência direta por aquela instituição: 56,1% dos magistrados respondentes concordaram no todo ou em parte com essa possibilidade, enquanto apenas 21,1% (ou quatro) dos defensores que responderam à questão se manifestaram nesse sentido. Além disso, quando perguntados sobre a possibilidade de o Ministério Público realizar investigações paralelas às da polícia judiciária – ponto de destaque na agenda de política criminal do MP atualmente – 70% dos juízes respondentes concordaram no todo ou em parte com essa afirmação, e 63,2% dos defensores discordaram, total ou parcialmente.

GRÁFICO 5 – RESPOSTAS DE JUÍZES E DEFENSORES À QUESTÃO: A ATUAÇÃO DO MP DEVE SER AMPLIADA NA INVESTIGAÇÃO CRIMINAL, PASSANDO ELE A COORDENAR DIRETA E FORMALMENTE O PROCESSO DE PRODUÇÃO PROBATÓRIA

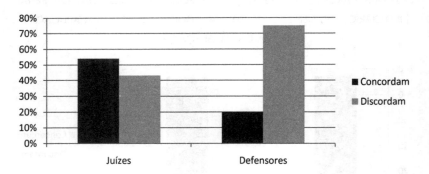

Fonte: Fórum Criminal da Barra Funda; Pesquisa: "A construção de mentalidades institucionais e modelos de política criminal em São Paulo: indicadores e prioridades de atuação"; IBCCRIM 2006.

GRÁFICO 6 — RESPOSTAS DE JUÍZES E DEFENSORES À QUESTÃO: MESMO SENDO O INQUÉRITO POLICIAL ATRIBUIÇÃO DA POLÍCIA JUDICIÁRIA, DEVE PROMOVER INVERTIGAÇÕES PARALELAS OU COMPLEMENTARES.

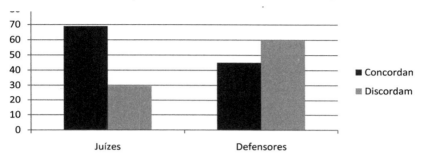

Fonte: Fórum Criminal da Barra Funda; Pesquisa: "A construção de mentalidades institucionais e modelos de política criminal em São Paulo: indicadores e prioridades de atuação"; IBCCRIM 2006.

Por outro lado, as posições de juízes e defensores voltam a coincidir quando, ainda se tratando dos poderes do Ministério Público, são questionados sobre a ampliação do princípio da oportunidade da ação penal por parte daquele órgão, no sentido de afirmar ganhos de eficiência do sistema penal quando se aumentam as possibilidades de negociação em torno da denúncia e da pena entre MP e acusado: 87,8% dos juízes, e 89,5% dos defensores respondentes concordaram no todo ou em parte com essa possibilidade.

No que se refere à atividade policial, magistrados e defensores pesquisados discordam da possibilidade de admissão de provas obtidas de forma ilícita no processo, ainda que essenciais para o esclarecimento da verdade dos fatos e o sucesso da persecução penal; entretanto, essa discordância é maior entre defensores (94,7% dos que responderam a essa questão) do que entre juízes (68,3% dos respondentes à questão). Embora também coincidente com a dos juízes, a concordância de defensores é sensivelmente maior quando se coloca em questão a necessidade de controle de letalidade da ação policial: 89,5% dos defensores, e 82,9% dos juízes que responderam à questão se manifestaram favoráveis a esse tipo de controle da atividade policial.

GRÁFICO 7 — RESPOSTAS DE JUÍZES E DEFENSORES À QUESTÃO: PROVAS OBTIDAS DE FORMA ILÍCITAS DEVEM SER ACEITAS NA INTRUÇÃO CRIMINAL, DESDE QUEINDISPENSÁVEIS PARA A ELUCIDAÇÃO DA VERDADE.

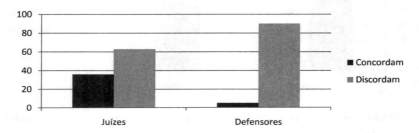

Fonte: Fórum Criminal da Barra Funda; Pesquisa: "A construção de mentalidades institucionais e modelos de política criminal em São Paulo: indicadores e prioridades de atuação"; IBCCRIM 2006.

GRÁFICO 8 — RESPOSTAS DE JUÍZES E DEFENSORES À QUESTÃO: A AÇÃO POLICIAL DEVE ESTAR SUJEITA AO CONTROLE DE LETALIDADE, POR MEIO DA APURAÇÃO RIGOROSA DE DISPAROS EFETUADOS E CONDIÇÕES DO CONFLITO

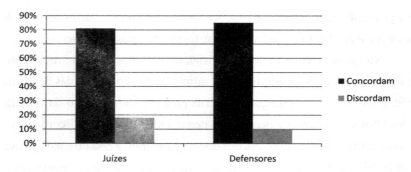

Fonte: Fórum Criminal da Barra Funda; Pesquisa: "A construção de mentalidades institucionais e modelos de política criminal em São Paulo: indicadores e prioridades de atuação"; IBCCRIM 2006.

Importante notar que juízes e defensores concordam com a existência de controles públicos externos à atividade das instituições de justiça criminal como um todo, embora em proporções muito diferentes: todos os defensores que responderam a essa questão concordam com o controle público, enquanto apenas 53,7% dos magistrados respondentes admitem essa possibilidade.

Por fim, há discordância entre os dois grupos profissionais estudados, em relação à atividade policial, quando está em discussão o sigilo do inquérito policial. Entre os juízes, 68,3% dos que responderam à questão concordaram no todo ou em parte com a afirmação de que o sigilo da investigação policial é fundamental para o sucesso da persecução penal, enquanto 57,9% dos defensores respondentes discordaram no todo ou em parte com dessa afirmação.

GRÁFICO 9 – RESPOSTAS DE JUÍZES E DEFENSORES À QUESTÃO: O SIGILO DAS ONVESTIGAÇÕES CRIMINAIS, INCLUSIVE EM RELAÇÃO A ACUSADOS E SEUS DEFENSORES, É FUNDAMENTAL PARA A INSTRUÇÃO EFICAZ DE UMA ACUSAÇÃO PENAL

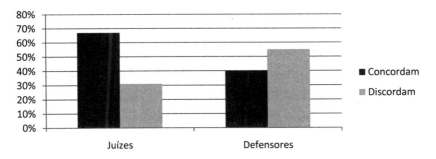

Fonte: Fórum Criminal da Barra Funda; Pesquisa: "A construção de mentalidades institucionais e modelos de política criminal em São Paulo: indicadores e prioridades de atuação"; IBCCRIM 2006.

Procedimentos e garantias

A pesquisa demonstrou que parece haver um consenso entre os grupos de operadores da justiça pesquisados em torno da defesa dos procedimentos e das garantias do modelo liberal da justiça penal, reconhecido na proximidade dos valores médios alcançados por ambos os grupos para as questões desse bloco: 21,33 para os juízes e 19,5 para defensores.[8] Entretanto, esse consenso aparente é relativizado quando se analisa questões específicas nas quais se discute medidas pontuais de revisão do sistema de garantias, em relação às quais se evidencia não só discordâncias entre os dois grupos profissionais pesquisados, como também o maior grau de homogeneidade e coesão dos defensores pesquisados na defesa do modelo iluminista.

Juízes e defensores são concordes na defesa do sistema de recursos contra a afirmação de que devem ser limitados devido à possibilidade de uso protelatório e na defesa da progressão de regime como direito subjetivo do réu (52,5% e 94,7% dos respondentes, respectivamente, para ambas as questões). São unânimes e coesos também na defesa da extensão do direito de assistência ao réu por defensor já no momento do interrogatório (100% dos respondentes em ambos os grupos).

Entretanto, esses grupos profissionais discordam entre si quando questionados sobre as possibilidade de extensão do princípio do contraditório à fase administrativa do inquérito policial, e de flexibilização dos direitos e garantias individuais justificada pelo combate à criminalidade organizada. Na primeira questão, 89,5% dos defensores que a responderam concordaram no todo ou em parte com essa possibilidade, enquanto 65% dos juízes discordaram no todo ou em parte. Em relação à flexibilização de direitos justificada pelo combate ao crime organizado, 55% dos

---

8   De acordo com a metodologia já explicitada nos itens anteriores, para as questões desse bloco foram atribuídos valores de escala maiores às respostas que indicavam baixo grau de garantias procedimentais.

juízes que responderam à questão concordaram com essa possibilidade, enquanto 94,7% a afastaram em suas respostas.

GRÁFICO 10 – RESPOSTAS DE JUÍZES E DEFENSORES À QUESTÃO: A CONTENÇÃO DA CRIMINALIDADE ORGANIZADA JUSTIFICA A FLEXIBILIZAÇÃO DAS GARANTIAS INDIVIDUAIS

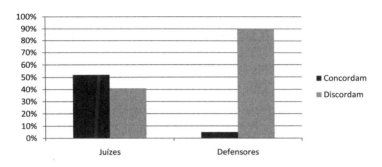

Fonte: Fórum Criminal da Barra Funda; Pesquisa: "A construção de mentalidades institucionais e modelos de política criminal em São Paulo: indicadores e prioridades de atuação"; IBCCRIM 2006.

GRÁFICO 11 – RESPOSTAS DE JUÍZES E DEFENSORES À QUESTÃO: O INQUÉRITO POLICIAL DEVE ESTAR SUBORDINADO AO PRINCÍPIO DO CONTRADITÓRIO, GARANTINDO O EXERCÍCIO DO DIRETO DE DEFESA PELO INDICIADO.

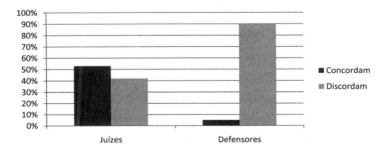

Fonte: Fórum Criminal da Barra Funda; Pesquisa: "A construção de mentalidades institucionais e modelos de política criminal em São Paulo: indicadores e prioridades de atuação"; IBCCRIM 2006.

Por fim, importante dizer que ambos os grupos defenderam medidas informalizantes do processo, mesmo quando colocados diante da crítica, elaborada por teóricos do garantismo penal, de que essas medidas atentam contra o procedimento justo e as garantias e liberdades individuais: 90% dos juízes e 72,2% dos defensores discordaram no todo ou em parte dessa crítica.

A política criminal do Ministério Público

Por fim, é importante fazer algumas considerações sobre as posições de política criminal do Ministério Público, em face da recusa dos promotores em responder ao questionário aplicado para a pesquisa. É válido destacar-se, no entanto, que a recusa não foi um ato institucional *a priori*, em função da Procuradoria Geral de Justiça ter colaborado com a atividade de pesquisa e encaminhado os pedidos de entrevista para os promotores secretários do Fórum Criminal. A recusa se deu, exatamente, na decisão dos referidos secretários em informar oficialmente os seus pares da pesquisa e dar encaminhamento ao pedido de entrevistas, fato que inviabilizou o contato institucional e o remeteu à discricionariedade e autonomia de cada um dos promotores de justiça.

O mapeamento do debate sobre política criminal, realizado previamente à construção do questionário, identificou que o MP é um ator de destaque nesses debates, assumindo posições de ponta na proposição de reformas penais e da ampliação de suas capacidades institucionais no controle penal; daí porque várias questões deste bloco diziam respeito, na verdade, aos poderes específicos desta instituição.

Nesse sentido, ao lado de medidas pontuais voltadas para a defesa do aumento de penas em diversos crimes, a questão do inquérito policial e da investigação criminal parece ser o principal ponto da agenda do MP para a política criminal. A questão, tratada judicialmente a partir de casos concretos no qual o MP efetivamente realizou investigações paralelas às da polícia judiciária, foi levada ao Supremo Tribunal Federal e também ao Conselho Nacional do Ministério Público;[9] no primeiro caso, destaca-se a atuação do Ministério Público Federal no combate à corrupção política, e no segundo, o papel do Ministério Público de São Paulo no encaminhamento da questão no âmbito do órgão de controle externo criado pela Reforma do Judiciário, e que tem demonstrado uma atuação no sentido de autorregulamentação do exercício profissional.

Nesse sentido, conforme já demonstrado por Arantes,[10] o combate à criminalidade organizada e, especialmente, à corrupção política, parece ser a outra face da política de defesa do interesse público construída pela instituição desde a redemocratização do país. Assim, se a ideologia que motivou esse processo foi a do voluntarismo político, no qual o papel protagonista do MP se justificaria pelas incapacidades tanto do Estado como da sociedade – desorganizada – em fazer valer os direitos da cidadania, uma hipótese que podemos levantar é a de que essa ideologia, forjada na defesa do interesse público via proteção dos direitos difusos, encontra seu

---

9   Em agosto de 2006, a conselheira Janice Agostinho Barreto Ascari, promotora de justiça do MP paulista, propôs e relatou projeto de resolução, no âmbito do Conselho Nacional do Ministério Público, a fim de regulamentar o poder de investigação da instituição; a Resolução nº 13, de 02 de outubro de 2006, foi aprovada por maioria dos conselheiros do CNMP, havendo um voto contrário e outros dois que se opunham a redações de artigos específicos. No âmbito do STF, a questão foi tratada inicialmente em relação à denúncia criminal oferecida pelo MP federal em caso de destaque nacional; contudo, esse processo perdeu objeto, prejudicando a decisão sobre o poder do MP. A questão voltou a ser tratada pela corte em relação a outro processo, ainda sem decisão final; em ambos, a impossibilidade de o MP realizar investigações próprias foi utilizada pelos advogados de defesa a fim de anular o processo criminal contra seus clientes desde a denúncia. Após a publicação da resolução do CNMP, já há movimentos no sentido de se discutir a inconstitucionalidade dessa medida em ação própria.

10   *Op. cit.*

equivalente, no âmbito penal, nas já decantadas doutrinas de defesa da sociedade, nas quais as escolas da defesa social e da nova defesa social talvez sejam suas expressões mais acabadas. E, paradoxalmente, para complexificar a hipótese, essa prevalência de doutrinas de defesa social repousaria sobre uma cultura jurídica muito mais antiga do que a recente democratização, refratária ao reconhecimento de direitos civis aos indivíduos (Kant de Lima, 2004). Assim, uma cultura jurídica de liberalismo tardio rapidamente se atualizaria diante de novos desafios da sociedade contemporânea, como a necessidade de combate a novas modalidades criminais, oferecendo hoje respostas semelhantes às dos primeiros juristas nacionais sobre a difícil escolha entre a eficiência de um estado inquisidor e as garantias invioláveis do indivíduo (Koerner, 1998).

Dessa forma, a política criminal do MP extrapola a questão da investigação criminal para abarcar todas as etapas do controle penal, da defesa pública do rigor punitivo à ação efetiva de investigação, independente (e ao largo) de regulamentações específicas; do uso da mídia e da opinião pública para a legitimação de suas funções ao emprego unilateral de escutas e grampos telefônicos; e, por fim, da atuação meramente administrativa ou judicial para a mobilização de seus quadros também no campo político, por meio da representação de seus membros em secretarias estaduais de segurança pública e nos legislativos, em geral baseados em plataformas políticas de combate à criminalidade e aumento do rigor penal.

Considerações finais

É difícil não ter em conta, quando se debate a política criminal, que novas configurações sociais da contemporaneidade trazem relevo a discussões sobre a necessidade de atualização do aparato jurídico e judiciário. De um lado, um processo de democratização política e social a requerer transformações na esfera do direito para responder a demandas de emancipação individual e coletiva, maior controle público da atuação dos agentes estatais, transparência, melhoria da qualidade da prestação do serviço público de justiça; de outro, uma percepção de que mudanças no modo como as pessoas, as mercadorias, os capitais e as ideias circulam no mundo contemporâneo transformam as clássicas relações modernas entre o lícito e o ilícito provocando demandas de rearranjo das formas de controle social.

Na tentativa de responder a essas demandas e pressões por reformas legislativas e institucionais, escolas de pensamento social e jurídico-criminal esforçam-se por estender suas premissas, diagnósticos e teorias a objetos novos. Daí que o debate sobre política criminal seja hoje um campo de acalorada disputa, não apenas porque crescem as pressões sobre o campo estatal de administração de conflitos, mas porque nos últimos anos essas pressões parecem claramente direcionadas a uma ampliação do controle penal na regulação da vida social.

Como se posicionam os operadores criminais paulistas diante desses debates? Como reagem às propostas aparentemente contraditórias que circulam no campo penal? Como interagem com as demandas de diferentes grupos sociais, por vezes de difícil conciliação? Essas são algumas das questões que esta pesquisa procurou esclarecer ao investigar as visões dos operadores da justiça criminal paulista sobre política criminal. Explicitar essas visões e conhecer como o debate público rebate sobre as instituições estatais e seus operadores é uma das formas de intervir no debate, impedindo que ele se resolva em círculos técnicos autorreferidos.

Não se trata de enfatizar uma crença positivista no papel iluminador da ciência como instância de resolução de conflitos que estão na arena da deliberação pública, mas antes de, através da produção do conhecimento, auxiliar na ampliação dos espaços e dos termos dessa deliberação coletiva sobre as exigências, os parâmetros e limites das atividades de controle social exercidas pelo Estado no contexto das transições contemporâneas.

228   RENATO SÉRGIO DE LIMA

Os caminhos apontados pelos operadores criminais ouvidos na pesquisa indicam que algumas questões colocadas pela prática cotidiana da justiça criminal os distanciam da adoção integral de teorias e doutrinas elaboradas no espaço acadêmico. Daí a importância de uma pesquisa preocupada com a compreensão da recepção prática dos debates políticos e científicos de alto grau de generalização. Mesmo o público desta pesquisa, selecionado para sua função entre uma elite educacional, aponta a existência de uma distância entre a prática cotidiana e a reflexão de suas consequências futuras – os operadores criminais parecem pressionados por uma urgência de ação imposta pelas condições de trabalho com que se deparam e pela magnitude dos problemas sociais que a justiça criminal consegue ou não administrar.

E, assim, dada à urgência e à magnitude, mesmo sob o risco de vulgarização e ineficácia, ainda aprovam a expansão do Direito Penal a novos riscos sociais e condutas reprováveis, embora encontrem entre seus pares vozes dissonantes que insistem em não transigir à expansão de um mal necessário. Para minimizar o risco de vulgarização e perda de eficácia, a maioria parece favorável à despenalização de algumas condutas e à ampliação da seletividade do sistema criminal através da análise da oportunidade da ação penal.

O interesse contemporâneo dos operadores criminais por questões de direitos coletivos e difusos torna palatável a proposta de ampliação do Estado penal, o reforço das capacidades institucionais dos órgãos da justiça criminal e, em alguns casos, a manutenção e até mesmo ampliação de procedimentos sigilosos de investigação e redução de garantias do indivíduo diante do poder estatal. Porém, a aceitação dessas modalidades de funcionalismo penal é diversa entre as carreiras jurídicas: o Ministério Público parece mais identificado às propostas de ampliação do poder estatal e a Defensoria Pública mais preocupada com a defesa de um ideal iluminista que proteja o cidadão do exercício arbitrário e abusivo do poder estatal, enquanto a magistratura parece estar bem dividida entre essas duas posições. Dessa forma, os termos do debate político subjacente às discussões de política criminal se recolocam: há instituições mais afeitas a certas correntes e posições do debate político-criminal – mesmo alegando a necessidade de um distanciamento para a ação prática – e essa afeição está relacionada à identidade profissional e política reivindicada pelas corporações em meio às disputas internas do campo jurídico-penal. E é desse modo que se pode compreender a fala de operadores jurídicos que verbalizam haver políticas criminais "de advogados" e outras "de policiais".

Capítulo 10

Os estudos do fluxo de justiça criminal e o tratamento integrado de informações[1]

Renato Sérgio de Lima
Jacqueline Sinhoretto

Os estudos sobre a aplicação da justiça no Brasil têm pouca tradição. Durante muito tempo, o conhecimento produzido no país sobre as questões jurídicas e criminais esteve situado no campo da dogmática jurídica, um saber construído separadamente da análise empírica dos efeitos da atuação das instituições sobre a vida social. Apenas recentemente começou-se a desenhar uma mudança de postura intelectual na reflexão sobre as instituições

---

[1] Texto inédito, elaborado em 2004 a partir de projeto conduzido no âmbito da parceria da Fundação Seade, de São Paulo, com o IBCCRIM. Colaboraram Lilian Liye Konishi, Eliana Bordini e Alessandra Teixeira. Sua inclusão nesse livro justifica-se, em grande medida, em razão de ter sido o primeiro texto elaborado com base nos dados completos do Sistema de Informações Criminais de São Paulo. Algumas de suas observações foram posteriormente aprofundadas por, entre outros, Joana Domingues Vargas, Michel Misse e Ludmila Mendonça. Entretanto, optou-se por manter a estrutura original do texto.

de justiça no país e, fortemente influenciado por uma realidade internacional, o campo dos estudos sobre justiça e segurança pública vem sofrendo o impacto de uma mudança no paradigma da produção destes conhecimentos, cujo contexto social é o crescimento, em todas as camadas sociais, do sentimento de medo do crime e da sensação de insegurança.

Nesse texto, a proposta é pensar tal discussão sob a ótica das instituições responsáveis por produzir informações estatísticas e refletir sobre o papel desempenhado pelos dados disponíveis na operação do aparelho de Estado responsável por administrar e distribuir justiça penal no Brasil, observando como situações sociais e pessoas são absorvidas pelo Estado e como este está organizado para mediar e solucionar conflitos da sociedade brasileira contemporânea. Em outras palavras, a proposta é avaliar os dados disponíveis e, na medida do possível, desenhar um quadro sobre como o Estado lida com crimes e criminosos, em termos de suas características técnico-processuais e perfil socioeconômico e demográfico.

Para tanto, relata-se, a seguir, uma experiência de pesquisa empreendida pela Fundação Seade (Sistema Estadual de Análise de Dados), com base nos dados cadastrais sobre indivíduos que foram objeto de atenção formal das instituições que compõem o chamado sistema de justiça criminal paulista, ou seja, Polícias Civil e Militar, Ministério Público, Poder Judiciário e Sistema Carcerário, e que visou tratar as informações criminais existentes exatamente nessa perspectiva.

Antes, porém, vale reforçar o trajeto que permitiu a realização da pesquisa e que está ligado a um posicionamento institucional que incentivou, enfaticamente, o investimento e a dedicação da equipe técnica no desenvolvimento de metodologias de tratamento e integração de estatísticas. O diagrama apresentado a seguir resume dois momentos institucionais da Fundação Seade e que sintetizam a postura adotada: um primeiro, que reproduziu algumas estatísticas oficiais sobre ocorrências policiais e movimentação carcerária, e um segundo, que incorporou novas opções de fontes e, o mais importante, permitiu à equipe de pesquisadores analisar o fenômeno do crime e seus impactos na sociedade e no Estado. Este novo momento institucional foi possível graças à união de esforços, com destaque para a Fundação de Amparo à Pesquisa do Estado de São Paulo – Fapesp, através do seu Programa de Pesquisas em Políticas Públicas, para o Instituto Brasileiro de Ciências Criminais – IBCCRIM e para a Secretaria de Segurança Pública de São Paulo.

Dois momentos na produção de informações criminais no âmbito da Fundação Seade.

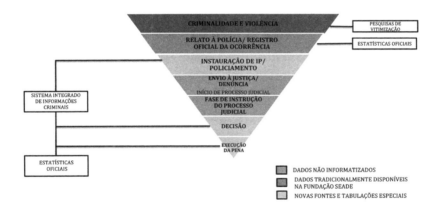

O panorama internacional dos estudos sobre o funcionamento da justiça

Pensadores, filósofos, cientistas sociais, criminólogos, sobretudo oriundos dos contextos europeu e norte-americano, deram suas contribuições na constituição de um novo tipo de saber sobre crime, controle social dos desvios, instituições formais de justiça e punição. Da preocupação com explicações causais do crime, próprias da construção do conhecimento de tradição funcionalista, o interesse dos pesquisadores migrava para o funcionamento das instâncias de controle social e seus processos de seleção de clientela.

O projeto epistemológico de conhecer os fatores criminógenos, de identificar situações sociais que favorecessem a ocorrência de crimes, dava lugar ao entendimento de que o crime e o criminoso são construções sociais que, para serem compreendidas, demandavam a compreensão dos processos sociais de identificação de uma ocorrência criminal e do autor da conduta desviante, bem como os processos formais de processamento dos conflitos criminais e da punição. Das características objetivas das ocorrências criminais e do perfil do criminoso, o olhar se voltava para os processos de apreensão do desvio pelas instituições, pelo Estado, pelas agências de controle social; se voltava para os processos de rotulagem e construção social de carreiras delinquentes.

Tanto internacionalmente como entre os pesquisadores brasileiros, a obra de Michel Foucault é um marco nessa mudança de enfoque epistemológico. Seu estudo sobre as prisões lança luzes sobre a forma como o próprio sistema punitivo produz e sujeita a subjetividade dos presos e, principalmente, suas reflexões sobre a produção da verdade jurídica como técnica de exercício de poder (1991; 1992) causam impacto sobre o campo de conhecimento, inaugurando uma linhagem de estudos sobre as estratégias de produção de saber no interior das instituições que definem os indivíduos como perigosos e trabalhadores, sãos e loucos, loucos e criminosos, recuperáveis ou irrecuperáveis.

Do outro lado do Atlântico, os estudos sobre grupos sociais desviantes também voltavam suas atenções aos processos sociais de estigmatização e à criação social do desvio. Surgiram as pesquisas dos interacionistas simbólicos norte-americanos sobre os processos de rotulagem e estigmatização de grupos sociais e indivíduos. Assim, Erwin Goffman (1992; 1996),

ENTRE PALAVRAS E NÚMEROS   235

Howard Becker (1985) e os pesquisadores da nova escola sociológica de Chicago solidificaram a interpretação de que uma determinada conduta se converte num crime se for assim percebida pela opinião coletiva, ao passo que conduta semelhante não é lida do mesmo modo se a opinião coletiva não a percebe como desviante. É deste modo que, na linha desse saber, se compreende porque determinados perfis sociais são mais sujeitos à vigilância policial do que outros, porque determinados crimes são mais frequentemente punidos do que outros, porque algumas drogas são legais e outras ilegais, embora seus efeitos sobre a saúde pública e dos indivíduos possam ser semelhantes.

Essa mudança de paradigma foi sem dúvida impulsionada por uma série de estudos empíricos sobre a ocorrência de crimes e a identificação do fenômeno conhecido no mundo anglo-saxão como *dark number*. Desde a década de 40, consolidava-se o entendimento de que as estatísticas oficiais de criminalidade davam conta de registrar apenas uma parcela dos crimes que eram cometidos. Portanto, o sistema oficial de justiça (incluindo a Polícia, o Ministério Público, a magistratura e o sistema prisional) atuava sobre um segmento pequeno de ocorrências ilegais e desvios de conduta. Edwin Sutherland (1940; 1945) foi um dos primeiros a demonstrar o significado social das cifras negras em relação aos crimes do "colarinho branco", cujo registro oficial e impacto sobre o sistema formal de justiça estão diretamente relacionados ao fato de que esses crimes são frequentemente cometidos por indivíduos pertencentes aos estratos mais poderosos das sociedades e, portanto, menos vulneráveis aos processos de estigmatização, rotulagem e sujeição por técnicas de produção de saber-poder.

O estudo das cifras negras fornecia a base empírica para a interrogação sobre o motivo de a maioria dos fatos e das condutas desconformes com a norma não ser percebida e apreendida pelo sistema penal; e como entender que, mesmo diante dessa constatação, o sistema penal prossiga operando e selecionando uma parcela ínfima de indivíduos e fatos como alvo de seu funcionamento.

Nesse contexto, surgem os projetos de investigação do fluxo da justiça criminal, numa tentativa de identificar os sucessivos processos de seleção e filtragem característicos da atuação das instituições judiciárias e policiais. Se, por um lado, as estatísticas oficiais sobre a criminalidade estavam desacreditadas como retrato fidedigno da realidade de ocorrência de fatos delitivos, por outro, elas passavam a ser consideradas como um instrumento de observação da atuação das instâncias oficiais. Se as estatísticas pouco dizem sobre o número de delitos que efetivamente ocorrem, elas continuam sendo um instrumento de medida do controle social exercido pelo Estado.

Os primeiros estudos sobre os processos de seleção e filtragem produzidos pelas agências governamentais de controle social desconsideraram a produção de estatísticas criminais. Entretanto, logo em seguida, o trabalho com dados oficiais foi revalorizado, tornando-se adequados para demonstrar a existência desses afunilamentos produzidos pelo sistema de justiça e as etapas de seleção de perfis de indivíduos e casos que concentram a atuação dessas agências.

Na mudança de paradigma do saber criminológico observa-se uma alteração na utilização dos dados estatísticos oficiais nas pesquisas. Da análise dos dados como retrato do movimento real da criminalidade, passou-se à preocupação com a coleta e análise de dados integrados que revelem diferentes momentos do processamento dos indivíduos e dos casos nas diferentes agências que compõem o sistema de justiça criminal.

Para compreender as influências do contexto internacional dos estudos sobre a justiça no panorama das pesquisas nacionais, é importante mencionar o trabalho empreendido pela equipe do Centro de Estudos Sociais da Universidade de Coimbra sobre os tribunais portugueses.

Trata-se de um ambicioso projeto de pesquisa sobre o desempenho dos tribunais de primeira instância como instituições de resolução de litígios e controle social, bem como sobre as experiências litigiosas dos cidadãos e as representações da população sobre o funcionamento dos tribunais, o direito e a justiça.

Para levar a cabo o estudo do desempenho dos tribunais, os pesquisadores portugueses valeram-se de um banco de dados que armazenava registros oficiais, montado com a finalidade operativa, que possibilitava o compartilhamento de informações pelos diversos agentes do sistema de justiça: Polícia, Ministério Público, magistratura, Ministério da Justiça.

Na concepção da equipe de investigação portuguesa, o trabalho com dados oficiais e estatísticas produzidas pelo Estado, se não permite quantificar a realidade dos conflitos judicializáveis, configura-se como o melhor instrumento para perceber como o sistema se representa e se descreve a si mesmo, se percebe na sua prática rotineira.

Os dados oficiais do sistema operativo foram fundamentais para reconstruir aquilo que os pesquisadores chamaram de *pirâmide de litigiosidade* da sociedade portuguesa, da qual faz parte o fluxo da justiça (Santos *et al*, 1996). De acordo com os autores, a base dessa pirâmide são aqueles conflitos que ocorrem cotidianamente e que poderiam ser objeto de intervenção judicial ou intervenção de grupos informais de resolução de litígios. Desses fatos, apenas uma parte se converte numa litigação propriamente dita, em que as partes se dão conta da existência de uma situação conflitiva e procuram instâncias para encaminhar a resolução. As instituições formais de resolução são apenas um dos caminhos para se resolver um conflito, uma vez que se parte do princípio de que, nas sociedades contemporâneas, existe pluralismo jurídico, fazendo com que convivam diversos expedientes de resolução de litígios (Santos, 1995).

238   RENATO SÉRGIO DE LIMA

O trabalho judicial constitui o topo da pirâmide. Assim, investigá-lo não é igual a investigar a totalidade dos litígios, mas sim conhecer a parte que sofre intervenção estatal. Assim, o projeto de Boaventura Santos e seus colaboradores (1996) visava investigar a procura e a oferta da tutela judicial, conhecendo quem usa os tribunais, para quê e com que resultado. Num primeiro momento, a pesquisa concentrou-se nas esferas cível e penal e teve abrangência nacional, tendo sido selecionadas algumas comarcas para a realização de análises mais aprofundadas, combinando diversas técnicas de investigação.

Todo o trabalho foi orientado por três hipóteses teóricas que se subdividiam em sub-hipóteses. A primeira delas considera que o desempenho dos tribunais nos países centrais passou por três períodos históricos (o liberal, o do Estado-Providência e o da crise do Estado-Providência), assumindo configurações diferenciadas em cada período e interações específicas entre os poderes estatais e entre esses e os grupos sociais. Entretanto, entende-se que, nos países periféricos e semiperiféricos, as histórias políticas e sociais não refletem o mesmo desenvolvimento, não resultando na consolidação de uma cultura política democrática. No caso de Portugal, a hipótese é a de que o desempenho dos tribunais é mais próximo ao modelo liberal, cujas características são: garantismo precário;[2] predomínio de microlitigação e demandas individuais; grande distância física e cultural entre cidadão e instituição; desempenho seletivo; e explosões de demanda que não guardam correspondência necessária com transformações sociais.

Não obstante essas características serem adequadas para descrever a prática cotidiana dos tribunais portugueses, a segunda hipótese aponta a

---

2   Por garantista entende-se a finalidade primordial do direito penal e processual penal, de promover, na sua concepção, a preservação dos direitos do acusado, no curso da persecução penal, que se traduziria no atendimento a diversos princípios como o juízo natural, a ampla defesa, o contraditório, a presunção de inocência. Para maiores detalhes, ver Luigi Ferrajoli (1995).

existência de rupturas significativas em certos aspectos, suficientes para conferir aos tribunais um significado sociopolítico mais avançado do que se poderia deduzir do seu desempenho efetivo.

A terceira hipótese baseia-se na argumentação de que os aumentos de litigiosidade não significam crescimentos automáticos da litigação judicial (sendo o inverso também verdadeiro), em virtude da interferência de fatores sociais e culturais na procura da intervenção oficial nos litígios. Isto porque os mecanismos informais de resolução são muitos e preferidos por grande parte da população, em função de uma combinação de fatores econômicos e culturais. Assim, em geral, os cidadãos não encontram motivação para a litigação judicial, embora conheçam o direito. Deste modo, a pirâmide de litigiosidade tem uma grande base e um topo (representando o trabalho judicial) pequeno e muito aguçado.

Com relação à metodologia desenvolvida pela equipe portuguesa para o tratamento dos dados da base oficial, destaca-se a dificuldade encontrada quanto à uniformidade das notações, que variavam no tempo, sendo afetadas por alterações legislativas e administrativas, resultando no acesso a uma série histórica de curta duração: os analistas utilizaram dados registrados entre 1989 e 1993. Além disso, enfrentou-se o questionamento formulado quanto à confiabilidade dos dados disponíveis. Foi então realizado um procedimento de validação das informações disponíveis na base de dados analisada, a partir da checagem das informações, numa amostra, com outras fontes. Concluiu-se que os dados estatísticos oficiais, extraídos da base de dados, contêm 19% de informações erradas, que não são distribuídas uniformemente entre os campos de registro, tendendo a ser muito menores nas categorias de maior relevância para o estudo do desempenho dos tribunais.

Os dados da base operativa foram analisados em conjunto com outras estatísticas provenientes de séries longas disponíveis, como informações sobre o movimento processual e os recursos humanos da justiça, as contas dos tribunais, relatórios de inspeção (consultadas apenas as partes não confidenciais) e livros de registro das secretarias das varas. A partir da realização deste projeto, a equipe de investigação pôde propor uma série de alterações na notação dos dados e contribuir para uma política de valorização dos registros estatísticos. Chama também atenção a existência de um senso comum entre os operadores jurídicos, que se recusam a trabalhar com dados oficiais por considerá-los de qualidade muito duvidosa. Entretanto, os pesquisadores constataram que essa recusa é maior nos casos em que os dados contrariam experiências pessoais ou expectativas institucionais, corporativas ou reivindicações profissionais, sendo menor a crítica quando os dados coincidem com as ideias defendidas, configurando uma crítica seletiva e viesada sobre a confiança dos dados oficiais.

O panorama nacional dos estudos sobre o funcionamento da justiça

O cenário das pesquisas sociojurídicas no Brasil vem conhecendo uma renovação nos últimos anos, com o surgimento de algumas pesquisas sobre o funcionamento dos aparelhos de justiça, que recorrem às análises integradas de dados e ao estudo dos fluxos dos processos policiais, judiciais e penitenciários. Pouco a pouco, esse campo do conhecimento vai recebendo contribuições de formas criativas e inovadoras do uso dos dados oficiais na interpretação do funcionamento das instituições, no monitoramento do seu desempenho e das transformações que sofre.

Esse movimento iniciou-se no declínio dos governos militares e na abertura política. O desafio de monitorar a democratização das instituições e, por vezes, até de forma mais radical, de denunciar as continuidades autoritárias levou os pesquisadores a revalorizarem a análise dos processos internos das instituições e dos micropoderes envolvidos nas atividades das polícias, da justiça e das penitenciárias. Influenciados pelo panorama internacional já descrito, alguns pesquisadores passaram a utilizar análises de estatísticas e dados oficiais de forma integrada, a fim de melhor compreender os mecanismos do controle social.

Um marco nesse campo é o estudo de Paixão (1987), desenvolvido como reflexão do trabalho na Fundação João Pinheiro, em Minas Gerais, a respeito dos indicadores de criminalidade. Considera-se que, por trás de uma "aparência positivista" do acompanhamento de índices e taxas, há uma preocupação política importante com a forma de gerenciamento das instituições estatais e o controle do poder por elas exercido. Daí a necessidade de monitorar as diversas etapas e momentos em que o Estado exerce o controle social e a partir disso visualizar os mecanismos de seleção e discriminação próprios das estruturas autoritárias.

Comentando reflexões de Edmundo Campos Coelho (1986) e de Alba Zaluar (1984), Paixão suscita o debate sobre a ausência de uma política de informação como o reflexo da ausência não apenas de política sistemática de controle da criminalidade, mas de uma política de transparência das ações estatais.

Verificam-se, nessa preocupação, as influências do momento social em que o autor escrevia: por um lado, a dificuldade em promover a democratização das instituições ligadas ao controle social e ao combate da criminalidade e, por outro, o crescimento da criminalidade urbana, solo fértil para demandas conservadoras e de endurecimento das políticas de controle, também fator de legitimação de ilegalismos como violências privadas, violência policial, ondas de extermínio e "limpeza social". É o momento em que surge a necessidade de mapear com maior precisão o impacto do crime real, diferenciando-o do contexto cultural implicado no crescimento da violência urbana. Neste aspecto, Paixão faz parte de um grupo de pesquisadores preocupados em diferenciar entre as ocorrências reais dos crimes e as percepções sociais do aumento do crime, como o medo da violência, da mitologia que cerca o crime e o criminoso, a ideologia do combate ao crime. É neste contexto de transformação do campo de conhecimento que uma discussão sobre a construção de um sistema integrado de informações e conhecimentos sobre todo o processo do crime, do seu controle e da justiça desponta, em que as palavras-chave são transparência e planejamento.

Paixão atribui à ausência de informações contínuas, sistemáticas e comparáveis o distanciamento do cidadão do controle democrático da atuação das instituições e a permeabilidade das instituições a mecanismos informais de "inteligência organizacional", resultando em ilegalismos e intransparência.

A concepção de que as informações devem deixar visualizar todo o processo do controle social do crime como um fluxo de procedimentos e processos também estava presente. Paixão chama a atenção para o fato de que estatísticas e dados oficiais são produtos organizacionais, que fazem sentido como indicadores sociais apenas à medida que são analisados de forma combinada entre si, permitindo identificar os vieses organizacionais implicados em sua produção. Daí a defesa de um sistema nacional de informações que armazene dados oriundos de diferentes fontes e permita compará-los entre si.

Outro marco nos estudos integrados do sistema de justiça e controle social são os trabalhos de Sérgio Adorno sobre os tribunais do júri e a discriminação racial na justiça criminal. Na primeira pesquisa (Adorno, 1994), foram trabalhadas informações dos processos penais produzidas em diferentes momentos da trajetória dos indivíduos e dos casos, pelas sucessivas instituições que compõem o sistema de justiça, numa tentativa de identificar móveis extralegais na condução dos desfechos judiciais. Assim, foram combinadas informações sobre o perfil social de réus, testemunhas, jurados e vítimas, com informações sobre prisão durante o processo, resultado da sentença, extensão da pena imposta e tipo da defesa (se pública ou constituída).

Entretanto, foi na segunda pesquisa que o método de acompanhar o fluxo dos indivíduos pelo sistema evidenciou-se. Na investigação sobre o tratamento dado pela justiça a réus brancos e negros, a mesma informação (sobre a cor do réu) foi coletada em diferentes fases do processo, buscando inclusive perceber a lógica do registro da informação cor em cada instituição componente do sistema de justiça (Adorno, 1995). A conclusão da pesquisa é eloquente sobre a adequação deste tipo de método de estudo para compreender o funcionamento e o desempenho dos tribunais: numa quantidade significativa de casos, a cor do réu alterava-se ao longo do fluxo. E a descoberta mais importante: essa alteração da cor ao longo do processo guardava uma relação com a distribuição das decisões judiciais de condenação ou absolvição.

Preocupado ainda em entender os mecanismos de seleção, filtragem e rotulagem exercidos pelas instituições de controle social, Adorno observou que "a arbitrariedade dos procedimentos inquisitoriais pesa com maior rigor sobre réus negros do que sobre réus brancos. No mesmo sentido, réus negros tendem a enfrentar maiores obstáculos no acesso aos direitos" (Adorno, 1995:53). Do mesmo modo, acompanharam-se as prisões durante o processo, o tipo de defesa e a utilização das garantias de defesa, a fim de perceber como a sentença judicial é o resultado de um processo cumulativo de procedimentos e rotulagens, que culminam em condenação ou absolvição.

A mesma postura de pesquisa foi empregada posteriormente num projeto do Núcleo de Estudos da Violência da USP – NEV, coordenado por Adorno. Desta vez, tratava-se de uma pesquisa de caráter qualitativo realizada com alguns processos penais, cujo objetivo era analisar a morosidade do sistema de justiça, suas causas e os agentes responsáveis. O ponto de partida da análise é o de que "o desfecho processual resulta de uma complexa operação institucional para a qual concorrem decisivamente as práticas dos operadores do direito em suas tarefas de apuração da responsabilidade penal e de distribuição de sanções consoante condições previamente dadas, isto é, determinadas pela estrutura e funcionamento do sistema de justiça criminal" (Adorno e col., 1999). Assim, a equipe de pesquisadores mapeou, passo a passo, cada procedimento de investigação policial, cada procedimento judiciário, da acusação e da defesa, observando o tempo de duração de cada etapa e de cada ato, buscando identificar em que momentos, por quais motivos e de quem era a responsabilidade pela morosidade observada nos casos analisados. Essas informações foram contextualizadas com outras, como o perfil dos envolvidos, a natureza do crime julgado e o desfecho processual. A conclusão do estudo é a de que este desfecho vai sendo construído ao longo do trânsito dos casos e dos indivíduos pelo sistema de justiça, sendo três fatores relevantes para a construção do desfecho: o cumprimento de garantias e requisitos processuais; o "tempo da justiça" ou a morosidade de cada ato; e a presença de mecanismos de ruído, rumor e tumulto na condução do processo penal através das diversas instituições que compõem o sistema de justiça. Um novo projeto do NEV encontra-se, em 2004, em execução e pretende aprofundar a investigação sobre os fenômenos da impunidade e do funcionamento da justiça criminal em São Paulo.

Nestas reflexões, os pesquisadores complexificam a análise do binômio punição/impunidade, mostrando as numeráveis interferências extraprocessuais e extralegais que contribuem para o desfecho processual. Um trabalho dessa natureza faz sentido apenas quando se pensa o funcionamento da justiça como um fluxo de procedimentos e atos. O estudo minucioso de cada etapa desse fluxo foi o que permitiu à equipe de pesquisadores do NEV compreender melhor os ilegalismos, as informalidades, os mecanismos de seleção do sistema e a reprodução das desigualdades no interior dos aparelhos de justiça, temas privilegiados naquele projeto.

Outro trabalho que segue uma orientação teórica e metodológica semelhante é o de Wânia Pasinato Izumino (1997) realizado com processos criminais de violência contra a mulher. Para analisar o desfecho processual e a intervenção judicial no conflito, a autora percorreu as várias partes do processo, desde documentos produzidos na fase policial até eventuais julgamentos por júri, buscando reconhecer uma lógica na intervenção da justiça tanto nos casos de absolvição como nos de condenação. Assim, foi possível perceber a manipulação das informações sobre a agressão sofrida, realizada tanto pelas partes como pelos agentes jurídicos, mostrando como o desfecho processual resulta de uma construção cumulativa a partir da intervenção e da manipulação dos diversos agentes pelos quais o processo passa.

As conclusões anteriormente enunciadas corroboram o que já vinha sendo apontado por estudos clássicos sobre gênero no campo da antropologia, como os trabalhos de Mariza Côrrea (1983), Heleieth Saffiotti (1994), entre outros. A contribuição de Izumino para o estudo do fluxo da justiça refere-se à compreensão das queixas que são retiradas ou dos casos em que a vítima empenha-se inicialmente em culpabilizar o agressor, mas no decorrer do andamento do processo penal atenua sua versão nos depoimentos, trabalhando por um desfecho absolutório. Nesses casos, de acordo com a pesquisadora, a resolução do conflito se dá por outras vias que não as da justiça oficial, e frequentemente a justiça pública limita-se a sancionar soluções privadas para os conflitos de gênero (Izumino, 1997).

O fluxo da justiça criminal em casos de estupro e violência sexual foi objeto de uma pesquisa de Joana Domingues Vargas, realizada na delegacia especializada de defesa da mulher e nas varas criminais da cidade de Campinas. Mesclando métodos de análise quantitativa e qualitativa, a antropóloga concluiu que há integração entre as diversas instâncias do sistema de justiça em razão de uma convergência de concepções de senso comum partilhado por agentes jurídicos, vítimas, policiais e testemunhas. Dado o caráter cumulativo do processo penal, os suspeitos estão, ao final do fluxo, repetidamente estigmatizados por sua condição social, sua relação com a vítima, sua cor e pela ocorrência de prisão durante o processo (Vargas, 2000).

O fluxo da justiça criminal para os casos de crimes sexuais contra mulheres desenha-se como um funil, em que mais de 60% dos boletins de ocorrência são arquivados. Dos casos que são alvos de instauração de inquérito, cerca de 70% são objeto de denúncia do Ministério Público, sendo de 30% o índice de arquivamentos nessa etapa. Na fase da sentença, observam-se um maior índice de condenações (60%) e um índice menor de absolvições. A autora, entretanto, busca demonstrar como esse desfecho processual está correlacionado com a existência de prisão durante o processo e com o perfil do réu.

Na análise empreendida por Vargas sobre o tratamento diferencial da justiça com relação a réus de cor preta e parda, a autora utiliza as teorias de rotulagem e estigmatização. Segundo ela, a operação de estigmatização dos réus não brancos funciona como uma "profecia autocumprida", porque os réus de cor preta são mais frequentemente presos durante o processo, sendo também mais condenados do que os réus brancos, embora sejam minoria em termos absolutos. Neste caso, a prisão representa uma punição de fato àquele que é acusado, uma vez que é conhecida, e foi registrada pela pesquisa, a existência de rituais de punição dos acusados de estupro no interior das cadeias. Outro dado sobre o tratamento diferenciado dos réus pretos é a constatação de que esses casos tramitam mais rapidamente do que os outros por várias razões, as quais a autora analisa detidamente para concluir que existe uma disposição do sistema em categorizar, prender e condenar mais recorrentemente réus pretos como estupradores.

O grau de relacionamento entre réu e vítima também foi objeto de investigação nesta pesquisa, levando a autora a encontrar dados que contrariam as informações de senso comum sobre a ocorrência de estupros. Ao contrário do que se imagina, a maioria dos casos que chega à justiça refere-se a réus conhecidos da vítima, entretanto, todos os processos julgados em que os réus eram desconhecidos receberam sentenças de condenação. Chamou a atenção da autora o número de inquéritos não instaurados quando o acusado de crime sexual é pai da vítima, uma vez que a lei torna obrigatória a ação penal nessas situações (Vargas, 2000).

O estudo do fluxo da justiça criminal, combinando informações recolhidas em vários momentos do processo, inclusive dados sobre arquivamentos e ausência de procedimentos, mais uma vez constrói o conhecimento de que as soluções oferecidas pela justiça aos crimes não são homogêneas, variando conforme o perfil social dos envolvidos, o que revela um sistema permeável a valores e concepções de senso comum presentes na sociedade.

É o que também conclui Ela Wiecko de Castilho (1998), num estudo criminológico sobre o processamento penal dos crimes contra o sistema financeiro nacional. Dada a constatação da baixa punibilidade dos crimes de "colarinho branco", a autora conclui que o "controle formal expressa basicamente o mesmo conjunto de atitudes, sentimentos e valores do controle informal" (Castilho, 1998: 286). Refletindo sobre a produção das estatísticas oficiais, a autora observa que não há estatísticas sobre criminalidade econômica, embora diversas instituições públicas estejam envolvidas com a repressão desse tipo de ocorrência. A ausência de produção de informação contribui enormemente para a desarticulação estratégica entre Banco Central, Polícia Federal, Ministério Público e Justiça Federais e para a ausência de uma política criminal de combate a esses crimes, tornando real a impunidade dos autores dos crimes contra o sistema financeiro, em grande parte, pessoas que detêm poder político e bancos privados.

Nessa configuração do campo dos estudos sociojurídicos sobre a administração da justiça criminal e as análises sobre o fluxo da justiça, alguns projetos de pesquisa estão sendo desenvolvidos, entre eles, a parceria entre a Fundação Seade e o Instituto Brasileiro de Ciências Criminais – IBCCRIM, para construção de uma metodologia de trabalho e posterior análise dos dados produzidos sobre o fluxo da justiça criminal paulista. A Fundação Seade dispõe hoje de dados extraídos de um banco originalmente produzido para finalidade operativa, possibilitando análises integradas das trajetórias individuais no interior do sistema de justiça e também a geração de estatísticas sobre diversos momentos da intervenção estatal nos conflitos criminais. Imagina-se que, nos próximos anos, diversos trabalhos venham solidificar esse campo de estudo, fortalecendo a interdisciplinaridade entre as ciências sociais e jurídicas.

Fluxogramas teóricos do funcionamento da justiça criminal: entendendo as etapas e passos jurídico-processuais[3]

No cumprimento dos objetivos do projeto da Fundação Seade, o desenho dos diagramas de fluxo (fluxogramas) do funcionamento da Justiça criminal nasceu da necessidade de criar um instrumento auxiliar de coleta de dados sobre o sistema de justiça que permitisse a construção de uma árvore lógica de exploração das informações contidas nas bases de dados. Sua finalidade era de tornar compreensível para a equipe

---

3 Os diagramas apresentados são resultado de metodologia desenvolvida pela Fundação Seade e pelo IBCCRIM, em 2004. Um estudo baseado nessa metodologia e que atualiza os diagramas com base nas recentes alterações na legislação pode ser obtido em "Os novos procedimentos legais: uma análise empírica das mudanças introduzidas pelas Leis 11.689/2008 e 11.719/2008", número 1, da Série Pensando o Direito, do Cesec/ucam.

multidisciplinar de pesquisa as diversas fases de um processo penal e as diferenças no processamento dos crimes.

Foram construídos fluxos teóricos dos processos correspondentes aos tipos penais selecionados para esta fase da pesquisa: fluxograma dos processos penais de rito comum para o estudo dos crimes de furto, roubo, estelionato, estupro e atentado violento ao pudor; fluxo dos processos de rito especial da Lei 6.368/76, para o estudo do delito de tráfico de entorpecentes; e fluxograma do processamento dos crimes de competência do Tribunal do Júri, para o estudo do delito de homicídio. Para o processo de execução penal, foi concebida uma forma mista de representação, não se abandonando a ideia dos diagramas, mas complementando-a com outros instrumentos, tais como quadros explanatórios.

Procurou-se descrever os procedimentos previstos no Código de Processo Penal e legislações específicas, com os principais atos e prazos processuais, optando por registrar um padrão de tramitação sem a previsão de incidentes, recursos específicos e demais atos que implicariam suspensão do curso normal do processo. Trata-se de uma escolha metodológica, orientada para oferecer um modelo com o maior detalhamento de informações possível, tendo também em vista a viabilidade da representação gráfica.

Contudo, não foi pretensão do trabalho tratar exaustivamente toda a literatura jurídica e os entendimentos jurisprudenciais, uma vez que vislumbra-se a pluralidade das ciências criminais e a dinâmica das relações por elas estudadas. Este trabalho não pode ser tomado como um esgotamento das possibilidades de administração da justiça. As lacunas e ausências de informação devem ser cotejadas com a finalidade dos diagramas. Divergências jurisprudenciais e doutrinárias sobre os procedimentos podem surgir, sendo intrínsecas a este campo do conhecimento.

Passa-se, a seguir, a descrever a metodologia empregada na elaboração dos diagramas, em seus principais aspectos técnicos e teóricos.

Critérios para a elaboração

Aspectos técnicos

Os fluxogramas utilizados neste trabalho, conhecidos também como diagramas de blocos, seguem os padrões internacionais. Usualmente empregados na programação de sistemas em informática, em que o uso da simbologia específica torna-se mais rigoroso, também são amplamente utilizados para o desenho de processos de uma forma geral, havendo, na maioria destes casos, uma grande flexibilidade para adequações de outros símbolos e códigos não previstos nestes padrões internacionais, o que possibilita representar com mais propriedade um determinado processo.

Por não se tratar de fluxogramas desenhados especificamente para uma determinada linguagem de programação em informática, foram utilizados alguns símbolos e representações gráficas próprios, com a finalidade de facilitar o entendimento, como por exemplo anotações de notas de rodapé, registros de prazos e tempo de ações, marcações de início e fim de fases de atividades, entre outros. O significado dos símbolos utilizados encontra-se na legenda apresentada junto aos fluxogramas.

A técnica de fluxogramas, empregada neste trabalho, permite uma posterior codificação, praticamente, em qualquer linguagem de programação, pois em sua elaboração não se atinge detalhamento de instruções ou comandos específicos, os quais caracterizam uma linguagem. Pode ser utilizada, também, para apresentações com recursos de vídeo com maior capacidade de visualização, informação e acesso. Isso é fundamental quando do desenho de novos projetos e pesquisas.

Aspectos conceituais

Os diagramas tratam essencialmente das principais fases do inquérito e do processo penal, tendo em vista a diversidade de ritos que cada crime selecionado apresenta. Representaram-se atos consubstanciados em documentos ou simplesmente momentos processuais. Os prazos legais foram registrados no fluxo e os jurisprudenciais apareceram, preferencialmente, em notas explicativas.

Por razões metodológicas, não se tratou das modalidades de prisões processuais nos diagramas. Há menção, nas notas explicativas de determinados fluxos, das suas definições e prazos de duração, mas não uma representação gráfica propriamente dita. Isso porque a dificuldade de seu registro no fluxograma mostrou-se muito grande, sobretudo pelo fato de não ser possível identificar um momento próprio para a decretação das mesmas, com exceção da prisão em flagrante, que foi devidamente representada nos diagramas.

A figura da "tomada de decisões", apontando para algo como uma "bifurcação" no fluxo, foi registrada como momentos-chave; a tomada de decisões não é atribuição exclusiva do juiz, embora o seja na maioria dos momentos.

As notas explicativas oferecem uma base teórica e jurisprudencial ao fluxo, a fim de promover maior esclarecimento sobre a matéria processual por ele tratada de forma esquemática e suprindo a carência explanatória desta espécie de instrumento.

As principais fontes teóricas foram as normas tradicionalmente prescritas no Código de Processo Penal e legislações específicas, sendo a doutrina e a jurisprudência fontes complementares na realização dos diagramas, cumprindo uma função integradora quando das lacunas e aparentes contradições legais.

É importante que se destaque a utilização primordial dos princípios e normas constitucionais na concepção e feitura dos fluxos. A Constituição Federal foi, em última análise, o instrumento norteador de todo o trabalho, não só pela superioridade de seus preceitos (diante da hierarquia legal), bem como por ser ela a informadora dos princípios e seus respectivos corolários que permeiam o processo penal e o direito penal, conferindo-lhes, essencialmente, uma posição garantista.

Os crimes selecionados

A equipe técnica da Fundação Seade selecionou, para a definição dos critérios de feitura dos diagramas, oito tipos penais a serem analisados na perspectiva do fluxo: roubo e sua forma qualificada (latrocínio); furto; homicídio; tráfico de entorpecentes; estelionato; estupro e atentado violento ao pudor. O critério para escolha foi a incidência dos mesmos em fase de efetivo cumprimento de pena, a partir de dados oficiais divulgados pelo Censo Penitenciário de 1995.

Com exceção do delito de estelionato, que aparece nas estatísticas oficiais entre outros crimes cometidos, os tipos selecionados obedecem a lógica de maior ocorrência e efetiva punição dentro do sistema, razão pela qual optou-se por seu tratamento. Quanto ao estelionato, foi justamente sua menor ocorrência e a natureza diferenciada em relação aos demais crimes que justificaram sua inclusão no rol dos tipos estudados, a fim de obter uma avaliação das causas da diferenciação do seu tratamento pelo sistema.

Os delitos contra o sistema financeiro nacional, a administração pública e outros que se inserem na chamada criminalidade do "colarinho branco" não foram selecionados para esta fase da pesquisa, mas sua incidência praticamente nula na fase de execução penal (condenados cumprindo pena) acena para a expressiva cifra oculta dessa criminalidade especial, despertando a importância do estudo das razões de tal imunidade penal, que poderá ser realizado numa segunda fase da pesquisa, a partir dos instrumentos metodológicos já criados

Os fluxos em espécie

Rito comum

O primeiro fluxo representado foi o previsto para o processamento dos crimes de rito comum, de acordo com os artigos 394 a 405 do Código de Processo Penal. Este fluxo refere-se ao procedimento a ser seguido para o processamento dos crimes de furto, estelionato, roubo, estupro, atentado violento ao pudor, entre aqueles selecionados pela equipe multidisciplinar do projeto.

O instrumento legal em que se amparou para sua feitura foi essencialmente o Código de Processo Penal, que descreve, ao longo de seus artigos, as fases do rito comum, tendo sido aplicados ainda, de forma analógica e suplementar, outros instrumentos legais, orientações doutrinárias e jurisprudenciais.

Como já mencionado, optou-se pelo registro de um procedimento padrão, sem a previsão de incidentes e recursos específicos. Apenas nas hipóteses em que seu registro se fazia imprescindível para a compreensão de todo o rito em questão, ou seja, quando sua ausência importaria comprometimento para o entendimento dos atos subsequentes, tratou-se de representá-los. Assim, ao se registrar a possibilidade de suspensão condicional do processo quando do recebimento da denúncia para os crimes de furto e estelionato, procurou-se demonstrar que sua determinação implicaria verdadeira a suspensão do fluxo ou até interrupção do mesmo.

Da mesma forma, a previsão de nova definição jurídica do fato, quando da conclusão dos autos ao juiz, significaria verdadeira a hipótese de "refluxo", ou seja, uma nova realização de atos processuais já executados, o que também redunda numa alteração profunda do curso processual.

Os recursos representados foram apenas aqueles intrínsecos ao regular andamento do processo. O recurso em sentido estrito, interposto contra decisões interlocutórias mistas, notadamente contra decisão de não recebimento da denúncia, e a apelação, recurso interposto em face da sentença, pela sua significação na instrução criminal, foram os recursos representados.

Optou-se por não serem registrados "remédios constitucionais", como o Habeas Corpus, pelo fato de não se tratar de um recurso propriamente dito, podendo ser interposto a qualquer momento do inquérito e do processo penal, não havendo como inseri-lo no fluxo, de forma a esclarecer sua utilização sem comprometer a lógica do encadeamento de atos previstos.

No que tange aos prazos processuais, mencionou-se, em nota explicativa, a orientação jurisprudencial dos 81 dias para o término da instrução quando o acusado estivesse preso. Tomou-se o cuidado de inserir o termo em tese ao apontar tal posição, uma vez que esta não tem sido a 'eitura mais recente dos juízes e dos tribunais, que têm acenado para a interpretação flexibilizada deste prazo, indicando sua dilação inclusive como melhor orientação. Os prazos apontados em fase processual referem-se àqueles destinados às partes, tendo-se tomado a cautela de indicar, também em nota explicativa, a previsão legal de dois dias, destinada ao escrivão para o cumprimento das determinações judiciais. Interstícios decorrentes de diligências, tais como cumprimento de mandados de intimação, não teriam como ser tratados no fluxo, mas a tolerabilidade do prazo para sua realização insere-se na previsão máxima dos 81 dias para o término da instrução.

A possibilidade de execução provisória da sentença condenatória não foi representada no diagrama, tendo sido tratada em nota explicativa. A razão primordial para tal escolha foi a pouca valia desta representação para a pesquisa, tendo em vista que a regulamentação desse procedimento deu-se apenas a partir de 1999. Entretanto, a viabilidade de sua represen-

ENTRE PALAVRAS E NÚMEROS   255

tação também foi levada em conta, parecendo, assim, que a inserção de nota explicativa seria uma escolha mais adequada.

Rito especial do crime de tráfico de entorpecentes

Este diagrama foi elaborado para informar o processamento do crime de tráfico de entorpecentes, previsto na Lei 6.368/76. Referido instrumento legal serviu de suporte para a elaboração, uma vez que é a lei especial que disciplina a definição material do delito e a descrição de seu procedimento. Aplicou-se, subsidiariamente, naquilo em que não se verificava incompatibilidade, o Código de Processo Penal. As aplicações analógica e suplementar de outras leis, bem como as orientações doutrinárias e jurisprudenciais, também foram adotadas neste fluxo. As opções metodológicas, no que tange ao registro de incidentes e recursos, foram as mesmas que informaram o diagrama dos processos de rito comum.

Uma razão para os prazos adotados até sentença encontra justificativa no fato dos prazos estarem dobrados em atenção à Lei 8.072/90 (Lei dos Crimes Hediondos), que determina tal dilação ao incluir o delito de tráfico de entorpecentes em hipóteses de hediondez assemelhada. Ao prazo jurisprudencial para o término da instrução criminal de 76 dias, cabem as mesmas ponderações já tecidas ao primeiro fluxograma.

O incidente de dependência toxicológica foi registrado por sua significação no procedimento da Lei de Tóxicos, sendo elemento probatório e determinante de desclassificação para o crime de uso de entorpecentes ou indicando uma medida de segurança especial (tratamento médico especializado) ao agente. A pluralidade de hipóteses na realização dos atos instrutórios e decisórios, própria deste rito, foi contemplada pelo fluxograma.

A apresentação de memoriais, embora não prevista na Lei 6.368/76, é admitida neste procedimento por aplicação analógica ao rito sumário previsto no Código de Processo Penal para o processamento de contravenções penais e dos crimes aos quais é cominada pena de detenção. Nesse procedimento, embora também não haja previsão legal dos memorais, há uma "construção jurisprudencial" no sentido de permitir a substituição dos debates orais pela apresentação daquela peça processual. O prazo para seu oferecimento também é uma construção da jurisprudência, tendo-se adotado mais comumente o prazo de cinco dias, havendo, no entanto, outra corrente jurisprudencial que atribui o prazo três dias, por analogia ao rito comum.

Finalmente, é importante mencionar a peculiaridade do momento decisório neste procedimento. Primeiro, a possibilidade de haver desclassificação para o crime de uso de entorpecentes não poderia deixar de ser prevista. Entretanto, a absolvição imprópria, neste fluxo, tem a particularidade de ocorrer tendo em vista a dependência química constatada pelo exame pericial e sua influência no cometimento do delito. Isto implica a adoção de uma medida de segurança especial, que nada tem a ver com a internação em manicômios ou hospitais de custódia.

A medida de segurança comum ou simples é aquela adotada, ordinariamente, quando, embora reconhecidas autoria e materialidade delitivas, se constata a inimputabilidade penal do réu (desenvolvimento mental incompleto ou retardado ou doença mental) e absolve-se impropriamente o mesmo, impondo-lhe uma medida de segurança, que poderá ser internação em hospital de custódia e tratamento psiquiátrico ou tratamento ambulatorial. Em tais casos, o critério para a determinação da espécie de medida é a pena cominada ao tipo penal.

Na hipótese da medida de segurança especial, os critérios são completamente diversos, não só para a escolha da espécie da medida, como pela causa que a impõe.

Considerou-se de suma importância esta representação, posto ser desconhecida, ainda que prevista legalmente, por muitos operadores do direito, acarretando, presumidamente, sua escassíssima utilização, tendo em vista ainda a polêmica de sua incompatibilização com a Lei dos Crimes Hediondos.

A substituição da pena privativa de liberdade por restritiva de direito foi registrada diante da edição da Lei 9.714/98, que regula a aplicação das penas alternativas. Como ao crime de tráfico de entorpecentes é cominada pena mínima inferior a quatro anos e sua tipificação se dá sem a ocorrência de violência, verifica-se a plena compatibilização com a lei mencionada, optando-se, ainda que pairem discussões jurisprudenciais a respeito, por registrar aquilo que a lei expressamente prevê.

Rito dos crimes de competência do Tribunal do Júri

O fluxo do processamento dos crimes julgados pelo Tribunal do Júri refere-se ao último crime estudado por esta pesquisa: o homicídio. Na construção do diagrama representativo deste rito especial, percebeu-se a necessidade de tecer uma explicação mais detalhada a respeito dos crimes que se submetem a tal procedimento, a saber os delitos dolosos contra a vida e os conexos a eles. O conceito de conexão, embora adstrito a uma definição por demais doutrinária e ostentando um cunho de "ficção jurídica", foi tratado em nota explicativa por ser relevante para a compreensão do tratamento que o sistema dá aos crimes cometidos em relação de conexão aos dolosos contra a vida.

Crimes conexos são aqueles que, em razão de seu cometimento, encontram-se ligados por circunstâncias subjetivas (ex. mesmos agentes) e/ou objetivas (ex. um delito cometido para ocultar o outro). Assim, ainda que um crime diverso ao homicídio tenha sido cometido, mas de forma conexa ao mesmo, a competência para julgá-lo será a do Tribunal do Júri, posto prevalecer sobre as demais.

O Código de Processo Penal foi o instrumento legal no qual se baseou a elaboração do fluxo, em especial através dos artigos 406 ao 497 que dispõem detalhadamente sobre o processamento. Novamente cabem as considerações referentes à aplicação subsidiária e complementar de outros instrumentos legais e da analogia e da jurisprudência.

Registrou-se, até a conclusão dos autos ao juiz para a decisão de pronúncia, um procedimento idêntico ao comum. Esse momento decisório é aquele em que se inicia o rito especial propriamente dito. A pluralidade de ramos decisórios é marcada inclusive pela hipótese de aplicação de medida de segurança, embora essa não seja a posição mais em consonância aos preceitos constitucionais.

No que se refere ao pedido de desaforamento, optou-se por seu registro somente em nota, uma vez que sua representação não se mostrava viável no fluxo, posto que seu deferimento acarretaria apenas a mudança de comarca em que se daria a sessão, sem, contudo, representar alteração no curso do fluxograma.

O julgamento perante o Tribunal do Júri é um ato complexo, que compreende outros "pequenos atos" que se desenrolam na sessão de julgamento em plenário. Acreditou-se ser de suma importância o registro de todos os atos e sua representação num único momento, para que esta ideia fosse fidedignamente transmitida. Aliás, em se tratando de julgamento pelo Júri Popular, há, no imaginário dos leigos, muita mistificação em torno de como aquele ato seria realizado, e uma confusão com o modelo norte-americano.

Nesse sentido, procurou-se esclarecer mais detalhadamente, nas notas explicativas, sobre o funcionamento deste Tribunal e a realização do ato, sem perder de vista, contudo, a objetividade de informações condizentes com a finalidade do fluxo. Por fim, representou-se a diversidade de recursos de apelação, podendo ou não acarretar em novo julgamento perante o Júri.

Mulheres negras, as mais punidas nos crimes de roubo: breve descrição de um estudo de caso do funcionamento da justiça criminal paulista[4]

Nessa parte, apresentam-se alguns resultados da aplicação do modelo analítico desenvolvido num caso específico, qual seja, o dos indivíduos envolvidos na prática de roubos (artigo 157 do Código Penal). Como principal conclusão, foi possível constatar o tratamento diferenciado de tais indivíduos, conforme suas características raciais e de gênero e, portanto, verificar a existência de múltiplas clivagens na definição das suas trajetórias no interior do sistema de justiça criminal.

Para tanto, os diagramas teóricos do funcionamento da justiça foram os instrumentos norteadores que permitiram a sistematização dos dados e de seus agrupamentos, de maneira a possibilitar a análise, em fluxo, da trajetória dos indivíduos no sistema. Após a montagem dos bancos, em relação ao modelo teórico, foi possível ter registros dos três momentos distintos no interior do sistema — inquérito, processo, execução —, verificando-se, assim, os afunilamentos. Chegou-se, de tal forma, ao fluxograma real para o processamento dos delitos. A título de ilustração, apresenta-se o diagrama relativo ao crime de roubo no Estado de São Paulo, entre 1991 e 1998.

---

4   Uma discussão mais detida pode ser obtida em Lima, R. S. *Atributos raciais no funcionamento do sistema de justiça criminal paulista*. São Paulo: Perspectiva, 2004, v. 18, nº 1, p. 60-65.

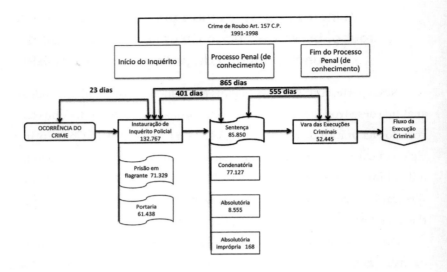

Fonte: Tribunal de Justiça do Estado de São Paulo – TJ; Secretaria da Administração Penitenciária – SAP; Secretaria de Segurança Pública do Estado de São Paulo – SSP; Empresa de Processamento de Dados do Estado de São Paulo – Prodesp; Fundação Sistema Estadual de Análise de Dados – SEADE.
Nota: Incluem os casos em que não foi informado o sexo.

Em termos de etapas processuais e verificação da trajetória dos indivíduos pelo sistema de justiça criminal, o diagrama indica um número maior de inquéritos iniciados por auto de prisão em flagrante, num processo de filtragem de quem vai ficar mais ou menos tempo preso. No caso, conforme descrito na Tabela 1, um maior número, proporcionalmente, de mulheres e homens negros acaba sendo preso neste momento processual – quando comparado, por exemplo, à proporção de indiciamento por portaria. Da mesma forma, chama atenção a demasiada superioridade do número de decisões condenatórias em relação às absolutórias, o que contraria a tese do senso comum sobre a impunidade ou a pouca punibilidade do sistema.

ENTRE PALAVRAS E NÚMEROS   261

TABELA 1 – INDICIADOS POR ROUBO, POR TIPO, SEGUNDO SEXO E RAÇA
ESTADO DE SÃO PAULO (1991-1998)

Sexo e Raça	Indiciados				Sentenciados				Sentenciados com Execução Penal
	Em flagrante	Por portaria	Sem inquérito policial	Total	Condenado	Absolvido	Absolvido Impróprio	Total	
Total	100,00	100,00	100,00	100,00	100,00	100,00	100,00	100,00	100,00
Branca	52,89	57,79	53,54	54,98	53,55	57,57	56,55	53,96	52,39
Negra (2)	45,96	40,64	44,48	43,60	45,29	41,29	42,86	44,89	46,74
Outras (3)	0,50	0,51	0,40	0,50	0,48	0,37	0,60	0,47	0,43
Não Informado	0,65	1,06	1,58	0,92	0,68	0,77	0,00	0,69	0,44
Homens	100,00	100,00	100,00	100,00	100,00	100,00	100,00	100,00	100,00
Brancos	52,95	57,72	53,59	54,99	53,61	57,46	56,10	53,99	52,46
Negros (2)	45,95	40,78	44,45	43,65	45,24	41,40	43,29	44,86	46,66
Outros (3)	0,51	0,52	0,41	0,50	0,48	0,39	0,61	0,47	0,43

Fonte: Tribunal de Justiça do Estado de São Paulo – TJ: Secretaria da Administração Penitenciária – SAP; Secretaria de Segurança Pública do Estado de São Paulo – SSP; Empresa de Processamento de Dados do Estado de São Paulo – Prodesp; Fundação Sistema Estadual de Análise de Dados – SEADE.
(1) Sentenciados sem inquérito policial por roubo.
(2) Consideram-se os indivíduos classificados como "pretos" e "pardos".
(3) Consideram-se os indivíduos classificados como "amarelos" e "vermelhos".

Significa dizer que, considerado os recortes racial e de gênero, é importante observar como, no decorrer das etapas, os negros vão aumentando sua representação em relação aos brancos no sistema, realidade que vai se desenhando de maneira inversa no caso destes últimos (Gráfico 1). Entretanto, é entre as mulheres que a discrepância entre as raças se torna mais evidente e provoca uma situação de quase inversão nas proporções de mulheres com execução penal em relação às indiciadas pelo crime de roubo. Com referência, é verdade que homens e mulheres negros, proporcionalmente, iniciam mais o inquérito policial presos do que os brancos (Tabela 1), em razão de um maior número de prisões em flagrante para esses indivíduos.

GRÁFICO 1 — TRAJETÓRIA DOS INDIVÍDUOS ENVOLVIDOS EM ROUBOS, SEGUNDO RAÇA E SEXO — ESTADO DE SÃO PAULO (1991-1998)

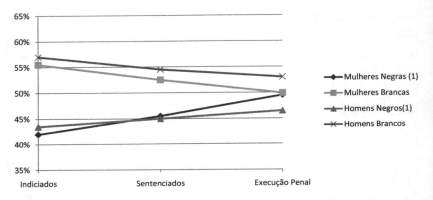

Fonte: Tribunal de Justiça do Estado de São Paulo – TJ; Secretaria da Administração Penitenciária – SAP; Secretaria de Segurança Pública do Estado de São Paulo – SSP; Empresaria de Processamento de Dados do Estado de São Paulo – Prodesp; Fundação Sistema Estadual de Análise de Dados – SEADE.
(1) Consideraram-se os indivíduos classificados como "pretos" e "pardos"

Por fim, a Tabela 2 traz os prazos médios de tramitação. Nela, nota-se que os prazos médios mais extensos são aqueles relativos entre a etapa ocorrência policial e a sentença, que pode indicar menor incidência de prisões, na medida em que tanto inquéritos quanto processos de instrução de indivíduos presos devem, conforme definição legal e jurisprudencial, tramitar com prazos mais exíguos. Com relação aos negros, ao contrário, o menor prazo de tramitação do inquérito/processo seria indicador de maior incidência de prisões e, por conseguinte, de uma situação de severizar a punição quando os indivíduos são negros.

TABELA 2 – TEMPO MÉDIO TRANSCORRIDO NAS ETAPAS DE JUSTIÇA
CRIMINAL PARA INDIVÍDUOS ENVOLVIDOS EM ROUBO, POR SEXO E RAÇA
ESTADO DE SÃO PAULO (1991-1998)

Etapas de Justiça Criminal	Homens		Mulheres		Total (2)
	Brancos	Negros (1)	Brancas	Negras (1)	
Ocorrência policial – Inquérito	27	18	30	30	23
Inquérito – Sentença	371	341	441	435	401
Sentença – Execução	502	553	609	604	555
Inquérito – Execução	785	811	939	918	826

Fonte: Tribunal de Justiça do Estado de São Paulo – TJ; Secretaria da Administração Pública – SAP; Secretaria do Estado de São Paulo – SSP; Empresa de Processamento de Dados do Estado de São Paulo – PRODESP; Fundação Sistema Estadual de Análise de Dados – SEADE.

(1) Consideram-se os indivíduos classificados como "pretos" e "pardos".

(2) Incluem os casos que não informaram o sexo.

Nota: Dados preliminares.

Os dados apresentados, embora causem impactos, corroboram aquilo que vem sendo constatado em outros estudos e pesquisas já empreendidos, utilizando diversas metodologias, a respeito dos profundos processos de dupla discriminação social, de gênero e de raça aos quais indivíduos envolvidos no sistema de justiça criminal estão submetidos. Encontra ressonância, ainda, com o entendimento do senso comum de que a população negra e pobre é a clientela preferencial do aparato penal, incluindo desde a perseguição policial até as autoridades do sistema de justiça.

Os resultados da pesquisa são incontestáveis em apontar a maior punibilidade para negros, tanto se for considerada sua progressiva captação e manutenção pelo sistema (mais condenados do que indiciados), como se levarmos em conta a categoria prisão no processo: além de serem mais presos em flagrante (do que indiciados por portaria, como a maioria branca), seus processos correm num prazo menor, o que é indicativo de maior incidência de prisão processual. Entretanto, é com as mulheres negras que a dupla via discriminatória se torna alarmante, revelando mais um dos mecanismos reificadores de desigualdades e de segregação aos quais as mulheres negras são submetidas em nossa sociedade.

Do ponto de vista de uma análise sobre inclusão/exclusão social, estes resultados são consoantes aos dados do IBGE — Instituto Brasileiro de Geografia e Estatística — relativos à distribuição da população segundo a renda mensal. A maior renda média é obtida pelos homens brancos, seguidos, com relativa distância, pelas mulheres brancas. Os homens negros aparecem em terceiro lugar e as mulheres negras recebem o pior rendimento médio, muito inferior àquele do primeiro grupo. Vários outros fatores ainda devem ser levados em conta na postulação de hipóteses interpretativas do funcionamento desigual do sistema de justiça criminal para mulheres e homens e para negros e brancos: maior participação demográfica dos negros entre os pobres; formação dos operadores do direito; ausência de defensoria pública; racismo; viés no olhar policial; estigmas; fragmentação organizacional do modelo de justiça; relações de gênero; entre outros.

Embora não haja dúvida sobre o significado da distribuição racial e de gênero no tocante às diferenças e relações de poder, analisar os mecanismos pelos quais essas relações se produzem é tarefa complexa que exigirá um acúmulo de novos conhecimentos. No plano político, exige-se uma profunda reflexão sobre os impactos do funcionamento das instituições que compõem o chamado sistema de justiça criminal brasileiro. A fim de ampliar e legitimar esse debate, a sociedade civil organizada, os movimento sociais, enfim, todos os cidadãos portadores do direito de acesso à justiça devem participar deste processo. Afinal, está em jogo uma mudança de paradigma e a construção de um novo consenso sobre o papel do Estado e da cidadania.

Por certo os temas levantados anteriormente não puderam ser aqui esgotados e nem essa foi nossa proposta. Mais do que explicações acabadas sobre os motivos dos fenômenos enunciados, esperamos que a reflexão sobre situações complexas tenha sido incentivada e, principalmente, que o uso de informações estatísticas seja considerado ferramenta de avaliação e planejamento de políticas públicas na área de justiça criminal e segurança pública. Enfim, o relato aqui feito do projeto da Fundação Seade teve o objetivo de despertar a curiosidade sobre aspectos pouco estudados e cujas informações disponíveis ainda carecem de análise e aprofundamento.

Este livro possui três fluxogramas que podem ser visualizados no site
www.seade.gov.br

Capítulo 11

Garantias constitucionais e prisões motivadas por conflitos agrários no Brasil[1]

Renato Sérgio de Lima
Juvelino Strozake

Na tentativa de identificar o número e a tipificação jurídica das prisões provocadas em razão de conflitos agrários no país, o Núcleo de Pesquisas do IBCCRIM conduziu, ao longo do ano de 2005, um grande projeto de investigação sobre tal tema e revelou que pouco se sabe sobre o assunto no Brasil. Revelou, sobretudo, a inexistência de dados sistematizados sobre o tema, a invisibilidade atribuída às questões sociais quando tratadas pelo sistema de justiça e a incapacidade de se planejar políticas públicas e/ou ações coordenadas apenas com base no estoque de conhecimento disponível. O foco no estudo das prisões motivadas por conflitos agrários permitiu, portanto, uma reflexão sobre regras e procedimentos democrá-

---

1 Originalmente publicado em LIMA, R. S. ; Strozake, J. "Garantias constitucionais e prisões motivadas por conflitos agrários no Brasil". *Revista Brasileira de Ciências Criminais*, v. 60, p. 321-339, 2006.

ticos de atuação institucional e provoca o debate sobre como são construídas as mentalidades institucionais e os modelos de política criminal que guiam as ações públicas na área.

A pesquisa foi dividida em duas etapas, sendo uma primeira de natureza quantitativa e cujo principal objetivo foi estimar o número de pessoas presas em razão de tais conflitos no país. Nela, investigou-se a produção de dados sobre o tema e a atuação pública em algumas unidades da federação, com destaque para o Estado do Pará. Já a segunda etapa da pesquisa constituiu-se numa tentativa analítica de aprofundar questões sobre as dificuldades de implementação de políticas públicas que contemplassem os problemas associados aos conflitos agrários e, para tanto, optou-se por um desenho qualitativo de análise, pelo qual foram pesquisados casos considerados emblemáticos em quatro unidades da federação (Pará, Pernambuco, São Paulo e Rio Grande do Sul).

Nosso objetivo, aqui, é apresentar os resultados da primeira etapa do projeto e problematizar pontos que julgamos importantes no debate sobre a atuação das instituições de justiça criminal quando da atenção aos conflitos agrários. Desse modo, o ponto de partida do texto é a pergunta: quantos são os indivíduos presos no Brasil em razão dos conflitos agrários? Derivadas dessa primeira pergunta, algumas outras questões tiveram que ser formuladas para permitir o desenho de um modelo de abordagem que fornecesse, ao menos, uma visão panorâmica do problema e, por conseguinte, nos autorizasse a construir uma primeira estimativa do número de pessoas presas. Assim, o projeto do Núcleo de Pesquisas do IBCCRIM que deu origem a este texto também se baseia na indagação sobre características regionais (prisões por Unidade da Federação) e sobre modalidades de crimes e/ou tipificações penais utilizadas para justificar tais prisões.

Outro ponto importante que foi considerado é que, juridicamente, prisões podem ocorrer em várias fases de um processo e, portanto, não estávamos falando de execução de penas, ou seja, prisões para cumprimento de sentença. Nesse sentido, nosso objeto de investigação tentou incluir/mensurar todas as prisões realizadas no âmbito policial, ainda que sem decisões judiciais, e ao longo do processamento dos casos pela justiça criminal brasileira.

Definido nosso objeto de pesquisa, o próximo passo foi o de localizar potenciais fontes de informação. Para tanto, foram feitas consultas por informações junto aos operadores do direito e da segurança pública e, também, contatos com organizações que trabalham com a questão agrária ou seus temas derivados (violência etc.). Foi redigida uma carta contendo um pedido institucional de auxílio, que foi enviada para os coordenadores regionais do IBCCRIM, que redistribuíram, em alguns casos, os pedidos para outras pessoas ou, mesmo, para instituições governamentais, e também para duas listas de pesquisadores da área de estudos jurídicos e violência.

Em termos governamentais, foram contatadas todas as secretarias estaduais de segurança pública do Brasil, com base na lista elaborada pela Secretaria Nacional de Segurança Pública – SENASP, vinculada ao Ministério da Justiça, sobre os responsáveis pela produção de estatísticas criminais em cada uma das Unidades da Federação. Além das secretarias, também foi acionada a Ouvidoria Agrária, do Ministério do Desenvolvimento Agrário. Como complemento, foi solicitado apoio do Ministério do Trabalho, por meio da sua área responsável pela implantação do observatório de dados daquele ministério. A ideia, nesse caso, era saber se o Ministério do Trabalho, como coordenador do grupo de combate ao trabalho escravo, compilava informações sobre presos em áreas rurais ou em localidades nas quais haviam sido identificados focos de trabalho escravo. Também foi feito contato com o Departamento de Polícia Federal e com a diretoria de inteligência policial do Pará, estado com problemas agrários acentuados.

Ainda no campo governamental e diante dos resultados dos contatos realizados, uma última fonte foi identificada. No caso, foi o Sistema Integrado de Informações Criminais – siic, da Fundação Sistema Estadual de Análise de Dados – Seade (http://www.seade.gov.br/produtos/siic). Esse sistema tem por objetivo produzir estatísticas sobre o fluxo de funcionamento do sistema de justiça criminal do Estado de São Paulo e utiliza o Banco de Dados de antecedentes criminais mantido pela Companhia de Processamento de Dados de São Paulo – PRODESP e que, no período disponível (1974-2000), possui informações sobre cerca de 3,5 milhões de indivíduos, seis milhões de inquéritos e sete milhões de processo criminais. Por fim, junto ao terceiro setor foram contatadas três instituições: Movimento dos Trabalhadores sem Terra – MST, através da sua área jurídica, Comissão Pastoral da Terra – CPT, através de visita à sua sede nacional e ao seu coordenador do Banco de Dados, e, ainda, Terra de Direitos, ONG do Paraná.

Com base nessa extensa lista de contatos, alguns resultados já foram obtidos e outros são aguardados. Além do mais, o percurso não contemplou, senão de maneira pontual, as Polícias Militares das Unidades da Federação. Acredita-se que, talvez, os serviços reservados das PMs podem dispor de alguns dados mais específicos sobre o perfil dos indivíduos presos, mas essa hipótese não foi possível de ser verificada no prazo aqui estabelecido, qual seja, um mês e meio de trabalho. A seguir, algumas estimativas são apresentadas tendo como referência os dados coletados e descritos no quadro sintético que é aqui apresentado.

Vale ressaltar, por fim, que este texto não se configura como uma análise completa da situação das prisões no país. Ele pode ser visto como tão somente a primeira aproximação com o problema. Nesse momento, os resultados alcançados indicam que esse é um fenômeno que nunca foi tomado como algo que devesse ser monitorado – mesmo a CPT tem o foco no monitoramento dos conflitos e não nas prisões – e que, por conseguinte, sua visibilidade é diluída na multiplicidade de situações sociais provocadas pelo tratamento judicial dado aos conflitos agrários. Falar de prisões motivadas por tais conflitos significa falar a partir de um estoque de conhecimento limitado e muito influenciado pelas experiências individuais dos militantes e das instituições envolvidas. Não existem padrões de classificação de dados, regras de registro e sistemas de controle que ofereçam uma visão do problema. Assim, os números a seguir podem ser vistos como aqueles mais próximos do total de dados disponíveis. Mais do que eles, como já foi dito, apenas com a mobilização de um projeto e de uma equipe de pesquisa.

Primeiras estimativas

Após todos os contatos, dados sobre pessoas presas em razão de conflitos agrários foram fornecidos apenas pelo MST, pela CPT e pela Secretaria de Segurança Pública de Tocantins. Desses, apenas a SSP de Tocantins informou o tipo de crime cometido e que motivou a prisão. Segundo ela, em Tocantins foram cometidos oito homicídios dolosos causados por conflitos agrários. Segundo a CPT, em 2004 foram presas 512 pessoas, número inferior somente aos verificados em 1999, quando foram presas 611 pessoas, e em 1985, primeiro ano monitorado pela Comissão Pastoral da Terra, quando foram presas 557 pessoas. Tais números não são desagregados por tipo de crime, mas são distribuídos pelas Unidades da Federação. Da mesma forma, os dados do MST são desagregados pelas UFs mas não detalham o tipo do crime. A principal diferença é a ordem de grandeza de ambos. Os do MST são bem menores do que os da CPT . Uma explicação possível é que o MST controla apenas os casos envolvendo seus militantes e, portanto, sempre serão menores. Outra possibilidade é que os dados da CPT estejam, em alguns casos, duplicados. Todavia essas hipóteses não puderam ser confirmadas ou refutadas. A visita à sede nacional da CPT indicou que existem problemas de coleta dos dados, mas, ao mesmo tempo, demonstrou preocupação da Comissão Pastoral da Terra em melhorar a qualidade dos seus registros, o que significa melhoria no controle dos dados. Um exemplo dessa situação é que a ssp de Tocantins informou oito casos de pessoas presas por homicídios dolosos causados por conflitos agrários em 2004. Todavia, o banco da cpt não possui registro para esse estado naquele ano.

O Ministério do Trabalho informou, por sua vez, que em 165 fazendas foram encontrados trabalhadores em situação análoga à escravidão. Pelos controles disponíveis não são monitoradas as prisões, mas segundo conversas com os técnicos, quase sempre há uma prisão em flagrante que, depois, é relaxada e a pessoa liberada. Assim, em tese, teríamos ao menos uma prisão para cada uma dessas inspeções.

Ciente das limitações dos dados e que a única estimativa possível nesse momento seria uma primeira e subestimada aproximação, imaginou-se que poderíamos considerar o banco da cpt não em relação aos números apresentados mas sim em relação às proporções indicadas. Em outras palavras, como o banco da cpt é o único que possui cobertura nacional, a hipótese assumida foi que podemos considerar os percentuais de cada unidade da federação ali informados e, com base numa investigação detalhada em uma dessas Unidades, estimar o total do Brasil. Isso foi feito, ainda, com a informação complementar fornecida pelo mst sobre os principais tipos penais envolvidos nas prisões. Assim, selecionamos as cidades com histórico de conflitos agrários no Estado de São Paulo e, na medida em que os cadastros oficiais não informam a razão da prisão, tomamos os casos registrados relativos ao artigo 161, do Código Penal, referentes aos crimes de "esbulho possessório", como *proxes* das prisões efetuadas pelo motivo por nós analisado (os demais tipos penais também podem, em maior proporção, ser atribuídos a situações urbanas e não servem para estimativa de conflitos agrários), ou seja, como estimativa da ordem de grandeza do fenômeno.

Feita essa seleção, processamos os dados do SIIC da Fundação Seade e verificamos que os inquéritos policiais são instaurados numa proporção de **7,92** casos para cada processo criminal aceito pelo Poder Judiciário. A conclusão é que prisões por conflitos agrários acontecem muito mais na esfera policial do que judicial e, portanto, são prisões que parecem servir mais ao controle social do que em razão de um cometimento de um crime propriamente dito. Significa dizer que tais prisões ocorrem por motivos diversos, mas, quando analisadas pelo Poder Judiciário, não são aceitas como geradas pelo cometimento de crimes e as pessoas são liberadas. Não se trata de analisar os motivos desse processo e sim indicar que é na esfera policial que podemos entender melhor os mecanismos que determinam se uma pessoa será ou não presa.

Os números totais de inquéritos policiais instaurados e processos criminais abertos relativos aos esbulhos possessórios registrados nas cidades selecionadas entre 1988 e 2000 foram, respectivamente, de **198** e de **25**. Em relação a 2004, São Paulo é responsável pelo registro de **5,7%** dos casos de prisão monitorados pela CPT. A média anual de registros do Sistema Seade é de **15,23** inquéritos e de **1,92** processo. Com tudo isso e considerando que não existem diferenças significativas no comportamento das polícias em relação ao fenômeno – fato que sabemos que não é totalmente verdade –, teríamos, em 2004, cerca de **267** inquéritos e cerca de **34** processos de esbulho possessório no Brasil. No caso, para a estimativa corresponder aos casos de pessoas presas, temos que assumir que, ao menos, uma pessoa é presa no momento do inquérito policial. Se isso é verdade, o número indicado no parágrafo anterior indica que para cada processo aberto, podendo resultar eventualmente numa condenação e execução de pena, quase oito inquéritos são instaurados. Como já foi dito, esse número revela que as prisões, nesses tipos de conflitos, são predominantemente feitas em flagrante.

Somados aos casos de trabalho escravo e homicídios dolosos, que pudemos ter uma ideia das suas ordens de grandeza, os números acima se não correspondem ao universo de prisões motivadas por conflitos agrários dão, com certeza, uma pista importante para aqueles que pretendem formular projetos sobre o tema, ou seja, que, primeiro, o investimento deverá focar as prisões em flagrante efetuadas pelas Polícias e, segundo, que se trata de fenômeno circunscrito os cuja intervenção de organizações e governo tenderia a causar impactos significativos no quadro traçado. Para concluir, como o problema é predominantemente circunscrito às polícias, acreditamos que quaisquer ações que visem dar visibilidade ao fenômeno e constituir sistemas de informações e/ou observatórios passam pela capacitação e sensibilização das forças policiais do Brasil.

Um estudo de caso: o Estado do Pará

Em termos históricos e territoriais, o Estado do Pará está localizado na região Norte do Brasil e possui uma área de 1.248.042 km quadrados, com população de 3.468.700 habitantes (Censo IBGE 2000). A região sul do Estado do Pará é a porta de entrada para as terras da Amazônia e é lá que desembocam a ferrovia Carajás e as estradas que sobem de Tocantins (Belém-Brasília) e vem de Imperatriz rumo à Transamazônica, provocando o afluxo de milhares de camponeses em busca de terra. Há ainda os contingentes atraídos no passado pela ilusão do garimpo ou de emprego na Companhia Vale do Rio Doce, mineradora e uma das maiores empresas privadas do Brasil. Além dessa empresa, a região sul do Estado também se caracteriza pela presença de grandes grupos financeiros e industriais – Volkswagen, Liquigás, Banco Real, BCN, entre outros –, que, beneficiados pela redução de impostos de até 50% sob a condição de investir 2/3 na agricultura, são responsáveis por grandes extensões de terras, num processo de valorização do latifúndio e especulação imobiliária.

A abertura da Mina de Carajás (a maior mina de ferro do mundo) e da estrada de ferro, estimulou o rápido crescimento das cidades da região e provocou problemas típicos do crescimento desordenado: desemprego, violência, miséria, mortalidade infantil, precárias condições de saúde, entre outros. Num cenário como esse, o Pará virou o palco de violenta luta pela terra e tem sido objeto de preocupação pública ao longo dos últimos trinta anos. Como consequência, a ocupação da terra gerou intensas batalhas entre Estado, particularmente as Polícias, Trabalhadores Sem Terra, e Fazendeiros. Nelas, a violência e o uso de armas têm sido uma constante e a prisão um dos mecanismos utilizados no controle social da população.

Em paralelo, questões sobre Direitos Humanos e judicialização dos conflitos sociais ganharam corpo e determinaram o comportamento de agentes públicos. Como exemplo, a recente morte da freira Dorothy Stang ocorrida no Pará, resultante de conflitos de terra existente na região e a cobrança dos organismos internacionais para a rápida solução do homicídio fizeram com que o Procurador Geral da República suscitasse o incidente de deslocamento de competência para a Justiça Federal. Como tratado por Bicudo e Lima (2005), essa medida, por parte da União, traz à baila a discussão a respeito do possível rompimento do pacto federativo, com afronta ao artigo 34, da Constituição Federal, posto que pedido de deslocamento para a Justiça Federal se baseou na grave violação aos Direitos Humanos, o que, em si, é relevante, mas não observou se a Justiça Estadual, por meio de seu aparato repressivo, era ineficiente ou muito morosa na apuração dos fatos, tal como o previsto na Constituição. Os autores aproveitam tal discussão para indagarem sobre se, nesse caso, o pedido foi baseado apenas num dos pilares previstos na Constituição em razão da desconsideração ao pacto federativo ou, também, pela impossibilidade de se obter informações e estatísticas sobre determinados aspectos que envolvem, os conflitos agrários no Brasil.

Não há dúvida de que a morte de pessoas ligadas ao movimento sem terra, tal qual vem ocorrendo no Pará, configura uma afronta aos direitos humanos e aos tratados que o Brasil se comprometeu internacionalmente a respeitar. Contudo, este é apenas um dos requisitos necessários para o deslocamento de competência, e não o único. Investigar a observância dos demais requisitos seria, assim, também um modo de comprometer as instituições estaduais com práticas democráticas de resolução de conflitos. Traçando um paralelo com a competência das cortes internacionais para julgamento das violações aos Direitos Humanos, tem-se que elas são competentes para tanto quando o Estado que cometeu a ofensa não quiser ou não puder apurar as ofensas cometidas (Bicudo e Lima, 2005).

Outra questão, não menos importante, que se coloca necessária nessa discussão é o fato de que os conflitos agrários, que resultam em violações aos direitos humanos, são produto de uma violência endêmica radicada nas estruturas sociais, enraizadas nos costumes, que se manifesta quer no comportamento de grupos da sociedade civil, quer nos agentes incumbidos de preservar a ordem pública. Isso permite apontar que no curso do processo democrático brasileiro persistem situações de solução violenta de conflitos sociais e nas relações intersubjetivas. Sob a perspectiva sociológica, compreender a persistência desse fenômeno implica questionar a simetria dos direitos políticos e civis propostos legalmente e vivenciados na prática e na ausência de mediações políticas e públicas capazes de assegurar a pacificação da sociedade (Bicudo e Lima, 2005).

Formalmente, a Constituição do Estado estabelece, em seu artigo 126, que o Tribunal de Justiça do Pará designará juízes de entrância especial, com competência exclusiva para questões agrárias. O Poder Judiciário do estado, ao invés de designar juízes optou pela criação de dez Varas Agrárias, mas atualmente, vale destacar, existem apenas duas Varas em funcionamento no Pará e elas também têm competência criminal, fato considerado ilegal por vários operadores do direito. A implantação das demais Varas está condicionada, segundo o artigo 5º da Lei 14/1993 à disponibilidade de recursos "suficientes quanto às suas instalações, material e pessoal". Considerando a grande extensão do território paraense, é possível, logo de início, presumir as dificuldades cotidianas de se garantir justiça para estes fatos.

Dito isso, para além dos números de prisões efetuadas em razão dos conflitos agrários, a primeira etapa da pesquisa também buscou conhecer as percepções de operadores e envolvidos com a questão no Pará. Nesse sentido, como complemento analítico do números e sínteses dos processos de conhecimento identificados, foram pensadas entrevistas semiestruturadas a partir de um roteiro dos elementos que deveriam ser indagados aos informantes e, dependendo do desenrolar das respostas, guiar a conversa com os pesquisadores. Em relação aos trabalhadores sem terra, elas foram realizadas no dia 21 de abril de 2005 na cidade de Marabá, sul do Pará e foco de violência no campo. Já as entrevistas com o titular da Delegacia de Conflitos Agrários do Pará e com o juiz responsável pela Vara de Conflitos Agrários de Marabá foram feitas na Capital, Belém, no dia seguinte, 22 de abril, na sede da Delegacia de Crimes Ambientais – Dema, local que abriga a delegacia de conflitos agrários, e no tj/pa. Ambos os operadores da lei têm jurisdição sobre a área de Marabá.

O roteiro elaborado procurava captar as visões, experiências, percepções e/ou compreensão dos informantes sobre aspectos relacionados a Ocupação da Terra, Paz/ Violência, Legislação, Imparcialidade (Instituição/ operador), Situações que levam à prisão, Natureza social/penal, Mudança na legislação, Abusos no tratamento de presos, Federalização dos crimes por conflitos agrários (emenda 45 cf). A transcrição integral das entrevistas não foi contemplada neste estudo. No entanto, alguns pontos chave são vistos como relevantes de serem destacados, ou seja, foi possível identificar linhas e ideias-força que merecem uma atenção especial. Em primeiro lugar, pelo lado dos trabalhadores sem terra, o modelo de organização do MST provoca a hiperpolitização da questão agrária e desloca, nas falas, o foco para o debate sobre classes sociais e dominação econômica. A questão da Terra estaria associada ao modo de produção capitalista e a sua ocupação enfrentaria a resistência dos aparelhos de estado encarregados de manter a ordem estabelecida. Paralelamente, os discursos valorizam modelos coletivos de cultivo do solo e técnicas que contemplem o pequeno produtor. Há a preocupação com a chave do "politicamente correto", na qual, por exemplo, gênero é um elo interpretativo que merece dedicação.

Em relação às prisões, as entrevistas indicaram que elas fazem parte da história do movimento e das pessoas e são vistas como reação ao trabalho realizado, muitas vezes utilizadas de maneira discricionária pela Polícia, como, por exemplo, casos nos quais as lideranças são presas nas mesmas celas de pistoleiros, numa tentativa, segundo eles, de intimidação.

Além disso, os entrevistados que já haviam passado pela experiência da prisão afirmaram que as condições práticas do encarceramento estavam muito aquém do minimamente razoável em termos de respeito aos Direitos Humanos: celas pequenas e superlotadas; comida insuficiente, de má qualidade e acrescida de "remédio para deixá-los mais calmos", numa alusão a uma "verdade" do cárcere que habita o imaginário dos presos no Brasil e que tem relação com o acréscimo de "salitre" da alimentação como estratégia de diminuição da libido da população carcerária. Todavia, essa é uma afirmação que não pode ser confirmada e, por conseguinte, ser tomada como fato antes de uma investigação mais aprofundada.

Em termos específicos aos conflitos agrários, os membros do MST entrevistados também contaram que o tratamento dispensado no momento das prisões foi desigual e foi pautada pelo "status" de liderança ou não dos presos. Um dos entrevistados estava com outros membros do MST quando a Polícia chegou para efetuar prisões, mas ele, liderança, foi o único a ser algemado com as mãos para trás e, depois, foi mantido isolado dos demais presos e, como já mencionado, foi colocado numa cela com um pistoleiro doente. Por fim, a prática de algemar os presos com as mãos para trás foi duramente criticada em razão dela gerar dificuldades para locomoção.

Já a fala do delegado responsável pela questão dos conflitos agrários no país revelou a aderência de discursos técnico-profissionais na gestão da segurança pública do país. Estes discursos, como destaca a literatura da área,[2] foram a forma encontrada pelas instituições policiais para modernizarem-se, darem respostas às demandas por padrões democráticos e humanitários de policiamento e, ao mesmo tempo, manterem o controle sobre o seus modos de funcionamento e organização, num processo de reforço da burocracia policial e, portanto, de posições de poder. Um ponto que parece consenso entre a área policial do Pará, uma vez que foi destacado pelo delegado e pelos policiais militares responsáveis pela inteligência da Secretaria de Segurança Pública, nossos contatos para o agendamento das entrevistas em Belém, é que o conflito de Eldorado dos Carajás, que teve grandes repercussões nacionais e internacionais, mudou o modo como o Executivo Estadual lida com casos de natureza semelhante. Para os policiais, Eldorado dos Carajás provocou a profissionalização da atividade de polícia para conflitos agrários e exigiu que fossem adotadas medidas de mediação, gerenciamento de crise, planejamento de ações e reforço de cadeia de comando, na tentativa de evitar novos "desastres".

Para o entrevistado, a legislação é adequada e os conflitos agravaram-se pela ação de entidades e movimentos sociais. A razão disso está na desigualdade social e no poder econômico. Um exemplo citado foi a afirmação do

---

2   Tavares dos Santos, J. V. (2002). "The world police crisis and construction of a democratic policing" Internation Sociological Association – ISA. Paper.

delegado de que, muitas vezes, ele suspeita de quem tenha sido o mandante de um crime, mas pouco pode fazer, até em razão desse mandante ser, em alguns casos, a pessoa responsável por financiar a ida dele ao local do crime por meio do pagamento de passagem, combustível, hospedagem e alimentação. Esse exemplo indica que o policiamento fica dependente de trocas entre as lideranças locais e o Estado, que não fornece condições de trabalho e permite práticas como a citada. Aliado a isso, o delegado é o único titular de conflitos agrários no estado[3] e tem que percorrer todo o território estadual para implementar a política de segurança estabelecida.

No cotidiano, o entrevistado conta com o apoio das delegacias territoriais, que são responsáveis pelo primeiro atendimento, mas, de acordo com ele, nem sempre sabem o que fazer. O entrevistado contou, ainda, que as prisões têm diminuído nos últimos anos e estratégias mediação têm sido valorizadas. As prisões têm sido reservadas para casos de grilagem e de pistoleiros. Por sinal, nesses casos, o delegado afirmou ser muito difícil localizar os mandantes, pelos motivos já descritos e que provoca uma relação viciada entre público e privado, e, em especial, pelo assassinato dos intermediários.[4] Por fim, o delegado criticou o uso exagerado, na sua opinião de recursos jurídicos por parte de advogados, pois isso estaria dificultando o trabalho de punição da violência no campo.

O caso da irmã Dorothy foi um exemplo citado, segundo o qual o caso está caminhando rapidamente, mas, agora, com a entrada dos "bons advogados" para defenderem os fazendeiros o processo tende a demorar e, com isso, sair do foco da mídia e aumentar as chances de que os man-

---

3   A Delegacia de Conflitos Agrários conta com o titular, uma escrivã e um motorista.

4   No modus operandi dos "contratos" de assassinatos, o mandante encomenda a morte de uma pessoa para um primeiro intermediário, que repassa para outro intermediário e esse, finalmente, contata o pistoleiro.

dantes sejam inocentados.[5] Todo o esforço é no sentido de descaracterizar os crimes comuns ocorridos no campo como conflitos agrários. A ideia é dar liberdade para a polícia tipificar os crimes agrários e daí sim exigir o tratamento específico. Em relação às condições práticas das prisões, o entrevistado afirmou que "eventuais" abusos ocorrem em circunstâncias em que a situação é tensa, os sem terra "provocam", "ameaçam" a polícia, cercando os policiais (em número reduzido) e levantando as foices etc. Segundo ele, as provocações são constantes e o contato físico favorece abordagens violentas, num reconhecimento implícito de que a violência policial ainda é uma questão no Pará.

Para concluir, a entrevista com o juiz reforça o foco nos aspectos técnico-processuais do tratamento judicial e policial dos conflitos agrários, mas, ao contrário do delegado, este entrevistado acha que a legislação existente não permite que o conflito seja visto enquanto tal. Há um abuso do uso do artigo 312 do Código de Processo Penal, que determina as condições para a prisão do acusado/indiciado, ao se utilizar sem distinção a alegação do risco à ordem pública. As origens socioeconômicas dos conflitos agrários também foram destacadas pelo juiz o uso excessivo de recursos por parte dos advogados. O entrevistado procurou manter-se numa postura técnica e, por isso, avaliou que os requisitos para as prisões de pessoas por conflitos agrários estão sendo, não obstante casos isolados de descumprimento, respeitados. No que diz respeito à competência para julgar crimes, foi dito que ela está sendo transferida para as Varas Comuns e que em breve isso não será mais sua atribuição.

---

5   O fazendeiro Vitalmiro Bastos de Moura, o Bida, foi condenado em abril de 2010 a 30 anos de prisão por mandar matar a missionária norte-americana Dorothy Stang em fevereiro de 2005. A pena deverá ser cumprida em regime inicialmente fechado. Esse foi o terceiro júri popular de Bida e a defesa estuda solicitar, por alegar cerceamento de defesa, um quarto julgamento.

Considerações finais

O estudo qualitativo das prisões motivadas por conflitos agrários no Estado do Pará será apresentado nos próximos textos da RBCC, mas ressalta-se que a leitura conjunta dos números disponíveis, processos judiciais selecionados e das notas de campo da visita ao Pará permite algumas importantes conclusões sobre a realidade social naquele estado. Tanto os processos, quanto as entrevistas e as notas de campo dão pistas de que o Estado do Pará, desde o massacre de Eldorado dos Carajás, mudou, de fato, a forma de lidar com conflitos agrários. Houve, inegavelmente, a tentativa de se constituir mecanismos de mediação e resolução de conflitos, com ênfase no trabalho de capacitação dos profissionais da segurança pública. O Poder Judiciário foi provocado a se posicionar e houve a previsão das Varas Agrárias. Há, de acordo com profissionais do direito, uma distorção que parece que será logo equacionada, que atribui competência criminal às Varas Agrárias e, diante das dificuldades indicadas, comprometeria as garantias fundamentais do indivíduo. Outro ponto importante a ser ressaltado é a existência de ampla e antiga mobilização de movimentos sociais, cujo resultado significa que há disponibilidade de defensoria gratuita, em especial patrocinada pelo MST e pela CPT e acessível a todos. Os processos confirmam que as prisões são um problema mais localizado no âmbito policial e as entrevistas indicam que, não obstante os aspectos formais, a discricionariedade dos operadores é muita elevada.

Desta forma, é possível afirmar que as prisões no Estado do Pará respeitam formalmente os ritos e previsões legais, sendo, por conseguinte, respeitadas as condições para a negação do direito a liberdade. Os aspectos técnicos são observados e, quando não, há a mobilização ou de advogados constituídos ou o apoio de advogados do MST, da CPT e de outros movimentos sociais com condições técnicas e políticas de reverter decisões.

Em outras palavras, o Estado de Direito é o arcabouço e o modelo de ação pública hoje no Pará. Todavia, a realidade descrita suscita a reflexão sobre os significados que direito e justiça assumem. Trata-se de se questionar se as prisões por conflitos agrários, não obstante seguirem o rito legal previsto, não são apropriadas como instrumento de controle social de uma parcela apenas da população: os relatos sobre a dificuldade de se punir os mandantes e a recorrência de prisões de sem terra seriam exemplos. O grau de liberdade ou, mesmo, de incerteza em se classificar um fato como conflito agrário impede o monitoramento de casos e invisibiliza excessos. Em complemento, as práticas cotidianas e as condições nas quais os presos são submetidos indicam a permanência de situações de desrespeito aos direitos humanos, precariedade de recursos materiais, humanos e a inexistência de equipamentos prisionais adequados.

Se isso é fato, teríamos um simulacro de garantias fundamentais que torna ainda complexo o desenho de políticas e estratégias de intervenção. Ou seja, a legitimidade se pensar intervenções de agências federais, multilaterais e/ou de incentivo à proteção de direitos enfraquece-se na diluição dos discursos contestadores e na existência de práticas jurídicas fundadas nos aspectos técnico-formais. A judicialização dos conflitos agrários configura-se, dessa maneira, menos na garantia dos direitos dos indivíduos e mais na reificação de papéis e processos históricos e sociais. Nesse movimento, propor desenhos de intervenção parece que somente terá sucesso se for por meio de projetos que foquem a capacitação e valorização dos profissionais da segurança e da justiça. Do contrário, propostas que se fundamentem em afirmações sobre o desrespeito de garantias no momento das prisões seriam refutadas.

A transformação do simulacro em realidade pode, assim, ser objeto de intervenção externa às instituições locais e, mesmo, acredita-se que somente a atuação de outras agências é que provocará a consolidação das garantias constitucionais. Assim sendo, quaisquer projetos devem levar em consideração o respeito formal de direitos e a montagem de estratégias de superação das dificuldades logísticas e burocráticas que impedem a distribuição de justiça hoje no campo. Pensar a intervenção no plano do ensino é, com certeza, uma tática de legitimação, que tem demonstrado sucesso em profissionalizar as Polícias brasileiras, mas não é única forma de ação. O fato é que o investimento na criação de sistemas de monitoramento e informações sobre pessoas presas por fatos que estejam associados a conflitos agrários e; também, o investimento na capacitação de profissionais é, a nosso ver, o instrumento que melhor otimiza a ação pública, estatal ou não. A inexistência de sistemas de formação e informação permite que simulacros sejam tomados como realidade e a justiça se distancie do direito.

Em suma, a pesquisa conclui que as prisões motivadas por conflitos agrários estão justificadas nas práticas jurídicas, mas estão distantes de significarem distribuição efetiva de justiça. Os dados obtidos revelaram que o tratamento dispensado às prisões e, mesmo, aos próprios conflitos agrários busca reduzir o problema exclusivamente à dimensão criminal envolvida. Todavia, o efeito dessa opção é a permanência do que Theodomiro Dias Neto (2005) afirma como sendo a redução de políticas de segurança ao espaço da política criminal notadamente marcada pela intervenção penal. Seria a supremacia de um ponto de vista criminalizador na interpretação dos conflitos sociais, no qual direitos civis e humanos não estão contemplados como objeto das políticas públicas conduzidas pelas instituições de justiça criminal.

Enfim, o estudo do Núcleo de Pesquisas traz à tona um exemplo das dificuldades colocadas à incorporação de requisitos democráticos na operação cotidiana do sistema de justiça brasileiro, mas também indica a necessidade de revisão de práticas cotidianas ou burocráticas, de superação da visão estritamente penal como estratégia de se aumentar a efetividade do sistema, ou seja, a garantia equânime dos direitos constitucionais previstos.

Bibliografia

ADORNO, Sérgio. "Cidadania e administração da justiça criminal." In: DINIZ, E.; LOPES, J.; PRANDI, R. (orgs.). *O Brasil no rastro da crise*. São Paulo: ANPOCS; Ipea; Hucitec, 1994a, p. 304-327.

_____. "Crime, justiça penal e desigualdade jurídica". Revista USP, São Paulo, nº 21, 132-151, mar./abr. 1994b.

_____. "Discriminação racial e justiça criminal em São Paulo". Novos Estudos Cebrap, São Paulo, nº 43: 45-63, nov. 1995.

_____. *A gestão urbana do medo e da insegurança*: violência, crime e justiça penal na sociedade brasileira contemporânea. São Paulo: Universidade de São Paulo, Faculdade de Filosofia, Letras e Ciências Humanas, 1996. (Tese de livre docência).

_____. *Os aprendizes do poder*. Rio de Janeiro: Paz e Terra, 1998.

_____. "Monopólio estatal da violência na sociedade brasileira contemporânea". In: MICELLI, Sérgio (org.). *O que ler na ciência social brasileira*: 1970-2002. São Paulo: Sumaré; v. IV, p. 267-307, 2002.

_____. "Lei e ordem no segundo governo FHC". Tempo Social: Revista de Sociologia da USP, São Paulo, (15) 2: 103-140, nov. 2003.

ADORNO, S; LIMA, R; BORDINI, E. *O adolescente da criminalidade urbana em São Paulo*. Brasília: Ministério da Justiça, Secretaria de Estado dos Direitos Humanos, 1999.

ALMEIDA, Frederico de; e SINHORETTO, Jacqueline. "A judicialização dos conflitos agrários: legalidade, formalidade e política". Revista Brasileira de Ciências Criminais, Ano 14, nº 62, p. 280-334, set.-out. 2006.

ALMINO, João. *O segredo e a informação*: ética e política no espaço público. São Paulo: Brasiliense, 1986.

ARANTES, Rogério Bastos. *Ministério Público e política no Brasil*. São Paulo: Sumaré/Educ, 2002.

AVRITZER, Leonardo; COSTA, Sérgio. "Teoria crítica, democracia e esfera pública: concepções e usos na América Latina". Dados: Revista de Ciências Sociais, Rio de Janeiro, (47) 4: 703 –728, 2004.

AZEVEDO, Rodrigo G. "Informalização da justiça e controle social. Estudo sociológico da implantação dos Juizados Especiais Criminais em Porto Alegre". São Paulo: IBCCRIM, 2000.

_____. "Conciliar ou punir? – Dilemas do controle penal na época contemporânea". In: CARVALHO Salo de, e outro (org.). *Diálogos sobre a justiça dialogal*. Lumen Juris: Rio de Janeiro, 2002.

_____. *Tendências do controle penal da modernidade periférica*. As reformas penais no Brasil e na Argentina na última década. Tese de doutorado. Porto Alegre: UFRGS, 2003.

BABBIE, Earl. *Métodos de pesquisa de survey*. Editora da UFMG, 2003 (capítulo 8, p. 213-45).

BECKER, Howard. *Outsiders*: études de sociologie de la deviance Trad. de l'américan par J-P. Briand et J-M. Chapoulie. Paris: A-M. Metailié, 1985.

LIMA, R. S. ; BICUDO, T. V. "Conflitos agrários e violação dos direitos humanos". Boletim IBCCRIM, São Paulo, v. ano 12, nº 148, p. 03-04, 2005.

BOBBIO, Norberto. *Estado, governo, sociedade*: para uma teoria geral da política. Rio de Janeiro: Paz e Terra, 1995.

_____. *O futuro da democracia*: uma defesa das regras do jogo. Rio de Janeiro: Paz e Terra, 1997.

_____. *Teoria geral da política*: a filosofia política a as lições dos clássicos. Organizado por Michelangelo Bovero. Rio de Janeiro: Editora Campos, 2000.

BONELLI, Maria da Glória. *Profissionalismo e política no mundo do direito*. As relações dos advogados, desembargadores, procuradores de justiça e delegados de polícia com o Estado. São Carlos: Edufscar/Sumaré, 2002.

BOURDIEU, Pierre. *O poder simbólico*. Rio de Janeiro: Bertrand Brasil, 1989

290   RENATO SÉRGIO DE LIMA

BRANDÃO, Gildo Marçal. *Linhagens do pensamento político brasileiro*. São Paulo,Editora Hucitec: 2007.

BRANT, V. C. "Ter medo em São Paulo". In:_____ (org.) *São Paulo trabalhar e viver*. São Paulo: Brasiliense/Comissão Justiça e Paz, 1989.

BRASIL. Banco de Teses e Dissertações da Capes. Capes, Brasília. 2007 (www.capes.gov.br).

BRASIL. Código Penal Brasileiro. 7ª ed. Editora Revista dos Tribunais, 2002.

BRASIL. Código de Processo Penal Brasileiro. 7ª ed. Editora Revista dos Tribunais, 2002.

CALDEIRA, Teresa P. R. *Cidade de muros*. Crime, segregação e cidadania em São Paulo. São Paulo: Edusp/Ed.34, 2000.

CARDOSO, F. H. *Autoritarismo e democratização*. Rio de janeiro: Paz e Terra. 1975

CARVALHO, José Murilo. *Cidadania no Brasil*: o longo caminho. Rio de Janeiro: Civilização Brasileira, 2001.

CARVALHO, Salo de. "Considerações sobre as incongruências da justiça penal consensual: retórica garantista, prática abolicionista". In: CARVALHO, Salo de. (org.). *Diálogos sobre a justiça dialogal*. Lumen Juris: Rio de Janeiro, 2002.

CASTILHO, Ela Wiecko V. *O controle penal nos crimes contra o sistema financeiro nacional*. Lei nº 7.492 de 16/6/86. Belo Horizonte: Del Rey, 1998.

CEPIK, Marco. "Segredos públicos: um dilema para a democracia". Revista Insight-Inteligência, nº 14, p. 148-155, 2001.

COELHO, Edmundo Campos. "A administração da justiça criminal no Rio de Janeiro: 1942-1967". Dados: Revista de Ciências Sociais, Rio de Janeiro, 29 (1): 61-81, 1986.

_____. *A oficina do Diabo*: crise e conflitos no sistema penitenciário do Rio de Janeiro. Rio de Janeiro: Espaço e Tempo/ IUPERJ, 1987.

CORCUFF, Philippe. *As novas sociologias*: construções da realidade social. Bauru: Edusc, 2001.

CORREA, M. *Morte em família*: representações jurídicas de papéis sexuais. Rio de Janeiro: Graal, 1983.

COSTA, Arthur T. M. *Estado, polícia e democracia*. Tese de Doutorado. Brasília. UnB: 2003

DAMATTA, Roberto. *Carnavais, malandros e heróis*. Para uma sociologia do dilema brasileiro. Rio de Janeiro: Zahar, 1979.

DEBERT, Guita; Gregori, M. Filomena; e Piscitelli, Adriana. *Gênero e distribuição da justiça*: as Delegacias de Defesa da Mulher e a construção das diferenças. Unicamp/ Pagu – Núcleo de Estudos de Gênero, 2006 [Coleção Encontros].

DEFLEM, Mathieu. *Surveillance and criminal statistics*: historical foundations of governmentality. *Studies in law, politics and society.* Greenwich: JAI Press, 1997. v. 17, p. 149-184,(http://www.mathieudeflem.net/).

DESROSIÈRES, Alain. *Discutir o indiscutível.* Raison Pratiques, n° 3 – Pouvoir et légitimité. figures de l'espace public. Paris: Editions de EHESC, 1993. (tradução de Vera da Silva Telles).

_____. *The politics of large numbers*: a history of statistical reasoning. United States: Harvard University Press, 1998.

_____. *How real are statistics?* Four possible attitudes. Social Research, (68) 2: 339-356, Summer, 2001.

DIAS NETO, Theodomiro. "Segurança urbana: o modelo da nova prevenção". São Paulo: Revista dos Tribunais; Fundação Getúlio Vargas, 2005.

ELIAS, Norbert. *O processo civilizador II*: formação do Estado e civilização. Rio de Janeiro: Zahar, 1993.

ENGELMANN, Fabiano. *Sociologia do campo jurídico* – juristas e usos do direito. Porto Alegre: Sérgio Antonio Fabris Editor, 2006.

FAORO, Raymundo. *Os donos do poder*: formação do patronato político brasileiro. 3ª ed. São Paulo: Editora Globo, 2001.

FEIGUIN, Dora e LIMA, Renato S. "Tempo de violência: medo e insegurança em São Paulo". *São Paulo em Perspectiva*, São Paulo, Fundação Seade, (9)2: 73-80, abr./jun, 1995.

FERNANDES, Florestan. *Fundamentos empíricos da explicação sociológica.* 4a. ed São Paulo: T.A. Queiroz, 1980.

FERRAJOLI, Luigi. *Derecho y razón:* teoria del garantismo penal. Madrid: Editorial Trotta, 1995.

FERREIRA, Sinésio Pires; LIMA, Renato Sérgio de; BESSA, Vagner. *Criminalidade violenta e homicídios em São Paulo:* fatores explicativos e movimentos recentes. Coleção Segurança com Cidadania. Brasilia, v. 01, n° 03, ano 1, p. 11-20, 2009.

FÓRUM BRASILEIRO DE SEGURANÇA PÚBLICA. Anuário do Fórum Brasileiro de Segurança Pública. São Paulo, 2007.

FOUCAULT, Michel. *Vigiar e punir:* história da violência nas prisões. 9ª ed. Petrópolis: Vozes, 1991.

_____. *Microfísica do poder.* 10. ed. Rio de Janeiro: Graal, 1992.

_____. *Em defesa da sociedade.* São Paulo: Martins Fontes, 2000.

_____. *As palavras e as coisas.* São Paulo: Martins Fontes, 2002.

FUNDAÇÃO SEADE. Consolidação do Sistema Estadual de Análise e Produção de Informações Criminais e Constituição de um Modelo de Tratamento de Dados que Subsidie Políticas em Justiça e Segurança Pública, em Especial o Centro de Análise Criminal da Secretaria de Segurança Pública do Estado de São Paulo. Relatório de Pesquisa. São Paulo, 2001.

GIRGLIOLI, Pier Paolo. Burocracia. Verbete do Dicionário de Política. Norberto Bobbio (org.). Brasília: UnB, 1993.

GOFFMAN, Erving. *Estigma*. Rio de Janeiro: Guanabara, 1992.

_____. *Manicômios, conventos e prisões*. São Paulo: Ed. Perspectiva, 1996 (Col. Debates, nº 91).

GRUNHUT, M. "Statistics in criminology". Journal of the Royal Statistical Society, (114) 2:149-162, 1951. Series A (general) (http://www.jstor.org/).

GUIMARÃES, A. S. A. "Racismo e antirracismo no Brasil". Novos Estudos Cebrap, São Paulo, nº 43: 26-44, Nov, 1995.

_____. *Classe, raças e democracia*. São Paulo: Editora 34, 2002.

HAGGERTY, Kevin D. *Making crime count*. Toronto: University of Toronto Press, 2001.

IZUMINO, Wânia Pasinato. *Justiça e violência contra a mulher*. O papel do Sistema Judiciário na solução dos conflitos de gênero. Dissertação de mestrado. São Paulo: FFLCH/USP, 1997. mimeo.

_____. "Delegacias de Defesa da Mulher e Juizados Especiais Criminais: contribuições para a consolidação de uma cidadania de gênero". Revista Brasileira de Ciências Criminais, ano 10, nº 40: 282-295, out.-dez., 2002.

Kant de Lima, R. *A polícia da cidade do Rio de Janeiro*: seus dilemas e paradoxos. 2ª ed. Rio de Janeiro: Forense, 1995.

_____. *O sistema de justiça criminal no Brasil*: dilemas e paradoxos. Texto apresentado no Fórum Criminalidade, Violência e Segurança Pública no Brasil: uma discussão sobre as bases de dados e questões metodológicas. Rio de Janeiro: Ipea, 2000.

_____. *Direitos civis e direitos humanos*: uma tradição judiciária pré-republicana? *São Paulo em Perspectiva*, 18 (1): 49-59, 2004.

KIDDER, Louise (org.). *Métodos de pesquisa nas relações sociais*/Sellitz-Wrightsman-Cook, v. 2, 2ª ed. São Paulo: EPU, 1987.

KOERNER, Andrei. "O Habeas-Corpus na prática judicial brasileira (1841-1920)". Revista Brasileira de Ciências Criminais, São Paulo nº 24, out-dez/1998, p. 269-285.

LATOUR, Bruno. *A esperança de Pandora*. Bauru: Edusc, 2001.

_____. *Scientific objects and legal objectivity*. Sítio de Internet http://www.ensmp.fr/~latour/articles/article/088.html, 2004.

LEPENIES, Wolf. *As três culturas*. São Paulo: Edusp, 1996.

LIMA, Renato S. "Acesso à justiça e reinvenção do espaço público: saídas possíveis de pacificação social". São Paulo em Perspectiva, São Paulo: Fundação Seade, (11) 3: 86-91, jul./set, 1997.

_____. *Conflitos sociais e criminalidade urbana*: uma análise dos homicídios cometidos no Município de São Paulo. 1. ed. São Paulo: Sicurezza, 2002. v. 1. 126 p.

_____. "Atributos raciais no funcionamento do sistema de justiça criminal paulista". São Paulo em Perspectiva, São Paulo, Fundação Seade. 18(1): 60-65, jan./mar, 2004.

_____. *Contando crimes e criminosos em São Paulo*: uma sociologia das estatísticas produzidas e utilizadas entre 1871 e 2000. Tese de doutorado. FFLCH/USP, 2005.

_____. "Segurança pública e os 20 anos da Constituição Cidadã". Cadernos ADENAUER (São Paulo), v. 1, p. 75-84, 2008.

_____. "Quien mejor gobierna, más seguridad genera: Diálogo México-Brasil sobre policía y crimen organizado". Casede. México (no prelo). Sem data.

LIMA, Renato S., e CANALLE, Cecília. "Participação, controle e propostas para uma efetiva governança de polícia: um convite à leitura". In: Revista Brasileira de Segurança Pública, nº 5, Fórum Brasileiro de Segurança Pública, 2009, p. 6–12.

LIMA, Renato Sérgio de; SINHORETTO, Jacqueline; e ALMEIDA, Frederico. "Entre advogados e policiais: opiniões dos operadores da justiça paulista sobre política criminal". In: XIV Congresso Brasileiro de Sociologia, 2009, Rio de Janeiro. *XIV Congresso Brasileiro de Sociologia*.

Sociologia: consensos e controvérsias. Rio de Janeiro: Sociedade Brasileira de Sociologia, 2009, p. 270.

LIMA, R. S. ; PIETROCOLLA, L. G. ; SINHORETTO, J. "Também morre quem atira: risco de uma pessoa armada ser vítima fatal de um roubo". Revista do IBCCRIM, São Paulo, v. 8, nº 29, p. 50-65, 2000.

LODGE, T. S. *The sources and nature of statistical information in special fields of statistics*: criminal statistics. Journal of the Royal Statistical Society. (116) 3: 283-297, Series A (General), 1953.

MARSHALL, L.C. "Judicial criminal statistics". Journal of the American Statistical Association, (29)185: 99. March, 1934. Supplement Proceeding of the American Statistical Journal.

MARTIN, Olivier. "Da estatística política à sociologia estatística. Desenvolvimento e transformações da análise estatística da sociedade (séculos XVII-XIx)". Revista Brasileira de História, São Paulo, (21) 41: 13-34, 2001.

MASSELA, Alexandre Braga. "Stuart Mill, Durkheim e a prova de relações causais em sociologia". Ciência e Filosofia, São Paulo, nº 6: 61-158, 2000.

MATTOS, Hebe M. *Escravidão e cidadania no Brasil monárquico*. Rio de Janeiro: Jorge Zahar, 2000. (Série Descobrindo o Brasil).

MINGARDI, Guaracy. *Tiras, gansos e trutas*. Cotidiano e reforma na Polícia Civil. São Paulo: Scritta, 1992.

MISSE, Michel. *Malandros, marginais e vagabundos*. A acumulação social da violência no Rio de Janeiro. Doutorado em Sociologia Instituto Universitário de Pesquisas do Rio de Janeiro, IUPERJ, 1999.

MORRISON, Willian Douglas. "The interpretation of criminal statistics". Journal of the Royal Statistical Society, (60)1:1-32, Mar., 1897.

MUNIZ, Jacqueline O. e ZACCHI, José Marcelo. *Avanços, frustrações e desafios para uma política progressista, democrática e efetiva de segurança pública no Brasil*. São Paulo: Fundação Friedrich Ebert Stiftung (Textos Prosur/Segurança Cidadã), 2004.

NASCIMENTO, Andréa Ana do. "A profissionalização e especialização da Polícia Civil no Estado do Rio de Janeiro". Paper apresentado ao XIV Congresso Brasileiro de Sociologia, GT Ocupações e Profissões, 2009.

OLIVEN, R. G. "A violência como mecanismo de dominação e como estratégia de sobrevivência". Dados: Revista de Ciências Sociais, Rio de Janeiro, (23) 3: 371- 376, 1980.

PAIXÃO, A L. "Crimes e criminosos em Belo Horizonte, 1932-1978". Seminário sobre Violência, Crime e Poder. Campinas, Unicamp, 1982.

_____. Relatório de Indicadores Criminais. Relatório de Pesquisa. Fundação João Pinheiro. Belo Horizonte, 1987.

PAOLI, M.C. "Violência e espaço civil". Trabalho apresentado na sessão especial "Violência no Brasil Contemporâneo". Friburgo: Encontro Anual da ANPOCS, 5, 1981.

PAYNE, Geoff. "Social divisions, social mobilities and social research: methodological issues after 40 years". Sociology; 41; 901, 2007.

PONCIONI, Paula. *Tornar-se policial*: a construção da identidade profissional do policial do estado do Rio de Janeiro. Tese de Doutorado. USP, São Paulo. 2004.

PORTER, Theodore. *Trust in numbers*: the pursuit of objectivity in science and public life. Nova Jersey: Princeton University Press, 1995.

PROENÇA, Domício; MUNIZ, Jacqueline; PONCIONI, Paula. "Da governança de polícia à governança policial: controlar para saber, saber para governar". Revista Brasileira de Segurança Pública, v. 5, p. 14-50, 2009.

ROBINSON, Louis Newton. *History and organization of criminal statistics in the United States*. Nova Jersey: Patterson Smith, 1969. (reimpressão da primeira edição de 1911).

RODRIGUES, José Maurício. *Do Ocidente à Modernidade*: intelectuais e mudança social. Rio de Janeiro: Civilização Brasileira, 2003.

ROSE, Nikolas. *Powers and freedom*: reframing political thought. Reino Unido: Cambridge University Press, 1999.

SADEK, Maria Tereza; e ARANTES, Rogério Bastos. "Introdução". In: Maria Tereza SADEK (org.). *Reforma do Judiciário*. São Paulo: Fundação Konrad Adenauer, 2001.

SAFFIOTI, Heleieth. "Violência de gênero no Brasil atual". Estudos Feministas, São Paulo, 2º semestre, p. 443-461, 1994. Número especial.

SAID, Edward. *Orientalismo*. O oriente como invenção do ocidente. São Paulo: Companhia das Letras, 2001.

SALLUM, Brasílio. "O Futuro das Ciências Sociais: a sociologia em questão". Problemas e Práticas. n 48, pp 19-26, 2005.

SANTOS, Boaventura de Souza. *Pela mão de Alice*: o social e o político na pós-modernidade. São Paulo: Cortez, 1995.

_____. *Toward a new common sense*: law, science and politics in the paradigmatic transition. Nova York: Routledge, 1995.

SANTOS, Boaventura de Sousa et al.. *Os tribunais nas sociedades contemporâneas*: o caso português. Porto: Centro de Estudos Sociais; Centro de Estudos Judiciários; Edições Afrontamento, 1996.

SANTOS, Wanderley Guilherme dos. *Cidadania e justiça*. A política social na ordem brasileira. 2 ed. Rio de Janeiro: Campus, 1987.

ENTRE PALAVRAS E NÚMEROS   301

SCHWARTZMAN, Simon. Legitimidade, controvérsias e traduções em estatísticas públicas, 1996. Sítio de Internet Pessoal (http://www.schwartzman.org.br/simon/estpub.htm).

_____. "Pesquisa universitária e inovação no Brasil". In: Centro de Gestão e Estudos Estratégicos. (Org.). *Avaliação de políticas de ciência, tecnologia e inovação*: diálogo entre experiências internacionais e brasileiras. 1 ed. Brasilia: Centro de Gestão e Estudos Estratégicos, 2008.

SELLIN, Thorsten. "The basis of a crime index". Journal Criminal Law and Criminology, nº 22: 335-56, 1931. Supplied by the British Library (www.bl.uk).

SENRA, Nelson de Castro. "Informação estatística: demanda e oferta, uma questão de ordem". DataGramaZero – Revista de Ciência da Informação, (1)3 jun., 2000. www.dgzero.org ou www.dgz.org.br

SKOCPOL, T. e MISKOLCI, R. "A imaginação histórica da sociologia". In: Estudos de Sociologia, Araraquara, 16, 7-29, 2004.

SILVA, Cátia Aida. "A disputa pela jurisprudência na área da infância: promotores, juízes e adolescentes infratores". Paper apresentado à XX Reunião Anual da ANPOCS, Caxambu-MG, 22 a 26 de outubro, 1996.

SILVA, Nelson do Valle. "Mobilidade social". In: *O que ler nas ciências sociais brasileiras*. Sociologia. Volume II. São Paulo. Editora Sumaré e ANPOCS, 1999, p. 57-94.

302   RENATO SÉRGIO DE LIMA

SIMMEL, George. "El secreto y la sociedad secreta". In: *Sociologia*: estúdios sobre las formas de socialización. Madrid: Espasa – Calpe, 1939.

SINGER, Helena. *Discursos desconcertados*: linchamentos, punições e direitos humanos. São Paulo: Humanitas; FFLCH/USP; Fapesp, 2003.

SINHORETTO, Jacqueline. "Corpos do poder: operadores jurídicos na periferia de São Paulo". Sociologias, ano 7, nº 13, 136-161, jan.-jun. 2005

_____. *Ir aonde o povo está*: etnografia de uma reforma da justiça. Tese de Doutorado. Universidade de São Paulo, Departamento de Sociologia, 2007. Disponível em www.teses.usp.br.

SUTHERLAND, Edwin. "White-collar criminality". American Sociological Review, Nova York, v. 5, p. 1-12, 1940.

_____. "Is "white-collar crime" crime?". American Sociological Review, Nova York, v. 10, p. 132-139, 1945.

TAVARES DOS SANTOS, J. V. *The world police crisis and construction of a democratic policing*. International Sociological Association – ISA. Paper, 2002.

_____. *Violências e conflitualidades*. Porto Alegre: Tomo Editorial, 2009.

TAVARES DOS SANTOS, J. Vicente; TIRELLI, C. "A ordem pública e o ofício de polícia: a impunidade na sociedade brasileira". In: SOUSA, Luís André de. (org.). *Psicanálise e colonização*: leituras do sintoma social no Brasil. Porto Alegre: Artes e Ofícios, 1999, p. 113-127.

TELLES, Vera da Silva. *A cidadania inexistente*: incivilidade e pobreza. *Um estudo sobre trabalho e família na Grande São Paulo*. Tese de Doutorado apresentada à Faculdade de Filosofia, Letras e Ciências Humanas/USP. São Paulo, 1992.

UNITED NATIONS PUBLICATION, Sales E.89IV.2. International study of the United Nations on the regulation of firearms. Prepared by the Crime Prevention and Criminal Justice Division of the United Nations Office in Viena. Summary published in the Revista do Ilanud, 11, 1998.

UNITED NATIONS. *Manual for the development of a system of criminal justice statistics*. Nova York: United Nations, 2001.

_____. *Fundamental principles of official statistics*. Nova York: Statistics Davison, United Nations, 2004.

VARGAS, Joana Domingues. *Crimes sexuais e sistema de justiça*. São Paulo: IBCCRIM, 2000.

VASCONCELLOS, Fernanda B. *A prisão preventiva como mecanismo de controle e legitimação do campo jurídico*. Dissertação de mestrado. Porto Alegre, PUC-RS, 2008.

VELHO, Gilberto. "Violência e cidadania". Dados: Revista de Ciências Sociais, Rio de Janeiro, (23)3: 361-364, 1980.

VERA, Institute of Justice. Measuring progress toward safety and justice: a global guide to the design of performance indicators across the justice sector. Vera Institute of Justice, 2003. (www.vera.org/indicators)

ZALUAR, Alba. *A máquina e a revolta*. São Paulo: Brasiliense, 1984.

_____. *Condomínio do diabo*. Rio de Janeiro: Revan/UFRJ, 1994.

_____. "Para não dizer que não falei de samba: os enigmas da violência no Brasil". In: SCHWARCZ, Lilia (org.) *História da vida privada no Brasil 4*: contrastes da intimidade contemporânea. São Paulo: Companhia das Letras, 1998.

_____. "Violência e crime". In: MICELLI, Sérgio (org). *O que ler nas ciências sociais brasileiras*. São Paulo: ANPOCS; Editora Sumaré. v. 1, p. 13-107, 1999.

ZAVERUCHA, Jorge. *Democracia e instituições políticas brasileiras no final do século xx*. Recife: Bagaço, 1998.

Agradecimentos

Este livro reúne parte da minha produção nos últimos 10 anos e, da mesma forma, traduz muito da minha trajetória acadêmica e profissional atual; do meu momento de vida. Nessa caminhada, não posso deixar de reconhecer presenças, cumplicidades e apoios de pessoas e instituições que foram e são fundamentais...

Liana de Paula, Lígia de Paula e Lima, Clara de Paula e Lima
Heloisa Maria Mancuso de Lima; José Carlos de Lima (In Memoriam); Idalina Polimeno Mancuso; Laurinda dos Santos de Lima; e demais familiares...

Sérgio Adorno
José Vicente Tavares dos Santos
Jacqueline Sinhoretto;
Paulo de Mesquita Neto (In Memoriam)
Jorge Tápia (In Memoriam)

Luciana Pinsky;
Fernanda Rizzo di Lione;
Vaney Paulo Fornazieri
Samira Bueno
Ana Maria Narducci
Miguel Matteo

Fundação SEADE
Fórum Brasileiro de Segurança pública
Fundação Ford
Ana Toni, Bibia Gregori; Cláudio Beato; Cristina Neme; Denis Mizne, Eliana Bordini; Elizabeth Leeds, Felícia Madeira; Frederico de Almeida, Guaracy Mingardi; Guita Grin Debert; Heloisa Martins; Isabel Figueiredo; Joana Domingues Vargas; José Marcelo Zacchi, Josephine Bourgois; Juvelino Strozake (Ney); Lílian Liye Konishi; Luiz Henrique Proença Soares; Marcelo Ottoni Durante; Mariana Batich; Melissa Matos Pimenta; Mônica Duarte Dantas; Nelson de Castro Senra. Paulo Jannuzzi; Rodrigo Azevedo; Sonia Nahas de Carvalho; Sinésio Ferreira; Silvia Anette Kneip; Sylvia Cioffi; Táli Pires de Almeida; Tatiana Bicudo; Theo Dias; Túlio Kahn; Virginia Canedo Bruzzone; e Yolanda Catão;

Paulo Sette Câmara; e Humberto Vianna e todos os demais associados do Fórum Brasileiro de Segurança Pública;
Amanda Gouvea ; Ana Maura Tomesani; Adriana Taets;
Lígia S. Duarte; e Thandara Santos

Fundação de Amparo à Pesquisa do Estado de São Paulo – Fapesp
Fundação Tinker e Open Society Institute
Ministério da Justiça
Departamento de Sociologia da Universidade de São Paulo
Instituto de Economia da Unicamp
Instituto Nacional de Ciência e Tecnologia "Violência, Democracia e Segurança Cidadã" (CNPq/Fapesp)

ESTA OBRA FOI IMPRESSA EM SÃO PAULO NO VERÃO DE 2011 PELA
GRÁFICA PARMA. NO TEXTO FOI UTILIZADA A FONTE MINION,
EM CORPO 10,5 E ENTRELINHA DE 16,5 PONTOS.